Warum ließen sich die Menschen nieder und wurden Bauern, die sich Ackerbau und Viehzucht verschrieben? Bislang gibt es keine plausible Erklärung. Denn die Bewirtschaftung der Felder war viel zu aufwendig und die Erträge viel zu gering, als dass es sich gelohnt hätte, das Jäger-und-Sammler-Dasein aufzugeben. Josef H. Reichholf schaut auf die Jahrtausende vor Beginn der Geschichte im engeren Sinne und findet neue, stichhaltige Antworten auf die Frage, wie wir sesshaft wurden.

»Von dieser Theorie könnte man besoffen werden. […] Erst das Bier, dann davon ausgehend das planmäßig angebaute Getreide, dann erst die Sesshaftigkeit (und Städte und Kriege und so weiter) – das ist Josef Reichholfs spektakulärer neuer Vorschlag für den Ursprung der ›neolitischen Revolution‹, den er mit atemberaubendem Überblick über die Wissensfelder und zugleich großer geistiger Unabhängigkeit erreicht, und das in vorbildlich zugänglicher Sprache. […] Josef Reichholfs Theorie ist ein genialer Denkanstoß.«
Johan Schloemann, Süddeutsche Zeitung

Josef H. Reichholf, Evolutionsbiologe, ist Leiter der Wirbeltierabteilung der Zoologischen Staatssammlung München und Professor für Ökologie und Naturschutz an der TU München. Zahlreiche Bücher, Fachpublikationen und Fernsehauftritte machten ihn einem breiten Publikum bekannt. 2007 wurde J. H. Reichholf mit dem Sigmund-Freud-Preis für wissenschaftliche Prosa ausgezeichnet. Im Fischer Taschenbuch sind von ihm lieferbar »Eine kurze Naturgeschichte des letzten Jahrtausends« (Bd. 17439) und »Warum wir siegen wollen« (Bd. 18366).

Unsere Adresse im Internet: www.fischerverlage.de

Josef H. Reichholf

Warum die Menschen sesshaft wurden

Das größte Rätsel unserer Geschichte

Fischer Taschenbuch Verlag

2. Auflage: Oktober 2010

Veröffentlicht im Fischer Taschenbuch Verlag,
einem Unternehmen der S. Fischer Verlag GmbH,
Frankfurt am Main, Februar 2010

© 2008 S. Fischer Verlag GmbH, Frankfurt am Main
Satz: Pinkuin Satz und Datentechnik, Berlin
Druck und Bindung: CPI – Clausen & Bosse, Leck
Printed in Germany
ISBN 978-3-596-17932-9

Inhalt

Vorwort: Wir Nomaden 9
Einleitung 12
Die Aborigines und Australien –
  kursorische Gedanken 19

Teil I
Das Problem: Was ereignete sich
in der »Neolithischen Revolution«?
Wendezeit 27
Die Saga vom freien Jäger zum gebundenen Bauern . . 32
Zweifel 42
Eiszeit-Jahreszeiten 48
Die Eiszeitmenschen im Lauf der Jahreszeiten 53
Raubtier Mensch (I) 62
Raubtier Mensch (II) 69
Raubtier Mensch (III) 78
Wölfe, Hunde und Bärenfelle 82
Großtiervernichtung am Ende der Eiszeit 89
Zwischenbilanz 93

Teil II
Die Herkunft unserer Gattung und Art
Der Primat, der den Wald verließ und
  Fußgänger wurde 99
Die »Währung« der Evolution 110

6 Inhalt

Erhöhung der Kinderzahl 115
Verlängerung der Betreuungszeit des Nachwuchses . . . 124
Häufung von Zufällen oder gerichtete Entwicklung? . 128
Erdgeschichtliche Großereignisse am Ende
des Tertiärs 137

Teil III
Steinzeitjäger
Eiszeitliche Höhlenmalereien 149
War am Anfang das Wort oder die Sprache? 154
Die Sprache und ihre Folgen 163
Rückgriff auf den Anfang 167
Pflanzliche Nahrung im Eiszeitland. 171
Die Farbe Rot 176
Von reifen Beeren zu reifen Körnern? 181

Teil IV
Die Domestikation von Haustieren
Vorbemerkungen zum Hund 191
Das Jagdwild wird gezähmt 197
Fleisch auf Vorrat 207
Das Einhorn und die Domestikation 213
Wandernde Herden im Vorderen Orient und
in Nordafrika 227

Teil V
Die Wurzeln des Ackerbaus
Nochmals zurück in die Eiszeit 235
Sprache und Drogen 239
Die Droge Alkohol 243
Hopfen, Hanf und Haschisch 246
Die Geographie von Rauschmitteln und Getreide 255
Getreide und Bier 259
Vom Bier zum Brot 265

Inhalt 7

Becher und Töpfe – wofür?	270
Göbekli Tepe	275
Die »Sesshaften«	281
Ausblick	287
Dank	301
Literaturhinweise	302
Register	309

Vorwort: Wir Nomaden

Unserer Natur nach sind wir Nomaden. Seit Urzeiten streiften die Menschen als Jäger und Sammler umher. Doch vor etwa 10000 Jahren ereignete sich etwas Besonderes. Im Vorderen Orient wurde der Ackerbau erfunden. Mit ihm begann eine ganz neue Ära. Aus der Vorgeschichte wurde Geschichte, Kulturgeschichte. Alles, was vorher war, gehört zur Naturgeschichte. Erst mit dem Ackerbau löste sich der Mensch aus der Natur, in die er von Anfang an eingebunden war. Seither wird ein zunehmend größerer Teil des zum Leben Benötigten mit eigener Hände Arbeit erzeugt. Es ist nun der Mensch, der produziert, und nicht mehr die Natur allein. Die menschlichen Gesellschaften strukturieren sich um. Ein ganz neuer Weg wird eingeschlagen. Er führt rasch von ersten Ansiedlungen zu städtischen Gemeinschaften. Aus locker miteinander verbundenen Kleingruppen und Stämmen werden Völker und Staaten. Ein starkes Anwachsen der Bevölkerung, das vorher die nomadischen Gruppen bedroht hätte, weil sich die Zahl der Menschen auf die Häufigkeit des Wildes einstellen musste, wird nun vorteilhaft. Denn mit der Zahl der Menschen steigt die Produktivität. Aus ihr geht »Besitz« hervor. Menschen und Besitz verbinden sich zur Macht. Der neue Lebensstil erweist sich dem alten gegenüber als sehr überlegen. Er findet Nachahmer, breitet sich aus und wird dominant. Steinzeitliche Jäger- und Sammler-Kulturen existieren dennoch weiter. Aber sie werden in der neuen Ära der Geschichte immer mehr an die Ränder des Geschehens abgedrängt. Nur in Resten überleben sie bis in unsere Gegenwart. Ihre Lebensweise vermittelte gerade noch rechtzeitig vor ihrem Aussterben einige ungefähre Vorstellungen davon, wie die Menschen in den langen Zeiten der Vorgeschichte lebten. Sie waren Nutzer der natürlichen Produktion. Sie jagten, was es zu jagen gab. Sie nutzten, was verwertbar war. Sie sammelten Wurzelknollen, Beeren, Früchte, Nüsse und andere Pflanzenkost. Sie vermehrten sich nur so stark, wie ihre Umwelt das zuließ. Es gab keine Überbevölkerung. Die Menschen lebten »im Einklang mit der Natur«. Das schließen wir heute daraus. Mindestens neun Zehntel der Zeit, seit es den Menschen als biologische Art gibt, sicherten Jagen und Sammeln das Überleben. Dieses Dasein war gewiss nicht paradiesisch, aber offenbar erfolgreich genug, dass es viele Jahrtausende überdauerte. Plötzlich kam dieser andere, ganz neue Lebensstil auf. Wie konnte die Sesshaftigkeit gleich so viel mehr Lebenssicherheit bieten, dass sie sich von Anfang an als überlegen erwies? Weshalb überdauerten Jäger- und Sammler-Kulturen bis in unsere Zeit nicht in den dafür günstigsten, sondern in den unwirtlichsten Gegenden? Was geschah in jener Zeit, die zu einem neuen Anfang geriet?

Historiker bezeichneten das Geschehen als »Neolithische Revolution«. Revolutionen haben Gründe. Ob gute oder schlechte, darüber wird vorher wie hinterher höchst unterschiedlich geurteilt. Grundlos treten sie jedenfalls nicht auf. Eine »revolutionäre Veränderung«, noch dazu eine solche, die seit rund zehn Jahrtausenden Bestand hat und zu ganz neuen, nicht einmal ansatzweise vorher da gewesenen Lebensformen führte, sollte massive Gründe gehabt haben. Ihnen nachzuspüren, darum geht es in diesem Buch. Der Titel ist das Programm: Warum sind die Menschen sesshaft geworden? Einige Gruppen von Menschen zunächst und auch nur in bestimmten Gebieten, dann immer mehr und schließlich fast die gesamte Menschheit. Unsere Geschichte nahm damit ihren Lauf. Eigentlich ist sie unsere »zweite Geschichte«, denn die erste, die Naturgeschichte von *Homo sapiens* und der Gattung Mensch, aus der unsere Art hervorgegangen ist, war ihr lange schon vorausgegangen. Wir werden auf diese »erste Geschichte« zurückgreifen müssen, um unsere zweite verstehen zu können. Aber wird sich damit das größte Rätsel der Menschheit, die Entstehung der Kultur, auch lösen lassen?

Einleitung

Im Oktober 1979 bekam ich als deutsches Mitglied der Kommission für Ökologie der Internationalen Naturschutzunion (IUCN) die Möglichkeit, den nordaustralischen Kakadu-Nationalpark zu besuchen. Er liegt östlich der Stadt Darwin und gehört in den tropisch-subtropischen Regionen der Erde zu den am wenigsten von Menschen beeinflussten Wildnissen. Schier endlos dehnt sich krüppelhaft gewachsener, lichter Eukalyptuswald aus. Uralte Sandsteinfelsen ragen stellenweise daraus hervor. Für australische Verhältnisse »große« Flüsse haben bizarre Canyons in diese Urlandschaft geschnitten. Malerische Szenerien begleiten die Ufer, an denen Pandanus-Bäume, zu Deutsch recht unschön Schraubenbäume genannt, mit hellem Grün zum düsteren Rotbraun der Felsen und zum Grau der Wälder kontrastieren. Ufernah stehen sie auf Stelzwurzeln und mit ihrem zumeist verkrümmten Wuchs sehen sie wie Mischwesen zwischen Mangrove und Palmen aus. Weiße Kakadus fliegen laut kreischend in Gruppen umher. Mitunter löst sich aus ihren Scharen, für die sich andere Vögel nicht weiter interessieren, ein besonderer Weißer. Nach Art von Greifvögeln startet er nun einen Jagdflug und enttarnt sich damit als weißer Habicht (*Accipiter novaehollandiae*). Er hatte sich unter die Corella-Kakadus (*Cacatua pastinator*) gemischt. In deren Schwärmen bleibt er unentdeckt. Für die von ihm gejagten Kleinvögel stößt der Feind aus den Kakaduschwärmen ganz überraschend zu. Wo es keine weißen Kakadus gibt, kommt dieser Habicht in sogenannter grauer Phase vor. Die Kakadus greift er nicht an. Sie wären für ihn zu stark und mit ihren kräftigen Schnäbeln auch zu gefährlich.

Viele Besonderheiten gibt es in Australien, aus unserer europäischen Sicht zumal, für die dieser Kontinent in vielerlei Hinsicht eine andere Welt ist. Ungereimtheiten kommen hinzu, weil für die Neuheiten keine geeigneten Namen zur Verfügung standen, als sie entdeckt wurden. So heißen mehrere Flüsse in Nordaustralien Alligator River, obgleich es Alligatoren dort gar nicht gibt. Diese amerikanischen Panzerechsen blieben geradezu harmlos verglichen mit den Riesen von Salzwasserkrokodilen (*Crocodylus porosus*), die an den zur Arafura See hin entwässernden Flüssen leben. Große Salzwasserkrokodile sind auch für Menschen bedrohlich.

Wir fuhren daher in geräumigen Aluminiumbooten mit starken Außenbordmotoren flussaufwärts, bis die Küstenzone weit genug hinter uns lag, in der die gefährlichen Krokodile vorkommen. Auf einer Sandbank unter einer am Ufer wachsenden Gruppe großer Eukalypten wurde Mittagsrast gemacht. Schatten spendeten diese Bäume jedoch kaum, zumal die Sonne senkrecht stand. Ihre Blätter hängen nach unten. Ungehindert lassen sie die Strahlung durch. Bei an die 40 Grad Celsius Lufttemperatur und kaum spürbarer Luftbewegung breitete sich im Canyon eine dösige Stimmung aus. Der Direktor der australischen Nationalparks, der die Exkursion leitete, fragte dennoch, ob jemand Lust hätte, jetzt mit einem als Ranger im Nationalpark tätigen Aborigine in den Busch zu gehen. Dort könnte dieser die Liebeslaube eines Laubenvogels vorführen. Robert E. Ricklefs, Ornithologe und Ökologe wie ich, wollte sich mit mir zusammen diese Möglichkeit nicht entgehen lassen. Wir folgten über den Steilhang hinauf, den der Fluss in das Plateau geschnitten hatte, dem Aborigine in den Wald. Mit einem merkwürdigen, für uns nicht zu schnellen Schlenderschritt strebte dieser auf das nur ihm bekannte Ziel zu. Schon nach wenigen Minuten nahm uns ein völlig gleichförmiger Eukalyptus-Buschwald auf. Die Höhe der Bäume dürfte nur drei bis fünf Meter betragen haben. Alle Stämme waren grauweiß, krumm und ohne markante Unterschiede in Dicke und Wuchsform. Dürres Laub deckte den Boden, sodass wir wie auf einem Teppich dahingingen, der Schritt für Schritt auf dieselbe Weise leise, fast einschläfernd raschelte. Voran ging es, so unser Eindruck, ziemlich geradlinig. Nichts war zu sehen, was uns irgendwie Anhaltspunkte zur Orientierung hätte geben können. Es war um die Mittagszeit. Die ohnehin kaum erkennbaren Schatten der Bäume wiesen keine Richtung. Gespannt Ausschau haltend, ohne aber den Boden aus den Augen zu lassen, folgten wir dem Aborigine. Es ist in solchem Gelände immer gut zu schauen, wohin die Füße treten. Wie viel Zeit verging, versäumten wir festzustellen. Als wir wieder zurück zum Lagerplatz kamen, waren gut zwei Stunden vergangen. Daher dürften wir hin und zurück etwa acht Kilometer zurückgelegt haben. Ganz unvermittelt wies der Aborigine mit ausgestrecktem Arm nach vorne. Und da war sie, die »Laube«. In den Boden gerammte Ästchen, die sich oben schlossen und ineinander verhakten, bildeten einen glatten, sauberen Gang. An beiden Enden dieses Gebildes lagen Dutzende grauweißer Schneckenhäuschen wie grober Kies vor einer Auffahrt zu einem Gebäude. Die sonnengebleichten Schneckenhäuschen erzeugten im dumpfen Grau, Braun und fahlem Grün des Waldes einen auffälligen, auch durchs Krüppelholz schon meterweit erkennbaren Kontrast (Abb. 1).

Hier pflegte er also zu balzen, der Graue Laubenvogel (*Chlamydera nuchalis*). Mit herabhängenden Flügeln würde er, in

Einleitung 15

Abb. 1: *Mit Schneckenhäuschen geschmückte Laube des Grauen Laubenvogels (Chlamydera nuchalis) im nordaustralischen Kakadu-Nationalpark*

16 Einleitung

Erregung geraten, seinen einzigen Farbschmuck im schuppig
grauen Gefieder dem Weibchen zeigen, ein lilafarbenes, rund-
liches Federbüschel auf dem Hinterkopf. Nur bei heftiger
Balz entfaltet das Männchen diesen Farbfleck. In den Genuss eines solchen Schauspiels konnten wir natürlich nicht
kommen. Dazu hatten wir uns auch viel zu schnell und
zu direkt genähert. Wir hatten keine Zeit, darauf zu warten
und zu hoffen, dass tatsächlich ein Weibchen kommen und
den Erbauer dieser Laube zum Balzen bringen würde. Ich
fotografierte dieses wundersame Gebilde, schlug im Vogel-
bestimmungsbuch nach, wie er aussieht, der Graue Laubenvogel, und unterließ es, eines der Schneckenhäuschen weg-
zunehmen. Sicher hatte er sie alle recht mühsam gesammelt.
Nach nur wenigen Minuten Aufenthalt ging es wieder zurück
durch das Einerlei des Buschwaldes. Jetzt erst überlegte ich,
wie sich der Aborigine orientiert haben könnte, um so eine
Stelle zu finden, zu der kein Pfad hinführt. Ich konzentrierte
mich und versuchte darauf zu achten, ob ich Bäume oder
Steine erkennen könnte, die Hinweise auf die Richtung geben. Ohne Erfolg. Hier im Wald gab es nicht eine der Bauten
der draußen in den Überschwemmungsebenen so häufigen
der Kompass-Termiten. Zwei bis drei oder mehr Meter hoch
und lateritrot ragen sie auf. An zwei Seiten sind sie so abge-
flacht, dass ihre Schmalseite wie eine »Schneide« genau in
Nord-Süd-Richtung weist. Doch auch mit Kompasstermiten
ist ohne Uhr und Schatten bei senkrecht stehender Sonne
nicht viel anzufangen, wenn man eine bestimmte Richtung
sucht.

Während die bloßen Füße des Aborigine über das Laub am
Boden dahinglitten, den krummen Bäumen auswichen, um
hinter ihnen sogleich wieder in die eingeschlagene Richtung
einzuschwenken, kam mir seine Orientierungsfähigkeit
immer rätselhafter vor. Wir beide, die wir ihn begleiteten,

zweifelten zwar nicht daran, dass er uns genauso sicher zurückbringen würde, wie er jenes Fleckchen Boden mit der Laube im Busch fand. Aber es beruhigte uns doch, als wir die Stimmen unserer Gruppe wieder hörten. »Ja, die Aborigines, die können das! Sie brauchen keinen Kompass!«, meinte der Nationalparkdirektor. Er hielt dies für selbstverständlich. Vielleicht war es auch gar nichts so Besonderes, wie ich meinte. Die Aborigines hätten sich wohl umgekehrt gewundert, was wir alles benötigen, um uns nur ein Stündchen lang durch den Busch in einer Richtung zu bewegen. Der Wald ist ihre Lebenswelt. Zumindest war er dies, bis vor nur einem Menschenalter Europäer in die letzten Wildnisse Australiens vordrangen, sich darin ansiedelten und das Land

Abb. 2: *Aus der Landschaft herausragende Felsen dienten den Aborigines nicht nur als Landmarken für ihre ausgedehnten Wanderungen, sondern auch als Kultstätten. Das geht aus ihren Felsbildern hervor. An vergleichbaren Stellen entstanden die Eiszeitmalereien in der Kalahari und in der Sahara.*

18 Einleitung

nutzten, wo immer etwas aus ihrer Sicht Nutzbares heraus-
zuholen war. Sie waren mit anderen Fähigkeiten als die Aborigines angekommen. Sie betrachteten das Land anders und
veränderten Australien in nur zwei Jahrhunderten so sehr,
dass es zu einem Ableger Europas, zu einem »Neo-Europa«
verwandelt worden ist (Crosby 1986). Nur in wenigen, sehr
entlegenen Gebieten blieb der Südkontinent noch ursprüngliches Australien. Die Ureinwohner, die Aborigines, wurden
von den europäischen Siedlern an die Ränder abgedrängt
und mit ihrer Lebensweise marginalisiert. Den Fähigkeiten
der Neuankömmlinge hatten die Aborigines nichts entgegen-
zusetzen. Sie waren hoffnungslos unterlegen. Ihr Aussterben
konnte nur eine Frage der Zeit sein, denn die »Einweisung«
in Reservate eröffnete ihnen keine Zukunft. Wie schon an
verschiedenen anderen Stellen, aber kaum in solcher Härte,
schlug das Darwin'sche ›survival of the fittest‹ zu. Die Europäer waren die Überlegenen, die Fitteren, und nicht die Aborigines, die Zehntausende von Jahren der Auslese der australischen Natur ausgesetzt gewesen waren. Sie hatten sich
der Wildnis angepasst. Nun wurde die Wildnis zivilisiert und
den Vorstellungen der Europäer angepasst.

Die Aborigines und Australien –
kursorische Gedanken

Der Vorgang der Europäisierung Australiens machte zweierlei deutlich. Dieser Kontinent, der seit vielen Jahrmillionen vom großen Rest der Festländer isoliert geblieben war, hätte Landwirtschaft durchaus zugelassen. Doch die Aborigines hatten keine entwickelt. Warum war das so? Was hinderte sie daran, wenigstens wie ihre Nachbarn und nahen Verwandten, die Papua auf Neuguinea, in einer Art von Gartenbau nährstoffreiche Pflanzen zu kultivieren? Sie hätten damit Vorräte anlegen und ihr umherschweifendes Leben auf eine verlässlichere Basis stellen können. Wenigstens im tropischen Norden und im feuchten Nordosten Australiens, wo die Niederschläge regelmäßig genug kommen, wäre dies möglich gewesen. Im Innern regnet es zu unregelmäßig, um sich mit Pflanzenbau darauf einstellen zu können. Aber Australien besteht nicht nur aus dem »dürren Herzen« des Kontinents, sondern auch aus breiten Randgebieten, die ergiebig genug sind – sogar für die anspruchsvollen Europäer. Wer die Natur so fein beobachten und deuten kann, wie die Aborigines, und wer wie sie in der Lage war, das Wurfholz, den Bumerang, als Jagdwaffe zu entwickeln, dem kann schwerlich von vornherein die grundsätzliche Fähigkeit abgesprochen werden, auch hinter die Geheimnisse von Ackerbau und Viehzucht zu kommen. Australiens Natur ist nicht gerade freigiebig. Der Mangel an jagdbarem Wild und nutzbaren Pflanzen sollte Grund genug geboten haben, sich von der mühsamen, zeitaufwändigen

20   Die Aborigines und Australien

Jagd weniger abhängig zu machen. Die Spärlichkeit des Wildes drückt sich in der Wurftechnik des Bumerangs aus. Er ist gut geeignet für den Wurf auf kleinere Kängurus und einige andere australische Tiere. Traf der Wurf nicht, ging das Jagdwerkzeug nicht verloren wie viele Pfeile, die abgeschossen wurden und das Ziel nicht trafen. Der Bumerang kehrt zum Werfer zurück, wenn dieser die besondere Wurftechnik beherrscht. Aber reicht die Spezialität des Bumerangs aus, um zu erklären, warum die Aborigines in Australien keinerlei Ackerbau und Viehzucht entwickelten? Ganz gewiss nicht. Dieses Problem wird noch größer, wenn man berücksichtigt, dass Australien schon sehr früh von Menschen besiedelt wurde. Die Vorfahren der Aborigines gelangten vor mindestens 40 000 Jahren, wahrscheinlich sogar noch früher, auf diesen Inselkontinent. Damals herrschte in Europa Eiszeit, und es lebten hier die Neandertaler. Nach Australien kamen die Aborigines bereits als Spitze der ersten großen Wanderwelle von Menschen unserer Art, die von Afrika aus an den Küsten des Indischen Ozeans entlangzogen. Damals lag der Meeresspiegel um gut 100 Meter niedriger als heute. Daher gab es von Südostasien bis zu den Kleinen Sunda-Inseln keine Inselwelt wie gegenwärtig, sondern durchgängiges Festland. Auf der gegenüberliegenden Seite war Neuguinea mit Australien verbunden. Also trennten nur zwei oder drei schmale Meeresarme, die vom Pazifik zum Indischen Ozean reichten, Australien von Südostasien. Die Vorfahren der Aborigines müssen diese per Floß überwunden haben. Einen Zugang trockenen Fußes nach Australien gab es nie. Die Aborigines brachten somit schon solche Kenntnisse mit. Sie beherrschten die Bearbeitung von Stein und Holz. In Australien schufen sie ähnlich großartige, naturalistische Felsmalereien (Abb. 3), wie sie in Europa in den späteiszeitlichen Höhlen in Frankreich und Spanien gefunden wurden.

Abb. 3: *Naturalistische Aborigines-Felsmalerei einer Schildkröte im nordaustralischen Kakadu-Nationalpark*

Gezähmt und zu Haustieren gemacht hatten sie jedoch keine australischen Tiere. Nur der Dingo, ein Abkömmling südostasiatischer Haushunde, wurde ihr einziges, aber nicht besonders stark an die Menschen gebundenes Haustier. Da lebten die Aborigines aber schon mehrere zehntausend Jahre in Australien. Die Vorfahren der Dingos erhielten sie wahrscheinlich von Menschen aus Südostasien. Denn die nächsten Verwandten des Dingos sind Hunde, die auf Neuguinea leben. In Australien waren Dingos nicht heimisch. Auf den Kontinent der Beuteltiere gelangten diese Hunde in einer Zeit, als der Meeresspiegel noch niedrig genug lag und die Insel mit Australien verbunden war. Der Wolf (*Canis lupus*) bildet die Stammart aller Haushunde (*Canis familiaris*). Die Domestizierung des Hundes fand gegen Ende der letzten Eiszeit, also vor 10 000 bis 12 000 Jahren, in Eurasien statt. Die

22 Die Aborigines und Australien

Vorfahren der Dingos könnten also gerade noch in jener Zeit zu den Aborigines gelangt sein, in der wegen des niedrigen Meeresspiegels Australien mit Neuguinea noch verbunden war. Und zwar nur von Südostasien her. Kulturelle Austauschvorgänge waren über Land sicherlich leichter als mit Hilfe von Seefahrten auf primitiven Flößen. Sie blieben jedoch offenbar selten. Denn die Aborigines entwickelten sich in Australien sehr eigenständig. Die Papua auf Neuguinea auch. Mit den anderen Bewohnern der südostasiatischen Inselwelt scheint es kaum zu Kontakten gekommen zu sein. Der nacheiszeitliche Anstieg des Meeresspiegels erschwerte die Austauschmöglichkeiten beträchtlich. Neuguinea wurde zur Insel und Australien ein Inselkontinent. Die Aborigines lebten seither isoliert. Kein Wissen um die Kultivierung von Pflanzen erreichte sie in den letzten 10 000 Jahren mehr. So blieb in Australien die ursprüngliche Lebensweise der Menschen erhalten, die sie mitbrachten, als sie vor gut 70 000 Jahren aus Afrika nach Asien ausgewandert waren.

Erst mit der Ankunft der Europäer vor rund 200 Jahren bekamen die Aborigines wieder kulturellen Kontakt zu anderen Menschen. Erfanden inzwischen ihre nahen Verwandten, die Papuas von Neuguinea, eigenständig den Gartenbau? Oder erreichten sie die Kenntnisse dazu gerade noch rechtzeitig von Südostasien her, bevor ihr Land durch das steigende Meer zur Insel wurde? Denn anders als die Aborigines waren die Papua vor Jahrtausenden weitgehend sesshaft geworden. Sie entwickelten Gartenbaukulturen rund um ihre Dörfer und eine erstaunliche Vielfalt von ganz eigenständigen Sprachen. Die Aborigines aber blieben Jäger und Sammler. Ihre steinzeitliche Kultur dauerte im Wesentlichen unverändert an, bis sie erst in unserer Zeit am so unvermittelten Zusammenprall mit dem europäischen Lebensstil scheiterte. Bruce Chatwin hat dies höchst eindrucksvoll beschrieben. Die Mythologie der Aborigines ist sehr eng mit dem Land verbunden, in dem sie lebten und in dem es für sie, vom Meer an den Rändern des australischen Kontinents abgesehen, keine Grenzen gegeben hatte. Sie waren dennoch keine primitiven Randgruppen der Menschheit. Sie lebten auf ihre Weise vergleichbar eigenständig wie vor der Ankunft der Europäer die Prärieindianer Nordamerikas. Die Indianer sind den Europäern viel näher verwandt als die Aborigines. Trotzdem waren sie Jäger und Sammler geblieben. Doch es existierten schon zu Zeiten der Prärieindianer am südlichen Rand des nordamerikanischen Kontinents fortschrittliche Ackerbaukulturen, die sogar Pyramiden errichteten. Noch weiter südlich, in Mittel- und Südamerika, waren vor den Zeiten der Prärieindianer mit Mais und Kartoffeln zwei der gegenwärtig global fünf wichtigsten Kulturpflanzen entwickelt worden. Heute aber gehört das

Abb. 4: *Felsmalerei von Aborigines im »Röntgenstil« im nordaustralischen Kakadu-Nationalpark*

24   Die Aborigines und Australien

einstige Indianerland der nordamerikanischen Prärien zum produktivsten Weizenland der Erde. Hochwertiger Weizen gedeiht in Australien auch auf früherem Aborigines-Land. Ihr Land war also grundsätzlich geeignet für Ackerbau. Jäger und Sammler-Kulturen überlebten keineswegs nur in klimatisch extremen Gebieten, in denen Ackerbau nicht möglich gewesen wäre oder mit einfachen Mitteln nicht genügend Ertrag geliefert hätte. Warum wurde der Ackerbau aber nur in einigen wenigen, zudem sehr weit voneinander entfernten Gebieten »erfunden«? Solche Gedanken gingen mir durch den Kopf, als ich Felszeichnungen von Aborigines im »Röntgenstil« betrachtete (Abb. 4). Nein, an Intelligenz mangelte es ihnen, wie auch all den anderen »Naturvölkern« gewiss nicht, die Jäger und Sammler geblieben sind oder als Hirtennomaden übers Land zogen, bis sie von der neuen Macht der Ackerbauer in die unwirtlichen Randbereiche der Erde abgedrängt wurden. Woran mangelte es ihnen aber dann? Welches Geheimnis verbirgt sich hinter der Formulierung von der »Erfindung des Ackerbaus«?

Teil I

Das Problem:
Was ereignete sich während der
»Neolithischen Revolution«?

Wendezeit

Gegen Ende der letzten Eiszeit lebten Menschen schon fast überall in Afrika, Eurasien, Australien sowie in Nord- und Südamerika. Mit Ausnahme der Antarktis waren also alle Kontinente besiedelt, als das Eis zurückging und der Meeresspiegel anstieg. Unbesiedelt waren damals lediglich Madagaskar, Neuseeland und andere sehr abgelegene ozeanische Inseln. In dem Maße, in dem die nordischen Eismassen abschmolzen, die Tausende von Jahre lang große Teile Nordamerikas und Nordwest-Eurasiens bedeckt hatten, rückten Menschengruppen ins eisfrei gewordene Land nach, um die Großtiere zu jagen. Für diese hatten sich mit dem Rückzug der Gletscher neue, sehr ergiebige Lebensräume entwickelt. Die letzte Eiszeit, die Würm- oder Weichselkaltzeit, in Nordamerika Wisconsin-Glacial genannt, war zudem nicht beständig »eisig«, sondern durchaus auch stärkeren klimatischen Schwankungen unterworfen. Diese hielten die Dynamik der Lebensräume in Gang, waren aber nicht ganz so extrem wie am Ende der letzten Eiszeit. Ziemlich rasch, den Eisbohrkernen aus Grönland zufolge vielleicht in kaum mehr als 100 Jahren, stieg vor etwa 14000 Jahren die Temperatur um über 10 Grad Celsius an. Sie erreichte dabei fast schon den nacheiszeitlichen Durchschnittswert, der unserer Klimazeit zugrunde gelegt wird. Der Anstieg währte allerdings nur kurz. In heftigen Stufen fiel die Temperatur innerhalb von einem Jahrtausend wieder auf jene Kälte ab, aus welcher der erste Anstieg hervorgegangen war, verweilte in diesem Zustand kurz für ein paar Jahrhunderte und schnellte sodann gleich um 16 bis 17 Grad Celsius in die Höhe. Etwa 11 000 bis 9000 Jahre vor heute war es wärmer oder zumindest ähnlich warm wie in der Gegenwart. Vor 8200 Jahren kam ein neuerlicher Kälteeinbruch, bei dem die Temperatur um etwa 3 Grad Celsius zurückging. Darauf folgten sehr warme Zeiten mit Höchstständen der Temperatur, die wahrscheinlich erheblich über die gegenwärtigen Verhältnisse hinausragten (Abb. 5).

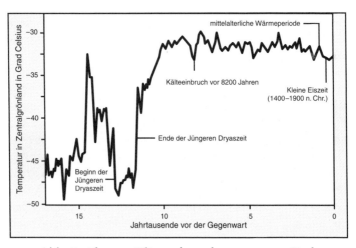

Abb. 5: *Abrupte Klimaschwankungen gegen Ende der letzten Kaltzeit, der Würm-Eiszeit, vor dem Übergang in die gegenwärtige Warmzeit, das Holozän.*

Sie dauerten mit kleineren Schwankungen rund drei Jahrtausende an, also bis in die Frühzeit der ersten Hochkulturen um 3000 vor unserer Zeitrechnung. Was die Eisbohrkerne aus Grönland zeigen, geht in ähnlicher Verlaufsform aus den Untersuchungen von Torfschichten in Hochmooren hervor.

Darin erhalten gebliebene Pollenkörner von Pflanzen geben
Aufschluss über die Vegetation der Umgebung. Da wir die
heutigen Lebensansprüche der Pflanzen, von denen die Pollenkörner stammen, und ihre geographische Verbreitung kennen, kann man auf die klimatischen Verhältnisse schließen,
die zu den Zeiten herrschten, als die Schichten des Torfes
aufgebaut und abgelagert wurden. Sie bestätigen im groben
Bild den Anstieg oder Abfall der Temperaturen, die aus den
Eisbohrkernen abgeleitet worden sind. Zweifellos hatte es
sich in der Endphase der letzten Eiszeit um eine Zeit heftiger
klimatischer Veränderungen gehandelt. Sie liefen keineswegs
nur in den eisnahen Gebieten ab, sondern betrafen die ganze
Erde. Ein ausgeprägter eiszeitlicher Wechsel zwischen warmen Feucht- und etwas kühleren Trockenzeiten ist für die
tropischen Regenwälder in Amazonien und in Afrika festgestellt worden. Mit ihnen verbunden waren Anstiege und
Absenkungen des Meeresspiegels und sie betrafen insbesondere auch die fünf Jahrtausende der Übergangszeit von der
letzten Eiszeit in die erdgeschichtliche Gegenwart, das Holozän. Die Jahrtausende davor, mit Hochständen der Gletscher um 18 000 vor unserer Zeitrechnung, waren klimatisch
erheblich stabiler als die fünf folgenden der Übergangszeit
und auch in den letzten zehn Jahrtausenden vor heute fluk-
tuierte das Klima nicht mehr annähernd so stark. Das Ende
der letzten Eiszeit trat also weder abrupt ein, noch kam es
allmählich, sondern mit heftigen Schwankungen, die Jahrtausende anhielten. Um genau diesen Befund geht es. Aus
Gründen der Verständlichkeit darf er vereinfacht dargestellt
werden, auch wenn, wie so oft, die wirklichen Verhältnisse
viel komplexer gewesen sein mögen. Es hängt von der Art der
Fragen ab, die behandelt werden sollen, welches Ausmaß an
Genauigkeit angebracht ist. Diese Zwischenbemerkung gilt
den häufig vorgebrachten »Bedenken«, dass doch alles viel
komplizierter gewesen sei und dass man nicht so sehr ver-

30 Was ereignete sich während der »Neolithischen Revolution«?

einfachen dürfe. Wer diesen Einwand ernstnimmt, wird nie
zu überschaubaren Ergebnissen kommen. Kein Geschichts-
buch ließe sich ohne die vereinfachende Herausarbeitung der
Grundlinien und der wichtigsten Vorgänge schreiben.

Der Befund, um den es hier geht, besagt, dass sich in der klimatisch stark schwankenden Übergangsphase von der letzten
Eiszeit zur Gegenwart Entwicklungen angebahnt hatten, die
zu Ackerbau und Viehzucht führten und damit die »Neolithische Revolution« gebracht haben. Das Neolithikum,
die Jungsteinzeit, bezeichnet eine kulturgeschichtliche Einstufung der Lebensweise von Menschen. Auch diese Bezeichnung bezieht sich auf die Übergangszeit zwischen der davor
liegenden »alten Zeit«, der Altsteinzeit, und der nach ihr beginnenden historischen Zeit. Sie fällt somit im Wesentlichen
mit der klimatischen Übergangszeit von der (letzten) Eiszeit
in die nacheiszeitliche Warmzeit zusammen. Dass es bis in
unsere Gegenwart zahlreiche Menschengruppen gegeben hat,
die noch im Stil der Jungsteinzeit, also mit Steinwerkzeugen
als Gerät, lebten und die Metalle, wie Eisen, Kupfer und
Bronze, nicht kannten, widerspricht dieser Einstufung nicht.
Vielmehr bedeutet sie, dass die großen Veränderungen in der
Jungsteinzeit keineswegs alle Menschen gleichzeitig und in
gleichem Umfang betroffen hatten. Deshalb lassen sich auch
keine klaren Grenzen ziehen zwischen den verschiedenen
historischen Epochen. Die Entwicklungen hatten sich ineinander oder aneinander vorbeigeschoben, sodass durchaus ein
langes Nebeneinander von Altem und Neuem möglich war.
Wer auf klare Abgrenzungen und Zuordnungen bedacht ist,
dem missfällt dies vermutlich. Aber ganz ähnlich wie in der
Natur herrscht auch in der Geschichte das Fließende über das
abgrenzbar Beständige.

Wählen wir nun eine solche makroskopische Betrachtung,
dann stimmen die Zeiträume des großklimatischen Wechsels

von der letzten Eiszeit in die gegenwärtige Warmzeit und des kulturellen Wechsels vom freien Leben als Jäger und Sammler zur Sesshaftigkeit der Ackerbauern ganz gut überein. Die Annahme, dass es Zusammenhänge gibt, liegt also nahe. Eine Geschichte reimt sich fast von selbst zusammen. Sie könnte, wie nachfolgend ausgeführt, aussehen, und sie wird in vielen Schriften, die sich mit der Neolithischen Revolution befassen, in ganz ähnlicher Weise zu finden sein.

*Die Saga vom freien Jäger
zum gebundenen Bauern*

Gegen Ende der letzten Eiszeit verschlechterten sich die Lebensbedingungen für die Jäger und Sammler in Eurasien. Jahrtausendelang hatten sie Mammuts, Wisente, Hirsche, Wildpferde und andere Großtiere gejagt. Doch nach und nach wurden diese immer seltener. Die Verbesserung der Jagdtechnik konnte lange den Niedergang des Wildes ausgleichen. Mit Pfeilspitzen aus Obsidian und mit Speeren, die von Wurfschlingen wuchtig und treffsicher geschleudert wurden, gelang es, auch scheuere oder große Beute zu erlegen. Da und dort boten sich natürliche Engpässe an, durch die das Wild kommen musste, wenn es im Frühjahr auf die schneefrei werdenden Flächen hinaus- und im Herbst davon wieder zurückzog. Aber die verstärkte Bejagung beschleunigte den Rückgang der Wildbestände. Fleisch, von dem sich die Menschen bisher weitgehend ernährt hatten, wurde bald zur raren Köstlichkeit. Es galt, auf Pflanzenkost auszuweichen. Doch abgesehen von den bisher schon genutzten Pflanzen war kein Ersatz in Sicht. Von den Gräsern und Kräutern, die von den Großtieren beweidet wurden, konnten Menschen nicht leben: von Rentierflechten ebenso wenig wie von der Rinde des weitverbreiteten Weidengebüsches. Im sommerfeuchten, im Winter aber tief gefrorenen Boden gab es außer Zwiebeln, die entweder giftig oder nur als Zusatzkost geeignet waren, keine verwertbaren Knollenfrüchte. Auch Pilze und Beeren boten keinen wirklichen Ersatz für das Wildfleisch. Pilze ließen sich getrocknet den Winter über aufbewahren. Ihr Nährwert ist allerdings gering. Die beginnende Erwärmung zwang deshalb die Eiszeitmenschen immer weiter nach Süden in Regionen, in denen im Sommer recht dürftig anzuschauende Gräser aufwuchsen. An diesen entwickelten sich Körner. Vögel kamen zu Beginn der Reife von weit her geflogen, um sie zu verzehren. Die hungernden Menschen taten es ihnen gleich. Hand für Hand, Stunde um Stunde, tagelang sammelten sie die Körner und zerkauten sie zu einem Brei, der im Mund süßlich zu schmecken anfing und offenbar bekömmlich war. Sie merkten mit der Zeit, dass sich reife, hart gewordene Körner längere Zeit aufbewahren lassen. Man konnte sie als Vorrat für kommende, noch schlechtere Zeiten zurücklegen. Kritisch wurde vor allem das Frühjahr, wenn das ohnehin spärliche, getrocknet gelagert Fleisch aufgezehrt war. Dann war man froh um die Körner. Einige davon blieben übrig, keimten an den Stätten aus, an denen die Menschen überwintert hatten, und entwickelten dort neue Grasbestände, an denen im Sommer oder Frühherbst wieder reife Körner abgesammelt werden konnten. Dieses Sammeln, Bevorraten und Wiederaufwachsen neuer Saat verdichtete sich zu Kenntnissen. Diese reiften zu Einsichten in den zugrunde liegenden Vorgang. Beiläufiges und Zufälliges wandelte sich zur Regelmäßigkeit. Anfänglich bloß weggeworfene Reste wurden zu Saatgut; das Einsammeln der gereiften Körner zur Ernte.

Sicher zeigte sich bald, dass solche Flächen am ertragreichsten wurden, die vor der Aussaat von störendem, die keimenden Pflänzchen behinderndem Wuchs gesäubert worden waren. Reinbestände brachten mehr ein als vereinzelte Ähren in pflanzlichem Mischmasch aus Wildgetreide-Gräsern und anderer Vegetation. Auch waren die Ähren leichter zu sammeln, wenn nicht jede für sich gesucht werden musste. Doch wo das Eingesparte und Nichtverzehrte an Körnern im nächsten

34 Was ereignete sich während der »Neolithischen Revolution«?

Frühjahr ausgesät wurde, dorthin kamen auch die Vögel und bedienten sich, als ob für sie Futter ausgeworfen worden wäre. Sie wurden nun zu Feinden der neuen Ernte. Und wenn die Körner in den Ähren zu reifen begannen, kamen noch mehr Vögel angeflogen. Ihre Schwärme vergrößerten sich mit dem Umfang der zu erwartenden Ernte. In der Zeit zwischen Aussaat und Ernte interessierten sich auch andere Tiere für solche ersten Kulturen. Gazellen kamen, die gerne gejagt wurden, die aber scheu und selten geworden waren. Das neue, schmackhafte Grün zog sie stärker an als das bei den dürren Gräsern der Waldsteppen an den sonnenseitigen Berghängen der Fall war. Wildziegen und Wildschafe weideten dort gern, wohin die Gazellenherden nicht wanderten. Auch diese Grasfresser kannten und schätzten sehr wohl die Qualität der Wildgräser. Auf den neuen Fluren wuchs bestes Futter. Das führte sie in die Falle. Denn in nächster Nähe lauerten gut versteckt Menschen, um ihre Felder zu bewachen und die unerwünschten Gäste fortzujagen oder zu erbeuten. Die neue Vorgehensweise brachte doppelten Ertrag. Die junge Saat, das keimende, heranwachsende Wildgetreide, lockte die Ziegen und Schafe herbei. Das reife Korn aber würde später den Menschen helfen, über die Hungerzeit zu kommen. Einzige Bedingung: Man musste an Ort und Stelle bleiben. Wer jedoch von der Jagd alleine lebte, konnte nicht länger an einem Ort bleiben, denn das vorhandene Wild war schnell dezimiert. Die Jäger mussten dem Wild folgen. Nun aber kam es ganz von selbst herbei. Es konnte direkt gejagt und erlegt, mit etwas Glück und Können auch gefangen werden. Denn in der Zeit der besonders schmackhaften Jungsaat zogen insbesondere die Muttertiere mit ihren Kitzen, Zicklein oder Lämmchen zum frischen Grün. Gelang es den Menschen, die Mütter zu erlegen, blieben die Jungen ganz von selbst. Sie wurden leichte Beute. Waren sie schon groß genug, um sich vom Gras der Umgebung zu ernähren, konnte man sie in Umzäunungen

Die Saga vom freien Jäger zum gebundenen Bauern 35

einsperren und später, bei Bedarf, töten. Während ihnen die Menschen Schutz boten, wurden die heranwachsenden Ziegen oder Schafe zutraulicher. Die Haustierwerdung konnte beginnen. Da die Menschen nur an den Körnern, nicht aber an den Wildgräsern selbst interessiert waren, kam eine Verwertungsgemeinschaft zustande, die einander ergänzte. Wer Jungtiere aufzog und in Gefangenschaft hielt, bemerkte sicherlich, dass nach der Fülle des Sommers das Futter immer knapper wurde. Im Nahbereich der kleinen Niederlassung war bald alles abgeweidet. Entweder mussten die Tiere nun geschlachtet oder an andere, noch nicht übernutzte Stellen gebracht werden. So begann das Wanderhirtentum.

Begünstigt wurde es von einer biologischen Eigenart der Tiere, die »Prägung« genannt wird. Die Jungtiere prägen sich in den ersten Lebenswochen das Aussehen desjenigen Lebewesens ein und folgen diesem nach, bei dem sie aufwachsen. Wie klein sie sein müssen, um auf den Menschen geprägt zu werden, hängt von den einzelnen Arten ab und auch von der Möglichkeit, die Jungtiere mit Milch versorgen zu können. Gefangene Muttertiere geben Milch. So lange wenigstens, wie sie das in Freiheit auch tun würden, wenn sie Nachwuchs führen. Muttertiere versuchen oft auch, zu ihren Jungen zu kommen, wenn diese in eine ausweglose Situation geraten sind. Gefangene Jungtiere befinden sich in so einer Lage. Die zunächst flüchtige Mutter lässt sich von den Klagelauten ihres Kindes zurücklocken – und gefangen nehmen. Leben solche Tiere von Natur aus in Gruppen, etwa in Familienverbänden oder in Herden, geht es viel leichter, sie an Menschen als Ersatzgruppe zu gewöhnen als bei Einzelgängern. Nur wenige Tiere passender Größe und Ernährungsweise eignen sich daher ihrer Natur nach für das Zusammenleben mit den Menschen. Sie dürfen körperlich nicht zu groß sein und zu gefährlich werden. Sie sollten aber groß genug sein, um zu lohnen. Zumindest für die Anfänge scheiden solche Tiere aus, die zu schnell zu groß werden. Denn selbst wenn sie bei ihrem Heranwachsen die Menschen nicht direkt bedrohen, brauchen sie in ihren Gehegen zu viel Nahrung.

Ziegen und Schafe haben zweifellos eine günstige Körpergröße. Schon größere Kinder, gewiss aber heranwachsende Jugendliche können mit ihnen zurechtkommen. Bei Rindern geht das nicht so leicht; bei Pferden noch weniger, denn sie können mit ihren ausschlagenden Hufen auch lebensgefährlich sein, wenn man sich von hinten nähert. Tieren, die Geweihe oder Hörner tragen, kann man eher ausweichen. Die weiblichen Hornträger sind in aller Regel von Natur aus friedlicher als die männlichen. Große Tiere lassen sich auch nicht mehr so leicht schlachten; zu kleine sind schwierig unter Kontrolle zu halten, weil sie aus einfachen Gehegen durch Spalten und Lücken entweichen. Für diese einfache Form von Haltung passende Tiere gibt es nicht überall. Aber es kommen Arten genügend vor, die grundsätzlich dafür in Frage kämen. Besonders günstig sollten solche (gewesen) sein, die gleich mehrere Junge pro Wurf gebären und nicht nur eines. Werden die Jungen bis auf eines weggenommen, bleibt noch Milch übrig. Die Menschen können diese nutzen. Das Grundproblem bleibt jedoch in jedem Fall die Ernährung. Nur solche Tiere kommen als Haustiere in Frage, die von den Menschen auch versorgt werden können. Am leichtesten geht dies mit Tieren, die von dem leben, was die Menschen selbst nicht nutzen können oder von ihrer Nahrung übrig lassen. Ganz von selbst kommen wir auf diesem Weg der Betrachtung zu den Ergebnissen, die wir kennen. Ganz bestimmte Arten von Säugetieren, wie Ziegen und Schafe, kleine Rinder und Schweine sowie einige wenige Vögel erfüllen diese Anforderungen und sind Haustiere geworden. Auch wenn man sich scheinbar von einer anderen Seite dem Problem der

Domestikation nähert und wie Jared Diamond (1998) die Frage stellt, welche Arten von Säugetieren passender Größe denn in den verschiedenen Regionen der Erde von Natur aus vorhanden waren, die sich für die Haustierwerdung geeignet hätten, kommt dasselbe Ergebnis zustande. Es muss auch zustande kommen, weil wir diese und nicht anders geartete Haustiere vorfinden. Das vorhandene Ergebnis diktiert die Begründung. Wirkliche Alternativen scheint es nicht gegeben zu haben. Vielleicht gab es sie, aber sie bewährten sich nicht. Diese Möglichkeit werde ich in anderem Zusammenhang erneut aufgreifen.

Zurück zu den Gräsern, die wir, weil sie die Vorfahren unserer Getreidesorten sind, Wildgetreide nennen. Allzu schnell gerät man bei ihrer Betrachtung zu den Haustieren, denn diese sind uns vertrauter als Pflanzen, wenn es um ihre Lebensbedürfnisse geht. Was aber braucht das Wildgetreide? Welche natürlichen Bedingungen müssen an ihren Wuchsorten erfüllt sein, damit sie gedeihen können? Meist bedenken wir gar nicht, wie kurzlebig die Getreidepflanzen sind. Der botanischen Bezeichnung nach gehören sie zu den »Einjährigen« (Annuelle). Doch sie leben keineswegs ein Jahr, sondern höchstens ein gutes halbes, meistens nur ein paar Monate. Die Wildformen gedeihen dort am besten, wo der Boden karg ist, Niederschläge unregelmäßig, meist im Winterhalbjahr, fallen und sommerliche Dürre die Reife ihrer Samen (Körner) begünstigt. Für die große Mehrzahl der anderen Pflanzen, die eine geschlossene Vegetationsdecke ausbilden können, sind das keine guten Bedingungen. Solche Verhältnisse eignen sich auch nicht sonderlich für Haustiere, die von Pflanzen leben. Diese ziehen ihrer Natur nach dauerhafte Steppengräser den nur kurze Zeit auftretenden Wildgetreidearten klar vor. Von Anfang an sollte sich daher ein Konflikt aufgetan haben zwischen der einen Notwendigkeit, am Ort zu bleiben, die

Äcker zu versorgen und die Ernte abzuwarten, also Bauer zu sein, und der anderen, mit dem Vieh herumzuschweifen, um die jeweils günstigsten Weidegründe aufsuchen zu können. Den Grundkonflikt zwischen der sesshaften Lebensweise der Ackerbauer und der nomadischen der Viehzüchter schildert die Bibel: Der Ackerbauer Kain erschlägt den Hirten Abel, seinen »Bruder«. Das Opfer Abels, Fleisch, war dem gemeinsamen Gott gefälliger gewesen als die Feldfrüchte Kains. Sehr frühzeitig müssten sich also, trotz gleicher Wurzeln, der beginnende Ackerbau, der zur Sesshaftigkeit zwang, und die nomadische Viehzucht auseinanderentwickelt haben. Ackerland kann nicht gleichzeitig Weideland sein. Es blieb unserer Zeit vorbehalten, das Vieh in Ställe zu sperren, in denen es das ganze Jahr über mit Nahrung versorgt wird. Am Anfang einer dauerhaften Viehhaltung stand ohne Zweifel der Nomadismus. Ackerbauern hingegen mussten von Anfang an sesshaft werden. Wie passen beide Lebensformen zusammen?

Das eben kurz zusammengefasste Szenario geht davon aus, dass Mangel an Wild, der sich zunehmend verschärfte, zum Wechsel in der Ernährung geführt hatte. Die mit eigener Hände Arbeit gezogenen Feldfrüchte mussten den Niedergang der Jagd- und Sammelerträge ausgleichen. Der Ackerbau wurde so erfolgreich, dass seine Erträge nicht nur die Bauern selbst ernähren konnten, sondern zunehmend mehr Menschen, die andere Leistungen in die Gemeinschaft einbrachten. Aus den Überschüssen entwickelten sich größere Gemeinwesen. Die anfänglich verstreuten Häuser der Ackerbauern wurden zum Dorf zusammengefasst. Aus zentralen, günstig gelegenen Dörfern entwickelten sich Städte. Das geschah an Orten, die gegen die Begehrlichkeiten anderer, weniger erfolgreicher Menschengruppen gut zu verteidigen waren. Die gespeicherten Erträge des Ackerbaus bedurften befestigter Anlagen; Burgen, die »bergen« und damit nicht nur die Menschen schützen, sondern vor allem auch die Vorräte.

Die Dörfer und Städte wuchsen. Es mag nicht lange gedauert haben, bis konkurrierende Gruppierungen entstanden, die anfingen, sich zu bekriegen. Zunächst dürfte es nur um gespeicherte Vorräte gegangen sein, dann um das Land selbst, das produktiv geworden war, und schließlich um Menschen, die von den Siegern versklavt wurden. Wanderhirten hätten gar kein vergleichbares Sozialsystem entwickeln können, um attraktiv für die Versklavung als Hirten unter fremder Herrschaft zu werden. Das freie Umherziehen hätte sich damit nicht verbinden und vor allem nicht ausreichend kontrollieren lassen. Das Wanderhirtentum hielt die eigene Bevölkerungsentwicklung in vergleichsweise engen Grenzen, weil das Wohl und Wehe der Herden und damit ihre Nutzbarkeit für die Menschen von den äußeren Unwägbarkeiten der Witterung und nicht von eigener Hände Arbeit abhängen. Die Natur setzte der Steigerung der Produktivität enge Grenzen. Die Ackerbauern hingegen veränderten die Natur und machten diese immer produktiver. Erst damit konnte die Bevölkerung wachsen. Auf die Entwicklung des Ackerbaus folgte ein markanter demographischer Wandel. Aus ihm ging nicht nur eine vielfältig strukturierte Gesellschaft hervor, die anfing, zunehmend arbeitsteiliger zu wirtschaften, sondern auch ein starkes Wachstum der Bevölkerung. Auf die Entwicklung des Ackerbaus folgte eine Bevölkerungsexplosion. Wo in früheren Zeiten im Durchschnitt nur einige wenige Menschen pro Quadratkilometer leben konnten, ernährte der Ackerbau nun das Zehnfache und mehr. Die Entwicklung wurde zum Selbstläufer. Mehr Nahrung bedeutete mehr Kinder, größere Bevölkerung mehr Arbeitskräfte und diese eine weitere Steigerung der Produktivität. Eine Zunahme von individueller

40 Was ereignete sich während der »Neolithischen Revolution«?

Sicherheit in größeren Gemeinschaften ergab sich von selbst. Der Ackerbau hatte die Tür zu einem ganz neuen Raum für die kulturelle Entwicklung der Menschen geöffnet. Die Natur wurde fortan Gegensatz zur Kultur. Es gab kein Zurück mehr. Aus dem »colere« der Lateiner stammt unser Wort für Kultur. Darin steckt noch die Ahnung davon, welch grundlegende Bedeutung das Pflegen und Bebauen des Landes am Anfang der Geschichte hatte. Der Mensch wurde damit zum Kulturwesen. Als Wanderhirte hätte er noch weitestgehend »Natur« bleiben können. Naturverbunden zumindest, wie wir diese Lebensweise verstehen wollen, oder »im Einklang mit der Natur«, so die gegenwärtig bevorzugte Phrase.

All das passt in recht überzeugender Weise zusammen. Die Verschlechterung der Lebensbedingungen, die zum Rückgang des Wildes geführt hat, gibt einen klaren Grund für den Umschwung. Die geeigneten Wildgräser zu entdecken, sollte leicht gewesen sein, weil die Vögel darauf aufmerksam machen, wenn sie zur Reifezeit in Schwärmen einfallen. Die Körner, die anfangs noch recht klein waren, sind nahrhaft und ungiftig. Als Gräsersamen enthalten sie recht viel Eiweiß. Somit eignen sie sich auch als Ersatz für das tierische Eiweiß, das mit der Abnahme des Wildes rar geworden war. Körner sind haltbar. Aussaat und Ernte verlaufen in festen Zyklen zu bestimmten Jahreszeiten. Der Ertrag lässt sich steigern, wenn den Wildgräsern durch Bearbeitung des Bodens günstigere Wachstumsbedingungen geboten werden. Gräser bilden von Natur aus ziemlich leicht Hybride. Bessere Sorten konnten einfach per Zufall dadurch entstehen, dass die Wildformen in größeren Beständen beisammen aufwuchsen und von anderen Orten mitgebracht wurden. Gute Neukombinationen fallen sogleich durch kräftigeren Wuchs und/oder größere Ähren auf. So können sie ausgelesen und für die Weiterzucht verwendet werden. Die Zucht geht viel schneller als bei den

Haustieren, weil bei den einjährigen Wildgräsern schon nach einem Jahr eine neue Generation vorhanden ist. Jedes einzelne bildet sehr viele Samen aus. Haustiere gebären alljährlich, wenn überhaupt, nur wenige Nachkommen. Dennoch sind auch aus diesen schon in alten Zeiten und ohne genetische Kenntnisse die unterschiedlichsten Formen und Rassen von Haustieren gezüchtet worden. Also sollte die züchterische Auslese bei den Sorten von Wildgetreide noch viel einfacher und schneller gegangen sein.

So kommt ein klares Ergebnis zustande: Die Entwicklung des Ackerbaus ergab die Neolithische Revolution. Aus ihr ist Kultur entstanden. Das ist nachvollziehbar und wirkt überzeugend. Lücken in der Argumentation mag es in den Details geben. Werden diese nach und nach geschlossen, sollte sich das Bild lediglich verfeinern, aber nicht mehr nennenswert verändern. Der Mensch hatte sich mit seinem Wandel zum Kulturwesen aus den Zwängen der Natur befreit. Die andere Menschenart, der Neandertaler, der jahrtausendelang späteiszeitlicher Zeitgenosse der »anatomisch modernen Menschen«, also unserer Vorfahren, gewesen war, schaffte dies nicht. Er ist ausgestorben.

Zweifel

Manchmal klingt eine Erklärung irgendwie zu gut. Vielleicht, weil sie zu einfach wirkt. Allzu geradlinig eilt unsere Geschichte vom ersten Akt zum nächsten. Zug um Zug geht es weiter bis zum Ende, das von Anfang an schon bekannt war und so herauskommen musste, wie es ist. Skepsis ist die Mutter der Wissenschaft. Sie wirft unangenehme Fragen auf: Musste es so kommen wie angenommen, oder hätte es auch anders kommen können? Und warum kam es zu den Entwicklungen der Neolithischen Revolution nur an besonderen Orten zu ganz bestimmten Zeiten?

Konkret gefragt: Stimmt das mit der Verknappung des Wildes? Warum wurde der Ackerbau ausgerechnet im Vorderen Orient entwickelt, jedoch nicht überall, wo späteiszeitlich das Wild selten geworden war?

In der Eiszeitwelt Europas und Asiens lebten lange schon Menschen. Vor etwa 70000 Jahren wanderten die ersten Gruppen eines »neuen Menschen« aus Afrika nach Vorderasien. Sie waren die Vorfahren aller heutigen Menschen, also Angehörige unserer Art *Homo sapiens*. Im geographischen Übergangsbereich von Afrika nach Asien trafen sie auf eine andere Menschenform, den Neandertaler. Dieser lebte bereits viel länger in Europa und Westasien; fast 500000 Jahre lang. Dennoch breitete sich der *Homo sapiens* in das vom Neandertaler bewohnte Eiszeitland aus. Und nicht nur dorthin, sondern noch viel weiter entlang der Küsten Arabiens, Indiens und Südostasiens bis nach Australien. Die Neandertaler waren nicht annähernd so weit gekommen. Ihr Lebensbereich erstreckte sich über die eiszeitliche Mammutsteppe von Westeuropa bis Vorderasien; vielleicht bis an den Rand der Gebirge Zentralasiens. Weiter nach Osten kamen sie nicht. Doch schon mindestens eine Million Jahre früher hatten sich die gemeinsamen Vorfahren beider, die Angehörigen des Aufrechten Menschen (*Homo erectus*), bis Ostasien und Südostasien ausgebreitet. Die dortigen Fossilfunde erhielten die Namen »Pekingmensch« und »Javamensch«. Schädelreste dieser Menschenart waren Anfang des 20. Jahrhunderts entdeckt und noch eigenen Gattungen zugerechnet worden. Inzwischen ist eine weitere Menschenform, der zwergenwüchsige *Homo florinensis* der indonesischen Insel Flores ins Artenspektrum unserer Gattung hinzugekommen. Über ihre genauere Zuordnung gibt es unter den Fachleuten recht unterschiedliche Ansichten. Übereinstimmung herrscht dagegen darin, dass es in unserer Vorgeschichte nicht nur den einen »Menschen« als Art gegeben hat, von dem wir abstammen, sondern mehrere verschiedene Arten. Alle gingen sie zugrunde. Nur unsere Vorfahren überlebten. Zwischen dem ersten Vorstoß von *Homo erectus* nach Asien vor mindestens eineinhalb Millionen Jahren und jenem letzten vor 70 000 Jahren breitet sich somit der weitaus größte Teil der Naturgeschichte des Menschen aus. Erst ganz am Ende dieser Vorgänge ereignete sich das, was oben in groben Zügen geschildert wurde. Zwischen dem ersten Auftreten unserer Gattung außerhalb der afrikanischen Heimat und der Neolithischen Revolution liegen mindestens drei große Eiszeiten. Die Gattung Mensch hatte sich somit wenigstens eineinhalb Millionen Jahre lang als tauglich für das Leben außerhalb der tropischen Urheimat erwiesen. Sie kam zurecht mit Zeiten, in denen es in Europa so warm war, dass Nilpferde an

44 Was ereignete sich während der »Neolithischen Revolution«?

den nordwesteuropäischen Flüssen lebten und die Tierwelt ziemlich afrikanisch aussah. Die Gattung Mensch überstand aber auch die großen Kaltzeiten mit tief gefrorenen Böden, eisigem Wind, Löwen und Säbelzahnkatzen vom Format der Tiger. Dennoch änderte sich so gut wie nichts an ihrem Leben als Jäger und Sammler.

Also muss sich irgendetwas sehr Bedeutendes vor 15 000 Jahren im Leben mancher Menschengruppen geändert haben; etwas, das es vorher noch nie gegeben hatte. Dass das Ende der letzten Eiszeit für die auf eiszeitliche Klimaverhältnisse eingestellten Neandertaler eine Verschlechterung bedeutete, ist klar. Aber die in der Warmzeit davor aus Afrika nach Vorderasien und Europa gekommenen Menschen unserer Art hätte der Übergang zu einem erheblich wärmeren Klima doch begünstigen müssen. Man kann sich schwer vorstellen, dass das kalte Eiszeitklima für eine Tropenart bekömmlicher gewesen sein sollte als ein Warmzeitklima. Die Neandertaler hatten in der halben Million Jahre ihrer Existenz beide Formen des Klimas gemeistert, die sich im Eiszeitalter, dem Pleistozän, mit Kalt- und Warmzeiten mehr oder weniger regelmäßig abwechselten. Ihr Verschwinden gegen Ende der letzten Eiszeit wirft daher so manche Fragen auf, deren Antworten heftig umstritten sind. Sie reichen von der Ablehnung der Neandertaler als eigenständige Menschenart bis hin zur Annahme einer völligen Verschmelzung mit den Neuankömmlingen aus Afrika. Dazwischen liegen die Theorien von einem allmählichen, klimatisch (mit)bedingten Aussterben und einer indirekten Ausrottung durch die neuen Menschen aus Afrika, die einfach »besser« als die grobschlächtigen Altmenschen waren, die nach dem Fundort im Neandertal bei Düsseldorf ihre Bezeichnung erhalten haben. Die Hauptbegründung, der Wildreichtum sei in jener kritischen Zeit vor etwa 15 000 Jahren zu stark zurückgegangen, mag nicht so recht überzeugen, klingt sie doch mehr nach einer bloßen Annahme als nach wirklichen Funden und Befunden. Mehr noch: Warum sollte ausgerechnet dort, wo die passenden Wildpflanzen wuchsen, aus denen Getreide werden konnte, das Wild so selten geworden sein, dass sich die Menschen darauf umstellen mussten, wenn das an vielen anderen Stellen nicht der Fall war? Das ist bis heute nicht so: Wo gutes Gras wächst, sammelt sich auch das Wild, und oft halten sich dort Jäger und Sammler mit ihrer althergebrachten Lebensweise auf. Die (ein)gängige Modellvorstellung wankt noch stärker, wenn Ort und Zeit näher betrachtet werden. Ausgerechnet im Vorderen Orient, im Bereich des aus guten Gründen so bezeichneten »Fruchtbaren Halbmondes«, der sich vom unteren Niltal und Palästina über die östliche Türkei zum Zweistromland (Mesopotamien) hin erstreckt, sollte das Wild so selten geworden sein, dass die Menschen dort den Ackerbau erfinden mussten. Wie passt die Fruchtbarkeit der dortigen Böden mit der Seltenheit der Wildtiere zusammen? Müsste es sich nicht gerade umgekehrt verhalten? Hätte es nicht auch in Afrika passende Pflanzen für die Kultivierung geben können? Und Haustiere dazu, wo doch bis heute die größte Vielfalt an größeren Säugetieren in Afrika lebt! Warum also ausgerechnet zuerst der Vordere Orient, dann, mit ganz anderen Pflanzen, Ostasien, wo nicht Gerste und Weizen, sondern Reis kultiviert wurde, und Jahrtausende später sodann Mittel- und Südamerika mit Mais und Kartoffeln? Die drei Hauptgebiete, in denen der Ackerbau erfunden wurde, liegen sehr weit auseinander. Unabhängige Entwicklungen anzunehmen, liegt nahe. Doch diese fanden zu sehr verschiedenen Zeiten statt. Das spricht gegen die Klimaänderung als alleinigem Auslöser der Neolithischen Revolution. Die Kultivierung von Reis, Mais und Kartoffeln war zudem nicht mit der Züchtung von Haustieren verbunden. Diese Tatsache stellt den grundsätzlichen Zusammenhang zwischen Nutzpflanzen und Haustieren in Frage. Darüber hinaus herrschen

46   *Was ereignete sich während der »Neolithischen Revolution«?*

in den vier Regionen, in denen die vier mit Abstand bedeutendsten Nutzpflanzen der Menschheit kultiviert wurden, höchst unterschiedliche klimatische Bedingungen: im Vorderen Orient (Brotgetreide) mediterranes Halbtrockenklima, in China (Reis) subtropisches Monsunklima, in Mittelamerika (Mais) tropisches und im Heimatbereich der Kartoffel auf den Hochflächen der Anden ein kaltes Höhenklima.

Allenfalls taugt somit das übliche Modell zur Entstehung des Ackerbaus für den Vorderen Orient, nicht aber allgemein. Die zahlreichen anderen Nutzpflanzen, die andernorts nach und nach in Kultur genommen und weitergezüchtet wurden, können unberücksichtigt bleiben, weil sie nur lokale Bedeutung erlangten und zumeist erst viel später in Kultur kamen, als der entscheidende Durchbruch zum Ackerbau längst geglückt war. Und dann müssen auch jene nicht wenigen Fälle berücksichtigt werden, in denen Jäger- und Sammler-Kulturen überlebten, obwohl sie in der näheren oder weiteren Nachbarschaft von Ackerbauern existierten.

Ein ganzer Kontinent, Australien, blieb von der nacheiszeitlichen Entwicklung ausgenommen. Ein anderer, seiner Natur nach Europa recht ähnlicher, ebenfalls größtenteils: Nordamerika. Zum führenden Getreideland wurde dieser am besten dafür taugliche Kontinent erst in den letzten Jahrhunderten. Der aus dem nahen Mittelamerika stammende Mais gedeiht im »corn belt« der Vereinigten Staaten ähnlich ausgezeichnet wie der aus dem Vorderen Orient stammende Weizen. Nordamerika war der Fläche nach noch stärker vereist als Europa und Westasien. Die klimatischen Änderungen am Ende der letzten Eiszeit verliefen dort ähnlich gewaltig wie in Europa. Damit ist die übliche Begründung für das Zustandekommen des Ackerbaus eigentlich schon gefallen. Sie kann nur noch stark eingeschränkt auf den speziellen Bereich Vorderasiens in Betracht gezogen werden. Doch der Fruchtbare Halbmond war nie isoliert vom großen Rest Eurasiens.

Besondere Abläufe für dieses Gebiet annehmen zu wollen, bedarf entsprechend überzeugender Begründungen. Denn das Klima veränderte sich am Ende der letzten Eiszeit global und nicht nur in Vorderasien. So gut wie alle Menschen müssen irgendwie von den Änderungen betroffen gewesen sein. Wie war es, dieses Eiszeit- und Späteiszeitklima? Warum sollte es so bedeutende Anstöße für jene neuen Entwicklungen gegeben haben, denen wir die Kultur verdanken? Im Grunde genommen verschoben sich doch nur die Klimazonen, und zwar in den Kaltzeiten (Glaziale) äquatorwärts und in den Warmzeiten (Zwischeneiszeiten, Warmzeiten, Interglaziale) wieder polwärts. Die Menschen hätten doch nur, wie die Tiere, die sie jagten, entsprechend mitpendeln müssen. Das ganze Eiszeitalter lang und auch die Zehntausende Jahre vor dem Ende der letzten großen Vereisung funktionierte dies offenbar auch.

Eiszeit-Jahreszeiten

In den Kaltzeiten lastete auf dem Nordwesten Europas eine
große Eismasse. Ihre südlichen Ränder bedeckten große Teile des Kontinentalrandes, über den sich nacheiszeitlich die
Nordsee als Flachmeer ausbreiten würde. Das Eis reichte von
Skandinavien über die Norddeutsche Tiefebene hinweg ostwärts. Eine Ostsee gab es nicht. Unter Eis lag alles Land,
das sich östlich bis zum Ural anschließt und darüber hinaus
auch ganz Westsibirien. Der ferne Nordosten Asiens blieb
weitestgehend eisfrei. Die eisfreie Zone reichte bis nach
Alaska hinüber, wo der andere, noch weit größere Eisschild
anfing. Dieser kanadische Eispanzer bedeckte fast die ganze Nordhälfte Nordamerikas. Südwärts reichte er hinein in
das Gebiet der heutigen USA. Wäre nicht die Zone zwischen
Ostsibirien und dem westlichen Alaska über die Beringstraße
hinweg, die während der Eiszeiten eine breite Landbrücke
zwischen beiden Kontinenten darstellte, eisfrei geblieben,
hätte die nördliche Eiskappe die beiden großen Nordkon-
tinente Zehntausende von Jahren lang isoliert. So aber verband ausgerechnet das Eis die Landmassen von Asien und
Nordamerika über eine breite, nicht von Eis bedeckte Zone.
Zeitweise zumindest blieb auch ein eisfreier Korridor östlich
der Rocky Mountains in Nordamerika offen, weil das hohe
Gebirge die Niederschläge an seiner Westseite abfängt und
auf der Ostseite eine anhaltende Föhnlage bewirkt. »Chi-
nook« wird dieser Föhn genannt. Vor etwa 18000 Jahren

erreichte die letzte Vereisung ihren Höhepunkt. Vielerorts stießen damals die Gletscher am weitesten ins Umland vor. Sie hinterließen als Zeugen ihrer Ausbreitung Endmoränen. Diese enthalten den mittransportierten Gesteinsschutt und Erdmaterial, welches die Gletscher ablagerten wie Wasserfluten, die Schwemmgut an den Außenkanten zurücklassen und so ihre Höchststände anzeigen. Doch es war nicht allein das Eis, das die klimatischen Kaltzeiten charakterisierte. Auch die Lufttemperaturen waren vor allem in den hohen geographischen Breiten stark abgesunken. Aus Bohrkernen, die dem grönländischen Eis entnommen worden waren, wurde auf Temperaturen geschlossen, die zwischen 15 und fast 20 Grad Celsius unter den heutigen lagen. In Richtung Äquator nahm die Kälte rasch ab, und in den Inneren Tropen war es sogar heißer und trockener. Klimaforscher kalkulieren global nur einen Temperaturrückgang um drei oder fünf Grad Celsius für die Kaltzeiten des Eiszeitalters im Vergleich zur Gegenwart. Mittelwerte besagen jedoch wenig. Das wirkliche Leben spielt sich im Tages- und Jahreslauf ab. Die Temperaturen bewegen sich dabei ganz normal in Spannen von 20 und mehr Grad Celsius zwischen der Kühle der Nacht und dem Höchstwert am Tage. In randtropischen Wüsten, wie in der Sahara, kann der Unterschied zwischen der Tageshitze und der Nachtkälte 40 Grad, im Tropischen Regenwald aber nur wenige Grad betragen, die kaum merklich sind. Denn weitaus stärker als die Temperatur wirken die Niederschläge. Je nach Verteilung und Menge bedeuten sie feuchte Kühle oder Schwüle, trockene Hitze oder Kälte. Aus dem Wechselspiel von Niederschlägen und Temperaturen im Jahreslauf ergeben sich Zusammensetzung und Produktivität der natürlichen Pflanzendecke.

Außerhalb der Tropen verstärken sich die Unterschiede im Jahresgang. Je weiter entfernt vom Äquator, desto stärker kommt der Winter zur Ausprägung und damit der Unterschied zum Sommer. Beträchtliche Bedeutung kommt der Tageslänge zu. In Richtung Pol weicht sie immer stärker von den äquatorialen 12 Stunden Tag oder Nacht ab. Zur Sommersonnenwende hin werden polwärts die Tage länger und die Nächte kürzer, zur Wintersonnenwende hin nimmt die Tageslänge den umgekehrten Verlauf. Auch wenn sich die Licht- und die Dunkelzeiten in der Bilanz im Jahr ausgleichen, bleibt das nicht ohne Folgen für die Natur. Wo es ausgeprägte Wechsel zwischen Sommer und Winter oder zwischen Regen- und Trockenzeit gibt, kommen entsprechende Unterschiede in der Produktivität der Natur zustande. Auf diese müssen sich Pflanzen wie Tiere einstellen; Menschen, die (noch) als Naturwesen leben, ebenfalls. Sie können nur das nutzen, was der Gang der Jahreszeiten bietet. Kommen dabei Überschüsse zustande, bieten sie die Möglichkeit, Reserven daraus anzulegen. Vorrat bleibt am besten erhalten, wenn es kalt ist. Das Prinzip Kühlschrank nutzen wir zwar in seiner technischen Ausführung erst seit kurzem, aber in seiner natürlichen Form schon lange. Früher wurden Eiskeller angelegt; Keller, in die Eisblöcke eingelagert wurden, die mit ihrem langsamen Dahinschmelzen im Raum Kühlschranktemperaturen erzeugten. So lange das Eis reichte. Während der Eiszeit(en) reichte es lange; stellenweise das ganze Jahr über. Denn auf riesigen Flächen am Rande der großen Eiskappen entstanden Dauerfrostböden. Wo die Sommersonne hinkam, taute dieser mehr oder weniger tief auf. In Schattenlagen, an abgewandten Bergflanken vor allem, hielten sich Schnee und Dauerfrostboden den Sommer über. Das ist auch gegenwärtig in höheren Lagen der Gebirge noch so. Aber diese Stellen sind flächenmäßig winzig, verglichen mit den eiszeitlichen Verhältnissen. Dennoch war die Lagerung von Vorräten in Eiskellern oder in natürlicherweise vorhandenen kalten Orten (Höhlen) bis in die jüngere Vergangenheit, zum Teil auch noch bis in die Gegenwart, bedeutsam. Vorräte zu lagern ist wichtig, überlebenswichtig! Die Menschen wissen das seit langem. Aber bedeutete die Bevorratung auch in »der Eiszeit« etwas? Die Antwort dürfte lauten: durchaus und wahrscheinlich weit mehr, als man zunächst annehmen würde. Denn im Eiszeitland war der Unterschied in den Jahreszeiten viel ausgeprägter als in unserer Gegenwart. Auf lange, trockenkalte und weithin schneearme Winter, in denen der Boden tief gefror, folgte ein rascher Frühling und ein vielerorts trockener und heißer Sommer, der wieder schnell über einen kurzen Herbst in den Winter überging. Die Sommertemperaturen konnten, wie in Sibirien, durchaus über längere Zeit 30 Grad Celsius erreichen, die Winterfröste aber unter −30 Grad absinken. Typisches Kontinentalklima also, mit Sommerwind, der durch die Temperaturgegensätze zwischen Eis und offener, steppe-ähnlicher Tundra beständig wehte. Er verfrachtete feinste Bodenteilchen in riesigen Mengen aus Europa und Westasien ostwärts. Die Ablagerungen bilden die so fruchtbaren Lössböden Chinas. Diese Witterungsverhältnisse im kalten Eiszeitklima bedeuteten einen ausgeprägten Jahresgang der Produktivität der Pflanzen. Der spät im Frühjahr auftauende Boden begünstigte mit seiner Feuchte und seinem reichen Gehalt an Pflanzennährstoffen das Wachstum von Gräsern und Kräutern, schränkte aber die Entwicklung von Bäumen und Wäldern stark ein. Die Sonnenstärke war hoch, denn am Sonnenstand hatte sich weder in den Kaltnoch in den Warmzeiten des Eiszeitalters etwas geändert. Wachsen, Blühen und Reifen oder Fruchten konnten in sehr zuverlässiger Weise den Sommer über ablaufen. Das Wachstum von frischem Grün erreichte im Frühsommer den Höhepunkt, das Fruchten im Herbst. Auf diesen Zeitlauf stellte sich die Tierwelt ein. Der Frühsommer war die Zeit, in der die allermeisten Jungtiere geboren wurden und die Vögel brüteten. Im Spätsommer und Herbst galt es, die nötigen Reserven im Körper anzusammeln, die für das Überleben des

52 Was ereignete sich während der »Neolithischen Revolution«?

Winters unerlässlich waren. Damit die Jungtiere frühzeitig genug geboren wurden und genügend Zeit zum Aufwachsen zur Verfügung hatten, mussten insbesondere solche Säugetiere, die weit entwickelte, gleich nach der Geburt schon ziemlich selbständige Junge gebären, die Brunft in die »Feistzeit« des Herbstes oder gar früh in den Winter verlegen. Der Rothirsch (*Cervus elaphus*) folgt in Eurasien wie auch in seiner großen nordamerikanischen Form, dem Wapiti (*Cervus canadensis*), diesem Jahresprogramm. Beim viel kleineren, kaum 25 Kilogramm Gewicht erreichenden Reh (*Capreolus capreolus*) würde dies offenbar nicht sicher genug sein. Die Brunft folgt im Frühsommer unmittelbar auf das Gebären der Kitze. Die Entwicklung der Föten wird von einer den Winterverhältnissen entsprechenden Keimruhe unterbrochen, sodass schon gegen Ende des Winters und spätestens mit dem neuen Sprießen von frischem Grün die Entwicklung zum Kitz vorangetrieben und vollendet werden kann. Denn es ist wichtig, dass die Rehjungen vor Beginn des Winters wenigstens 12 oder 13 Kilogramm Gewicht erreicht haben, sonst überstehen diese so zierlich gebauten Kleinhirsche den Winter nicht. Vieles in unserer heutigen Natur, insbesondere in ihren jahreszeitlichen Abläufen, stammt noch aus der Eiszeit. Zehntausend Jahre sind zu kurz, um die Lebensweise grundsätzlich zu ändern. Daher können wir uns ganz gut an manchen Eigenheiten der gegenwärtigen Naturabläufe orientieren, wenn wir die eiszeitlichen Verhältnisse verstehen wollen. Für die jagenden und sammelnden Menschen waren dies die Lebensgrundlagen. Ihr Tun, ihr eigener Lebensablauf im Gang des Jahres, musste darauf bezogen sein, um das Überleben zu sichern. Deshalb lohnen einige weitere Einblicke in das Eiszeitleben, um die nachfolgenden Entwicklungen bis zur Gegenwart besser zu verstehen.

Die Eiszeitmenschen
im Lauf der Jahreszeiten

Beginnen wir die Betrachtung des Jahres, wo es in der Natur eigentlich anfängt, mit dem Frühling. Die Leitschnur gibt uns die heutige Übergangszone von den nordischen Wäldern in die Tundra. Als die Eismassen ihre große Ausdehnung erreicht hatten, lag diese Zone weit südlicher als gegenwärtig. Zwischen den ins Flachland vorgedrungenen Eiszungen der alpinen Gletscher und dem riesigen nördlichen Eisschild erstreckte sich über Mitteleuropa im Wesentlichen eine ähnliche Landschaft, wie wir sie jetzt im Hohen Norden antreffen. Das Land war nahezu frei von Wald. Der Baumwuchs war schwach entwickelt und wohl vornehmlich auf die Flusstäler beschränkt. Die Flüsse führten im Winter wenig Wasser oder waren ganz eisbedeckt. Auch im Sommer blieb ihre Wasserführung gering, weil es wenig regnete, von den Gletschern nicht viel kam und der Boden kaum Grundwasser freigab. Denn er war und blieb tief gefroren. Nur im Frühling brachte die Schneeschmelze kurze, vielleicht auch heftige Fluten. Das Tauwetter muss ziemlich sumpfige Böden verursacht haben, weil das Wasser nur oberflächlich und aus Senken und Tälern nicht gut abfließen konnte. Pfützen und kleine, flache Seen dürften weit verbreitet gewesen sein. An ihnen wimmelte es bald vor Wasservögeln. Bis diese aus ihren südlichen Winterquartieren eintrafen und anfingen, Eier zu legen, hungerten die Menschen sicherlich wochen-, vielleicht auch monatelang. Fleisch ließ sich in der trockenen und kalten Winter-

54 Was ereignete sich während der »Neolithischen Revolution«?

witterung zwar gut lagern, aber nur, wenn die Jagderfolge gut gewesen waren.

Die meisten Großtiere führten wahrscheinlich weitreichende Wanderungen durch. Die Menschen mussten entweder versuchen, ihnen zu folgen und wie Hirtennomaden hinter ihnen herziehen, oder so viel Beute zu Beginn des Winters machen, dass diese ausreichte, bis mit den Gelegen der Gänse, Enten und Watvögel wieder reichlich Nahrung gefunden werden konnte. In den Ostereiern mag eine ferne Erinnerung an jene Zeiten anklingen und mit der Fastenzeit davor der frühere Rhythmus zum Ausdruck kommen. Die Vorräte gingen zur Neige oder waren schon aufgebraucht. Nun hieß es fasten, bis sich mit dem Frühling die Versorgungslage besserte. Zwiebeln der weniger giftigen Arten der Zwiebelgewächse können den Bedarf an pflanzlichen Ergänzungsstoffen im Frühjahr einigermaßen gedeckt haben. Sicherlich waren sie immer riskant, weil es sehr guter Kenntnisse der Pflanzen bedurfte, um das noch Genießbare und für die Menschen Verträgliche vom Gefährlichen und Giftigen unterscheiden zu können. »Gute« Zwiebeln waren von Natur aus selten. Manche Säugetiere, wie Mäuse, vertragen offenbar mehr und können sogar die Zwiebeln von Krokussen ohne Vergiftungserscheinungen verzehren. Auch anderes Grün, das der Magen des Menschen verträgt, gab es im Frühling nicht gerade reichlich. Wir können zum Beispiel Bärlauch (*Allium ursinum*) als Frühlingsgemüse nutzen, müssen aber die Menge begrenzen, weil die Inhaltsstoffe in größerer Menge doch auch giftig wirken können und Einfluss auf den Blutdruck nehmen.

Das Wachstum der Wasserpflanzen, unter denen es mehrere grundsätzlich vom Menschen verwertbare Formen gibt, setzt im Frühjahr später als das der Landpflanzen ein. Das Wasser braucht länger, bis es warm genug geworden ist und das

Wachstum der Pflanzen in Schwung kommen kann. Ob es für die Eiszeitmenschen schon möglich gewesen war, jungen, frischen Löwenzahn (*Taraxacum officinale*) zu sammeln, ist fraglich, denn dieser braucht nährstoffreiche, nicht zu feuchte Böden. Auch bei noch so guter Pflanzenkenntnis bleiben (Spät)winter und Frühjahr ein ausgeprägter Versorgungsengpass. Die Wildgänse kommen aus guten Gründen nicht vor dem Sprießen der Gräser in ihre Brutgebiete in der Tundra zurück, auch wenn sie in ihr Daunengefieder verpackt die spätwinterliche Kälte nicht zu fürchten hätten. Wie nahezu immer entscheidet die Verfügbarkeit von geeigneter Nahrung ungleich mehr als die Temperaturen über den Lebensablauf der Tiere. Bei den Pflanzen ist das nicht anders. Nur handelt es sich bei ihrer Nahrung um mineralische Nährstoffe im Boden und um Wasser. Bekanntlich ist es erst in der zweiten Hälfte des 20. Jahrhunderts gelungen, den Mangel an Vitaminen und Pflanzenkost im Spätwinter und Frühling über den Ferntransport von Früchten und Gemüse oder über medizinisch dosierte Nahrungsergänzung auszugleichen – zumindest in einigen Regionen der Erde und längst nicht überall, wo jahreszeitbedingte Mängel auftreten. Wahrscheinlich begleitete die »Frühjahrsmüdigkeit« die Menschen in den Regionen der mittleren und nördlichen Breiten seit Urzeiten.

Diese Gegebenheiten des Frühlings sind wichtig, um unsere eigenen jahreszeitlichen Rhythmen verstehen zu können. Wir tragen sie als Erbe aus längst vergangenen Zeiten in uns. Ostern war den Germanen der vorchristlichen Zeit das Fest ihrer Fruchtbarkeitsgöttin Ostaria; ähnliche Formen finden sich bei den meisten, vielleicht bei allen »nordischen« Völkern. Mit den ersten Gelegen der Wildgänse und anderer Vögel, die in den Feuchtgebieten nisten, war die Notzeit gegen Ende des Winters überwunden. Jetzt fing eine Phase des Überflusses an, weil es nun auch beim Wild in kurzer Zeit überall Neugeborene gab. Die Kennzeichnung »Jäger und Sammler« trifft nun in besonderer Weise zu. Eier konnten in kurzer Zeit in großer Zahl gesammelt werden. Sie ließen sich auch eine Weile aufbewahren, zumal wenn es noch Stellen mit Eis gab. Doch selbst wenn die Entwicklung der Vogeljungen in den Eiern schon in Gang gekommen war, stellten sie höchst wertvolle Quellen von Eiweiß- und Mineralstoffen dar. Der Dotter enthält außerdem reichlich die gelben oder gelbroten Carotinoide. Das sind Abwehrstoffe, die mithelfen, die körpereigene Abwehr gegen eingedrungene Krankheitserreger zu unterstützen. Das Schlürfen roher Eier war sicherlich ein wichtiger Beitrag zur Gesunderhaltung im Frühjahr, wenn der Körper schon seine Reserven weitgehend verbraucht hatte. Ob damals Salmonellen in den Eiern, wie in unserer Zeit, ein Risiko darstellten, an schweren Durchfällen zu erkranken, wissen wir nicht. Aber nachdem bis ins frühe 20. Jahrhundert frische Eier von Möwen und Kiebitzen im Binnenland und die Gelege oder Junge verschiedenster Seevögel an den Küsten umfangreich als Nahrungsquelle genutzt wurden, scheint das nicht der Fall gewesen zu sein. Kiebitzeier galten als Delikatesse.

Der klare Rhythmus der Jahreszeiten erleichterte es, eine gewisse Vorausschau zu entwickeln. Man wusste, wann wofür die richtige Zeit sein würde. Es gab klare Zeiten, in denen Rentiere (*Rangifer tarandus*), Hirsche und Rehe ihre Jungen zur Welt brachten. Sicher galt das auch für die gewaltigen Riesenhirsche (*Megaloceros giganteus*). Bei den großen Wühlmäusen der Tundren, den Lemmingen, setzte die Vermehrung ein, während die Murmeltiere (*Marmota sp.*) ihre Lager verließen, in denen sie den Winterschlaf verbracht hatten. Schnell ging der Frühling in Frühsommer und Sommer über. Sie brachten eine neue Fülle in Form reifender Beeren.

Die Eiszeitmenschen im Lauf der Jahreszeiten   57

In unseren Wäldern sind das zuerst die (kleinen) Erdbeeren (*Fragaria vesca*) und die Himbeeren (*Rubus idaeus*). Dann folgen Heidelbeeren (*Vaccinium myrtillus*) und, wo sie geeignete Lebensbedingungen auf sauren Lehmböden finden, die den eiszeitlichen Verhältnissen ähneln, die Preiselbeeren (*Vaccinium vitis-idaea*). Andere, wie die noch kältere und feuchtere Lebensräume bevorzugenden Rauschbeeren (*Vaccinium uliginosum*) sind von lokaler Bedeutung. Ihr Name weist darauf hin, dass rauschartige Zustände eintreten können, wenn diese Beeren in größerer Menge gegessen werden. Auf die Mengen soll hier nun auch kurz verwiesen werden. Denn dass es diese Beeren tragenden Pflanzen gibt, besagt noch lange nicht, dass sie von Bedeutung sind. So wurden in Deutschland in Jahren mit guter Beerenernte bis zu 10 000 Tonnen Heidelbeeren geerntet. Das mag viel sein oder wenig, je nach Betrachtungsweise. Pro Hektar Wald sind das nur rund ein Kilogramm. Sonderlich ergiebig ist das nicht. Darauf werde ich ausführlicher zurückkommen, wenn es darum geht, den Bedarf der Menschen auf die Produktivität der Flächen zu beziehen. Halten wir an dieser Stelle fest, dass der Sommer eine Zeit war (und ist), in der zuckerhaltige Früchte mehr oder weniger reichlich vorhanden sind.

Später, im Herbst zumeist, kommen essbare Pilze hinzu, die jedoch nur geringen Nährwert haben. Ihre Hauptbedeutung liegt in den seltenen Mineralstoffen, den sogenannten Spurenelementen, die sie in sich tragen. Im Herbst setzt zwar auch bei zahlreichen Baumarten die Bildung und Reife von Samen ein, aber im Eiszeitland waren Bäume selten. Es ist bezeichnend, dass die von ihrer Bau- und Wuchsweise her den Bäumen entsprechenden Zwergsträucher, zu denen die Heidel- und Preiselbeeren gehören, zuckerhaltige Früchte (Beeren) entwickeln, während die großen Waldbäume stärkehaltige Eicheln, Bucheckern oder direkt Nüsse tragen. Die

Kleinwüchsigkeit der Zwergsträucher ermöglicht keine großen, reichlich mit Stärke und Fett oder Ölen ausgestatteten Samen. Auch dieser Hinweis ist wichtig, um den Bedarf der Menschen zum natürlichen Vorkommen von verwertbarer Nahrung in Beziehung setzen zu können.

Schließlich geht der Herbst schnell in den Winter über. Viele Großtiere wandern ab; bei manchen beginnt die Paarungszeit. Sie kostet insbesondere den Hirschen sehr viel Kraft. Mancher abgeschlagene Hirsch hat zu viel verloren. Geschwächt übersteht er den Winter nicht, sondern wird Wölfen (*Canis lupus*), Eiszeitlöwen (*Panthera spelaea*), Bären (*Ursus arctos*) oder eben den jagenden Menschen zum Opfer fallen. Die Geschwächten sind leicht zu erkennen. Auf dem nun gefrorenen Boden ist ihnen leichter zu folgen als im Morast des aufgetauten Dauerfrostbodens. Die Jagd auf große Tiere wird im Übergang vom Herbst zum Winter die besten Erfolge zeitigen, weil auch die Jäger noch in guter Kondition sind. Nun zeigt sich, dass die Geweihe der Hirsche keineswegs nur dazu da sind, den Hirschkühen zu imponieren und mit anderen Hirschen um das Rudel zu kämpfen. Die weit nach hinten und an den Seiten ausladenden Geweihe müssen vor Wölfen und anderen Raubtieren schützen, die nicht einzeln, sondern in Gruppen jagen. Betrachtet man das gewaltige Geweih des Riesenhirsches nicht für sich allein, so wie es als Jagdtrophäe präsentiert wird, sondern am Träger, am Hirsch selbst, wird klar, dass es die empfindlichste Zone an den Flanken am besten schützt. In der harten Zeit des Winters riskieren auch in unserer Zeit Wölfe durchaus den Angriff auf die großen Elchbullen. Dabei kann passieren, dass sie von den Elchschaufeln aufgegriffen, durch die Luft geschleudert und schwer, vielleicht tödlich, verletzt werden. Für die Elchbullen war und ist es wie auch für die ausgestorbenen Riesenhirsche entscheidend, alt genug zu werden, bis

Die Eiszeitmenschen im Lauf der Jahreszeiten   59

sie von den weiblichen Tieren ihrer Art angenommen werden. Beim Riesenhirsch dürfte die Wartezeit acht bis zehn Jahre betragen haben, legt man die heutigen Verhältnisse bei Rothirsch und Wapiti zugrunde. Das bedeutete, die gleiche Zahl langer, harter Winter und die Angriffe von Raubtieren, die sich in dieser Zeit jeweils häuften, durchzustehen. Gewiss nicht nur nebenbei beteiligten sich auch die Menschen als Eiszeitjäger an diesen Angriffen oder machten die von Wölfen erlegte Beute diesen streitig. Viel zu riskieren, lohnte für die Menschen, denn die Beute war groß und ergiebig. Das Fleisch enthielt Fett, das der Körper buchstäblich als Heizmaterial in der Winterkälte braucht. Fett und Fleisch von großen Säugetieren können getrocknet (luftgetrocknet, später sicherlich auch geräuchert) im Winter monatelang aufbewahrt werden. So gut es sich jedoch hält, so verlockend bleibt auch für andere Fleischesser der Geruch. Die Wölfe selbst, aber auch der Vielfraß (*Gulo gulo*), der große Marder der nordischen Wälder, der so selten geworden ist, waren beständig an den Fleischvorräten der Menschen interessiert. Nur wenn man sie unerreichbar hoch aufgehängt hatte, waren sie dem Zugriff der Raubtiere entzogen. Die Bären, die sicherlich mit ihren Kräften die größte Gefahr gewesen wären, hielten in dieser Zeit bereits ihre Winterruhe und waren daher ungefährlich. Monatelang mussten diese Vorräte halten. An die Riesen, wie die Mammuts, wagten sich die nur mit vergleichsweise einfachen Wurfspeeren ausgerüsteten Menschen der Eiszeit nur unter besonders günstigen Umständen. Das Steinzeitniveau ihrer Jagdwaffen reichte für regelmäßige und gezielte Jagden auf diese Kolosse wohl kaum aus. Die Elefanten unserer Zeit wurden früher auch nur höchst selten direkt gejagt. Und wenn doch, geschah dies mit Fallgruben und Giftpfeilen, nicht mit der direkten Kraft geschleuderter Wurfspeere. Im metertief gefrorenen Eiszeitboden hätten die Menschen derartige Fallgruben jedoch kaum einmal graben können.

60 *Was ereignete sich während der »Neolithischen Revolution«?*

Zusammengenommen bedeutet all dies, dass die Eiszeitmenschen vornehmlich vom Fleisch der Großtiere abhängig waren. Wurzeln, Beeren und andere Pflanzenkost können kaum mehr als eine Zusatznahrung abgegeben haben. Sie war wichtig zur Versorgung mit Vitaminen, aber sie konnte keine Grundversorgung der Menschen darstellen. Selbst hinsichtlich des Energiegehaltes der zuckerreichen Beeren schneidet das Fett der Großtiere, das sich diese als Winterspeck anfuttern, weitaus besser ab. Süße Beeren gab es zwar reichlich im Hochsommer, aber sie sind nicht haltbar und selbst in Form getrockneter Preiselbeeren nicht ergiebig genug, um mit Rosinen verglichen werden zu können.

Im Jahreslauf folgten klar ausgeprägte Perioden aufeinander. Auf die erzwungene Fastenzeit des Frühjahrs kamen die Tage oder Wochen mit einer Überfülle von Eiern. Dann gab es reichlich frisch geborene Jungtiere. Im Sommer lockten die Beeren die Menschen wie die Bären, die diese sehr zuckerhaltige Kost in Fett umwandelten. Sie wurden dick und konnten, solcherart gut versorgt, ihre Winterlager aufsuchen und die kalten Monate weitestgehend verschlafen. Die Menschen brauchten den Bären gar nicht abzuschauen, welche Beeren gut sind, denn das verrieten die Färbung und der Geschmackstest ganz von selbst. Die Beerenzeit könnte durchaus auch beim Menschen dazu beigetragen haben, für den nahenden Winter mehr Fett im Unterhaut-Fettgewebe abzulagern. Das macht träge und bewirkte vermutlich die Symptome der »Herbstmelancholie«. Am wichtigsten muss aber für ein erfolgreiches Überstehen des Winters das Fett von Großtieren für die Menschen gewesen sein. Nur damit konnte der Körper so viel Wärme erzeugen, dass sie ohne Feuer und Heizmaterial die langen, eisigen Winternächte überstanden. In der Gesamtbilanz des Jahres überwog zweifellos das Fleisch von Großtieren oder, wo es entsprechende Gewässer gegeben hat, auch das von Fischen bei weitem die vegetari-

Die Eiszeitmenschen im Lauf der Jahreszeiten   61

sche Kost. Zum Fischfang kamen jedoch bis zur Erfindung des Netzfanges und der Reusen nur wenige günstige Stellen an Flüssen in Frage, an denen sich zum Beispiel flussaufwärts ziehende Lachse in großer Menge zu bestimmten Zeiten sammelten. Wie die Bären, vielleicht sogar ziemlich gemeinsam mit diesen, erbeuteten die Eiszeitmenschen dort große Fische, die sie wie viel später den »Stockfisch« trocknen und aufbewahren konnten. Einfach und allgemein üblich war der Fischfang jedoch wohl nicht. Die Eiszeitmenschen ernährten sich hauptsächlich wie Raubtiere. Wir müssen sie von dieser Warte aus betrachten, wenn wir die großen Veränderungen am Ende der letzten Eiszeit verstehen möchten.

Raubtier Mensch (I)

Nach Art seiner Ernährung entsprach der Eiszeitmensch weitestgehend dem Typ des Großraubtieres. Zwar fehlten ihm Krallen und zum Tötungsbiss geeignete Zähne, aber dieses Manko wurde mehr als ausgeglichen durch Jagdwaffen. Sie reichten vom einfachen Wurfspieß mit geschärfter, im Feuer gehärteter Spitze bis zu Pfeil und Bogen als echte, treffsichere »Fernwaffen«. Wucht und Reichweite der Wurfspieße sind durch Lederschlingen verbessert worden, mit deren Hilfe kürzere, festere Spieße mit größerer Kraft auf die Beute geschleudert werden konnten. Verbindungen zur Steinschleuder ergeben sich daraus. Die langsame, aber fortschreitende Verbesserung der steinzeitlichen Waffentechnik ist vielfach beschrieben worden. Dass damit die Wirksamkeit der Jagd nach und nach anstieg, steht außer Frage. Hier geht es um zwei andere Aspekte der Jagd im ausgehenden Eiszeitalter. Es sind dies die Wirkung von Fernwaffen und die Rückwirkung, die von der Beute ausgeht.

In der Fernwirkung unterscheidet sich die Jagd der Menschen grundsätzlich vom Beutemachen der Raubtiere. Diese müssen nicht nur nahe, sondern ganz direkt an die Beute, die sich zumeist in irgendeiner Weise heftig wehrt, herankommen. Die Tötung der Beute muss mit geeigneten Formen von Tötungsbissen erfolgen. Nur sehr große Raubtiere, wie Bären, Löwen und Tiger, könnten mit der bloßen Wucht ihrer Prankenschläge größere Beutetiere kampfunfähig machen, bevor sie zubeißen (müssen). Wie sehr bei der Tötung die Raubtiere auf sich selbst zu achten haben, geht daraus hervor, dass selbst die kräftigsten von ihnen, die Löwen und die Bären, lieber Kadaver annehmen, als sich mit der Beute auf einen Tötungskampf einzulassen. Ist dieser unumgänglich, wenden Löwen den Betäubungsbiss an. Sie versuchen, dem Beutetier die Schnauze so lange zuzuhalten, bis dieses über das angestaute Kohlendioxid betäubt wird und keinen Widerstand mehr leistet. Große Beutetiere sind auch für große Raubtiere gefährlich. Sie riskieren, etwa durch wildes Herumschlagen mit harten, scharfkantigen Hufen oder auch nur aufgrund der Wucht der Körpermasse, schwere Kieferverletzungen, gebrochene Beine oder von Hörnern und Geweihen aufgeschlitzte Bäuche. Muttertiere versuchen in aller Regel ihre wehrlosen Jungen zu verteidigen. Bei manchen Tieren helfen dabei die Artgenossen mit, indem sie, wie etwa bei Elefanten und bei Moschusochsen, einen abwehrenden Ringwall um Muttertiere und Junge bilden. Löwen, die sich einer Phalanx spitzer Hörner gegenübersehen, die aus einem außerordentlich dichten, zottigen Fell hervorragen, lassen sich lieber nicht auf eine Auseinandersetzung mit den wutschnaubenden Moschusochsen ein, auch wenn der Hunger in den Eingeweiden nagt. Manche Großtiere greifen sogar unvermittelt an, wenn sie ihre Jungen bedroht fühlen. Wildschweine mit kleinen Jungen (Frischlingen) sind gefährlicher als Bären. Es reicht also nicht einfach, kräftige Pranken, spitze Krallen und ein gewaltiges Gebiss zu haben, um als Raubtier erfolgreich zu sein. Selbst Mäuse und Wühlmäuse oder Ratten springen den Angreifern ins Gesicht und versuchen in Todesangst noch mit ihren kräftigen Nagezähnen zuzubeißen. Einen der im Eiszeitland zumeist sehr häufigen Lemminge mit bloßer Hand fangen zu wollen, zumal wenn er dick und fett geworden war, zog fast mit Sicherheit eine tief gehende Bissverletzung nach sich. So einen großen Verwandten der Wühlmäuse mit einem Stock zu erschlagen oder wenigstens zu betäuben löst das Problem der Gegenwehr der Beute weitaus besser als der blitzschnelle Zugriff mit den Zähnen. Manche Hauskatze wird von Ratten schwer gebissen, weil sie beim Fangversuch nicht schnell genug war, und jeder Fuchs versucht die (Wühl)Mäuse mit den Pfoten für Sekundenbruchteile an den Boden zu drücken, bevor er mit seiner spitzen Schnauze zum Tötungsbiss ansetzt. Nicht einmal die kleineren, häufig in Massen vorkommenden Tiere lassen sich so einfach »erbeuten«. Wir neigen dazu, solche gelegentlichen Fangversuche von der komischen Seite zu nehmen, etwa wenn die Katze eine Maus mitgebracht und in der Wohnung freigelassen hat. Wer sie dann mit bloßer Hand zu fangen versucht, demonstriert, wie schwierig das tatsächlich ist und wie untauglich die meisten Menschen wären, sich davon ernähren zu wollen. Jäger und Sammler zu sein setzt daher einiges mehr voraus, auch wenn damit ein zumeist eher abschätzig gemeinter, »primitiver Zustand« gekennzeichnet werden soll. Der jagende Mensch braucht eine entsprechende Technik, um erfolgreich zu sein. Auf das »Sammeln« wird in anderem Zusammenhang näher eingegangen. Dass es entsprechende Kenntnisse, insbesondere hinsichtlich Vorkommen und Verträglichkeit der betreffenden Pflanzen als Nahrung bedarf, versteht sich von selbst. Nicht selbstverständlich ist dagegen das ausreichende Vorkommen. Denn wenn es bestimmte Pflanzen nur sehr selten und an ganz bestimmten Orten oder Zeiten gibt, eignen sie sich nicht als Ernährungsgrundlage, so attraktiv sie auch sein mögen. Das gilt natürlich in noch größerem Umfang für das Wild, dem die Jagd gilt. Denn die allermeisten Arten versuchen sich den Nachstellungen zu entziehen. Nur ganz wenige, für die menschliche Ernährung in Frage kommende Tiere leben ähnlich ortsfest wie die Pflanzen. So zum Beispiel die Muscheln – und auf sie wird in anderem Zusammenhang eingegangen, weil sie tatsächlich eine gewisse Rolle bei der Ausbreitung der Menschen gespielt haben. Lassen wir sie an dieser Stelle auch unberücksichtigt. So verbleiben die eigentlichen Jagdtiere, »Wild« genannt.

Dieses entwickelt Gegenmaßnahmen, wenn der »Druck« der Feinde zu groß wird. Am bekanntesten ist, dass das Wild scheu ist. Sehr scheu sogar, wo es regelmäßig und über längere Zeiträume bejagt wird. Die Fluchtdistanzen des heimischen Wildes in Mitteleuropa entsprechen in etwa den Schussdistanzen der Jäger. Fernwaffen erzeugen Fernwirkungen. Wir sehen dies in der Vertrautheit von ansonsten scheuen Tieren, wenn sie nicht mehr verfolgt werden. Dazu brauchen sie gar nicht futterzahm zu werden. Wir wissen auch, dass dieselbe Art von Wildtieren in den unterschiedlichen Regionen ihres Vorkommens recht verschieden scheu oder vertraut sein kann, je nachdem, wie groß der Druck ist, der von der Verfolgung ausgeht. Viele der Vogelarten, die es auch in Europa gibt, sind in Indien so vertraut, als ob sie zahm wären, weil sie dort nicht bejagt werden, während sie bei uns große Fluchtdistanzen entwickelt haben. All das ist zu betonen, weil es zum Ausdruck bringt, wie lernfähig »das Wild« ist. Manche Arten des Wildes können noch mehr, als nur die mögliche Gefährlichkeit des Menschen zu erkennen. Sie stufen, meistens ganz richtig, die verschiedenen Menschen danach ein, ob es sich um Jäger oder um harmlose Spaziergänger handelt. So wie die Antilopen, Gazellen oder Zebras der afrikanischen Steppen sehr wohl unterscheiden, ob Löwen, die sich nähern, auf der Jagd sind oder anderes vorhaben. Manchmal bilden sie in ihren weidenden Herden auf dem Grasland der Serengeti nur eine Gasse passender Weite, um die Löwen durchzulassen. Beute, die lernfähig ist, erschwert das Beutemachen. Zur Wehrhaftigkeit kommt damit unvermeidlich auch die Erfahrung hinzu, die Beutetiere mit den jagenden Menschen gemacht haben. Sehr frühzeitig, wahrscheinlich schon vor

Zehntausenden von Jahren, versuchten die Eiszeitjäger mit Tarnung die Aufmerksamkeit der Beute zu überlisten. Sie behängten sich mit Tierfellen, setzten sich Hörner oder Geweihe auf, um harmlose Tiere vorzutäuschen. Abb. 6 zeigt einen verkleideten Menschen, der sich einem Auerochsen und einem Hirsch mit Pfeil und Bogen nähert.

Abb. 6: *Szene aus einer Höhlenmalerei der Caverne du Volp, Ariège, Frankreich. Ob der verkleidete Mensch den Bogen als Musikinstrument benutzt, wie in Facchini (1991) die Darstellung interpretiert wird, ist zumindest fraglich.*

Auch das berühmte Bild des »Hirschmenschen« kann in dieser Richtung interpretiert werden. Es stellt möglicherweise einen Schamanen dar, der als Hirsch (eigentlich wohl eher ein Rentier) verkleidet ist. Die einfachste Deutung wäre jedoch, nur eine von den Gegebenheiten der Höhlenwand mit beeinflusste Tierdarstellung zu sehen. Allein schon die zeichnerische Wiedergabe des tatsächlichen Höhlenbildes enthält Interpretatives.

Abb. 7: »*Hirschmensch*« *aus der Les Trois Frères Höhle, Frankreich*

Die Tarnung als Tier zur Jagd stellt wahrscheinlich die ursprünglichste Funktion dar. Rituell und von Schamanen ausgenutzt konnte die Verkleidung erst werden, als sie sich bereits bei der Jagd bewährt hatte. Denn zur Überwindung der Scheu mussten die Eiszeitjäger nahe genug an die Beutetiere herankommen, um ihre Speere erfolgreich schleudern oder die Pfeile auf die richtigen Stellen abschießen zu können. Die Herstellung der Waffen erfordert Kenntnisse und Fähigkeiten. Man durfte sie sicherlich nicht einfach wegwerfen. Möglichst gezielt und wirkungsvoll sollten sie eingesetzt werden. Denn in der Konkurrenz mit den echten Raubtieren konnte nur der Einsatz von Waffen die entscheidenden Vorteile bringen. Und noch mehr: Die Waffen eigneten sich auch dafür, sich die Raubtiere einigermaßen auf Distanz zu halten. Auch diese mussten lernen, in den Menschen eine Gefahr zu sehen.

68 *Was ereignete sich während der »Neolithischen Revolution«?*

Das eröffnete den Eiszeitjägern auch immer wieder die Möglichkeit, in althergebrachter Weise den Großraubtieren die Beute abzujagen, die diese gemacht hatten. Fleisch und Fell mancher Raubtiere waren zudem willkommen oder im Eiszeitland notwendig. So wäre kaum vorstellbar, wie die Eiszeitmenschen ohne Bärenfelle die Winterkälte überdauert hätten. Bärenjagd dürfte daher eine besondere Rolle gespielt haben. Bärenfleisch, »Bärenschinken«, wird bis in die Gegenwart in manchen Kälteregionen geschätzt. In Nordostasien wurde der »Bärentanz« eine zeremonielle, geheiligte Handlung. Doch all diese Überlegungen setzten voraus, dass der Wildreichtum vorhanden und unerschöpflich gewesen war. Ob das wirklich zutrifft, ist eine wichtige Frage. Von ihrem Ergebnis hängt es ab, wie die »Erfindung« des Ackerbaus einzustufen und zu bewerten ist. Betrachten wir daher die Lebensbasis der Eiszeitmenschen, den Wildreichtum, etwas genauer.

Raubtier Mensch (II)

Raubtiere leben von ihrer Beute. Um nicht nur kurz-, sondern längerfristig davon leben zu können, müssen deren Vorkommen groß und produktiv genug sein. Nur dann werden sie in der Lage sein, die Verluste durch die Raubtiere zu ersetzen. Vor mehr als einem halben Jahrhundert ist in der Ökologie der Zusammenhang erkannt und als Regel formuliert worden: In die nächst höhere Nutzungsstufe gelangen ungefähr 10 Prozent dessen, was an der jeweiligen Basis erzeugt worden ist. Diese 10-Prozent-Regel in der Ökologie hat sich trotz zahlreicher Ausnahmen bewährt, weil sie die unvermeidbaren Verluste berücksichtigt, die mit jedem Verwertungsschritt auftreten. Diese liegen hoch; um die 90 Prozent in den meisten Fällen an Land.

Betrachten wir einen einfachen, für unsere Problematik aber passenden Fall, nämlich eine Wiese bzw. natürliches Grasland, das von Tieren beweidet wird, die Gräser und Kräuter verwerten. Dort gilt ein ähnliches Verhältnis: Aus hundert Tonnen Pflanzen können höchstens zehn Tonnen tierische Biomasse entstehen. In unserer Kulturlandschaft sind die Hauptverwerter der Gräser Kühe, örtlich auch Schafe. Unter den natürlichen Bedingungen des (europäischen) Eiszeitlandes waren es Eiszeitelefanten, die Mammuts, Wollnashörner, Riesenhirsche, Rentiere, weiter im Süden und Osten auch Saigaantilopen (*Saiga tatarica*), Wildpferde und andere »Weidetiere«. Ihr gesamtes Lebendgewicht, umgerechnet auf geeignete

70　*Was ereignete sich während der »Neolithischen Revolution«?*

Flächengrößen, zum Beispiel pro Quadratkilometer, wird kaum mehr erreicht haben als die gegenwärtig für Wildtiere ertragreichsten Grasländer. Auf der ostafrikanischen Serengeti erreicht ihr Gewicht rund 20 Tonnen pro Quadratkilometer. Diese Menge entspricht bestem englischem Weideland für Rinder (unter winterlichen Bedingungen, die es erlauben, dass das Vieh ganzjährig auf der Weide bleibt). Die von Gräsern und Kräutern lebenden Säugetiere verzehren dabei bis zu 40 Prozent der pflanzlichen Produktion der Serengeti. Das ist außerordentlich viel und dem Umstand zuzuschreiben, dass es zwei Regenzeiten im Jahreslauf gibt. Dadurch kommt, verbunden mit sehr fruchtbaren Böden, eine stark erhöhte Produktivität zustande, wie sie auf den eurasischen und amerikanischen Steppen mit einer Produktionszeit im Sommer und einem mehr oder weniger langen Winter nicht gegeben ist. Der Normalfall wäre, dass etwa 10 Prozent der (oberirdischen) pflanzlichen Produktion von den Tieren verwertet wird. Der größere Teil geht in die Vorräte des Bodens und ins Wurzelwerk, die in den außertropischen Grasländern (Steppen) über die Hälfte bis mehr als zwei Drittel der Jahresbindung an Kohlenstoff aufnehmen und speichern. Das ist übrigens der Grund dafür, dass die Steppenböden für eine bestimmte Gruppe von Säugetieren, die »Wühler« im Boden, sowie für Insektenlarven und Regenwürmer so attraktiv sind. Die schon von Charles Darwin im 19. Jahrhundert erkannte Beziehung lautet, dass im Grasland pro Hektar oder Quadratkilometer etwa ebenso viele Regenwürmer ihrem Lebendgewicht nach im Boden vorkommen wie Rinder oben vom Gras leben können. Beim tief reichenden Frost der Eiszeitlandschaft spielte dieser Aspekt, zumindest im europäisch-vorderasiatischen Eiszeitland, jedoch keine so bedeutende Rolle. Das grundsätzliche Verhältnis zwischen pflanzlicher Produktivität und Nutzung durch Säugetiere, die davon leben, bleibt dennoch erhalten. Wo auf Dauer zu viel abgeweidet worden wäre, hätte die Produktivität auch des eiszeitlichen Graslandes entsprechend zurückgehen und so den Beweidungsdruck vermindern müssen. Wir können von den gegenwärtigen Verhältnissen ausgehen. Und diesen ist zu entnehmen, dass es vom 10-Prozent-Verhältnis keine wesentlichen Abweichungen gegeben haben kann. Dies bedeutet nun wiederum, dass von den Pflanzen verwertenden Großtieren auch nicht mehr Raubtiere hätten leben können, als das in der Gegenwart in naturnahen Grasländern der Fall ist. Wiederum eignet sich die Serengeti mit ihrem Reichtum an Löwen, Hyänen, Leoparden, Geparden, Hyänenhunden (*Lycaon pictus*) und den kleineren Raubtieren besonders gut für den Vergleich mit den eiszeitlichen Verhältnissen, weil diese in Europa und Westasien auch in dieser Tiergruppe ziemlich ähnlich gelagert waren. Das geht aus den Fossilfunden hervor. Diese belegen das Vorkommen von Eiszeit- oder »Höhlen«-Löwen (*Panthera spelaeus*), großen Hyänen, Tigern, in früheren Phasen der Eiszeit auch Säbelzahnkatzen, Wölfen und Bären, von denen lediglich Letztere und die Säbelzahnkatzen im heutigen Afrika fehlen. Somit war das eiszeitliche Spektrum der Raubtiere in Europa und in weiten Teilen Asiens sowie in Nordamerika sogar noch reichhaltiger als das gegenwärtige in Afrika. Überlebt haben alle eiszeitlichen Formen – die hochgradig spezialisierten Säbelzahnkatzen ausgenommen – entweder direkt oder in nahe verwandten Nachkommen bis in unsere Zeit. Das gilt merkwürdigerweise bei weitem nicht so umfassend für die von Pflanzen lebenden Säugetiere. Von ihnen starben schon am Ende der letzten Eiszeit die Mammuts, Wollnashörner und Riesenhirsche, also die größten Vertreter, aus. Ihre Restbestände schafften es nicht, sich wie die anderen, die überlebten, entweder weiter in den Norden zurückzuziehen oder nach Süden. In den hohen Norden wichen Moschusochsen und Rentiere aus, gefolgt von Wölfen, denen sie unter den erheblich härteren Bedingungen der nacheis-

72 *Was ereignete sich während der »Neolithischen Revolution«?*

zeitlichen arktischen Tundra dennoch trotzten. Die Urwildpferde zogen sich in die kargen innerasiatischen Steppen und Waldsteppen zurück, wo sie erst in historischer Zeit fast ganz ausgerottet wurden. Als »Ersatz« für die Mammuts und die Wollnashörner könnte man die Elefanten und die Nashörner in Südasien und Afrika betrachten, auch wenn sie unter erheblich anderen Bedingungen leben. Sie repräsentieren auf jeden Fall den großen Elefantentyp mit zwei (oder drei Arten, je nachdem, ob man die afrikanischen Waldelefanten als eigenständige Art betrachtet), und mit vier bis fünf Arten ist auch der Nashorntyp vertreten.

Was sich schon im Artenspektrum in Europa und Asien nicht sonderlich stark bemerkbar macht, wenn wir die eiszeitlichen mit den nacheiszeitlichen Lebensbedingungen vergleichen, verschwindet vollends bei Betrachtung der Häufigkeit. Das Verhältnis ist auch hier eindeutig: Von den größeren und großen Pflanzenverwertern kann in der Gegenwart wie einst in den (spät)eiszeitlichen Verhältnissen nur eine entsprechend viel kleinere Menge Raubtiere leben. Das Verhältnis fällt günstigstenfalls 1:10 aus. Meist bleibt die Häufigkeit der Raubtiere sogar erheblich unter 10 Prozent der Beutemenge (auf gleiche Gewichtsmengen = Lebendmasse bezogen). In unseren Wäldern liegt sie sogar nur bei wenigen Prozent, obwohl etwa die Rehbestände sehr hoch sind. Im Wald findet der weitaus größte Teil der pflanzlichen Produktion im Jahreslauf oben in den Baumkronen statt – und bleibt damit unerreichbar für die von Pflanzen lebenden, größeren Säugetiere. Das Grasland bietet in dieser Hinsicht ungleich bessere Bedingungen, weshalb auch in unserer Zeit weiterhin Wälder zu Weideland umgewandelt werden. Die neue Produktion von pflanzlicher Biomasse verlagert sich damit auf den gut erreichbaren Boden.

Somit konnte auch im Eiszeitland der zweifellos große Bestand an Weidetieren von Raubtieren genutzt werden, die höchstens ein Zehntel des Lebendgewichts ihrer Beute ausmachten. Der langen, kalten Winter wegen ist ein geringerer Wert von wenigen Prozent wahrscheinlicher. Vielleicht war unter den eiszeitlichen Weidetieren das Größenverhältnis sogar zugunsten der großen und ganz großen Arten verschoben, weil Größe auch eine Überlebensversicherung darstellt, wenn es darum geht, den Winter zu überstehen. Von Untersuchungen, die in den 1970er Jahren Hermann Ellenberg an Rehen in Mitteleuropa angestellt hat, wissen wir, dass es eine kritische untere Gewichtsgrenze für die Jungrehe gibt. Diese liegt – wie bereits erwähnt – zwischen 12 und 13 Kilogramm Körpergewicht zu Beginn des Winters. Erreichen die Jungrehe eines Jahrgangs dieses Gewicht nicht, haben sie kaum Chancen, den Winter zu überstehen. Ihr graziler Körper hat dann ein zu ungünstiges Verhältnis zwischen Körperoberfläche, über die Wärme verloren geht, und Körpergewicht. Rehkitze dürfen daher nicht zu spät im Frühsommer geboren werden, weil sie sonst nicht das nötige Mindestgewicht erreichen. In milderen Wintern überleben auch geringer gewichtige Rehe. Je kälter die Winter, desto stärker die Auslese. Die »Grenze« ist dynamisch – und muss das auch gewesen sein, weil das Klima nie stabil war, und die Witterung von Jahr zu Jahr sehr stark fluktuiert. Die Mittelwerte der Jahrestemperaturen besagen dazu kaum etwas. Da sicherlich während der Kaltzeiten die Winter länger und strenger als in den warmen Zwischeneiszeiten waren, bewirkten sie eine Selektion auf Größe. Je größer (schwerer) der Körper eines warmblütigen Säugetieres oder Vogels, desto länger können die Zeiten ohne oder mit unzureichender Nahrungsaufnahme im Winter werden und umso tiefer dürfen die Temperaturen auch absinken. Mammuts wurden nicht allein deshalb so eindrucksvoll groß, weil sie sich mit ihrer Größe nahezu unangreifbar für auch die größten Raubtiere machten, sondern auch, wahrscheinlich sogar in

weit bedeutenderem Umfang, weil sie als schlechte Pflanzen-
verwerter mit ihrer Größe und dem wollig-dichten Fell die
langen Zeiten mit wenig Nahrung und großer Kälte besser
überstehen konnten. Dieser Abhängigkeit von den äußeren
Umweltbedingungen ist es aller Wahrscheinlichkeit auch zuzuschreiben, dass die Löwen und Wölfe der Eiszeit, wie die
allermeisten anderen Säugetiere jener Zeit auch, erheblich
größer wurden als ihre Artgenossen oder Nachfahren unserer nacheiszeitlichen Gegenwart. Diese als »Größen-Regel«
oder, nach dem deutschen Anatom und Physiologen Carl
Bergmann auch als »Bergmann-Regel«, in der Ökologie bekannte Beziehung bewirkt(e) auch, dass die nördlichen Bären
oder Hirsche größer und kräftiger als südlichere Verwandte
werden. Bergmann hatte diese Abhängigkeit von Körpergröße und Klima bereits vor mehr als 150 Jahren, 1847,
entdeckt, als der Begriff der Ökologie noch gar nicht geprägt
worden war. Doch im Gegensatz zu der damit in Verbindung
stehenden »Allen'schen Regel«, der zufolge in kalten Gebieten die äußeren, Wärme abgebenden Körperteile, wie etwa
die Ohren, kleiner ausgebildet sind als in wärmeren, muss
der Größenzunahme die entsprechende Nahrungsmenge zur
Verfügung stehen. Wenn ein Polarfuchs (*Alopex lagopus*)
viel kleinere Ohren als ein Rotfuchs (*Vulpes vulpes*) oder gar
ein Wüstenfuchs (*Fennecus zerda*) ausbildet, stellt dies, auf
die Leistung des Stoffwechsels bezogen, eine Ersparnis dar.
Das bedeutet, dass die Größenzunahme der Arten in kalten
Lebensräumen nur dann möglich ist, wenn es dort die dafür
nötige Nahrungsmenge (= Energiezufuhr) gibt. Die großen
Mammuts wären bei aller Vorteilhaftigkeit der Körpergröße
nicht möglich gewesen, hätten die Gebiete, in denen sie lebten, nicht so viel Nahrung geboten, wie sie für die Größenzunahme brauchten. Entsprechendes gilt für den Riesenhirsch
mit einem Geweih, das über 50 Kilogramm schwer und mehr
als dreieinhalb Meter ausladend groß werden konnte. Auch

gegenwärtig gibt es die größten Elche in den kalten, aber vergleichsweise gut produktiven Wäldern des Nordens von Eurasien und Nordamerika und nicht im wintermilden Süden. Auch wenn an dieser Stelle eine energetische Vertiefung noch nicht angebracht erscheint, ist es nötig, darauf hinzuweisen, dass letztlich die Energie-Bilanz zählt. Die entscheidenden Vorteile gewinnt nicht der absolute Sparer-Typ, der sich alle irgendwie entbehrlich erscheinenden Ausgaben verkneift, sondern jene Arten, die in Bezug auf ihre eigene körperliche Leistungsfähigkeit die beste Bilanz zwischen Aufwand und Ertrag zustande bringen.

Keine andere Gruppe von Lebewesen hat daher die Eiszeitlandschaft besser nutzen können als die Zugvögel. Sie tätigen sehr hohe Ausgaben für ihre Fernflüge, holen sich aber vor Ort jeweils das Beste. Die Bilanz fällt so gut aus, dass es sich in unserer Zeit für sehr viele Arten lohnt, zur Fortpflanzung hinauf in die (aus unserer Sicht) so unwirtliche Tundra zu fliegen. Nach nur wenigen Wochen Aufenthalt ziehen sie wieder ab, um viel weiter im Süden, im Bereich der Subtropen, in äquatorialen Gegenden oder sogar auf der Südhalbkugel der Erde den Winter zu verbringen. Dieses lebendige Vorbild sollte darauf verweisen, dass es wahrscheinlich auch im Eiszeitland mehr oder weniger ausgedehnte Säugetier-Wanderungen gegeben hat. Diese könnten sogar weiträumiger verlaufen sein als die jahreszeitlichen Wanderungen der nordamerikanischen Karibus, deren Wanderverhalten vielleicht nur einen letzten Rest des eiszeitlich normalen Wechsels zwischen Sommerlebensräumen und Rückzugsgebieten zur Überwinterung darstellt.

Zum bloßen Zahlenverhältnis zwischen Beute und Raubtieren kommt somit deren gebietsweise sicherlich, wahrscheinlich aber auch großräumig unstetes Vorkommen hinzu. In anderem Zusammenhang werde ich darauf zurückkommen, wenn es darum geht, einer der bezeichnendsten Eigenheiten des Menschen auf die Spur zu kommen, nämlich warum wir zum Läufer geworden sind, zum besten und ausdauerndsten Läufer, den es überhaupt gibt.

Stellen wir auch diesen Aspekt vorerst zurück und betrachten ganz unmittelbar das Häufigkeitsverhältnis zwischen Raubtieren und ihrer Beute, zwischen Jägern und Gejagten. Eine Folge dieser Beziehung von ganz grundsätzlicher Art ist die Seltenheit, zu der die Jäger gleichsam verdammt sind. Sobald ihre Häufigkeit zunimmt, entnehmen sie den Beständen ihrer Beutetiere entsprechend größere Anteile, die jeweils rund das Zehnfache des hinzugekommenen Individuums ausmachen. Die Größe der Beute(tier)bestände wird daher in aller Regel nicht nur die Bestände der sie verfolgenden Raubtiere begrenzen, sondern deren Zunahme schon recht bald bremsen, weil nicht nur für die neuen Individuen im Verhältnis weniger Beute verfügbar ist, sondern für alle. Die meisten Raubtiere können es sich aus diesem Grund gar nicht leisten, sich allzu sehr auf eine bestimmte Art von Beute zu spezialisieren, auch wenn ihnen diese ganz besonders gut »liegen« sollte. Wären die Füchse von Hasen abhängig, hätten sie längst aussterben müssen, weil diese irgendwann auch großräumig so selten werden können, dass sie für die Füchse nicht mehr genug Beute abgeben. Raubtiere verhalten sich daher »flexibel«. In der Praxis bedeutet dies, dass sie mit allem vorliebnehmen, was sie verwerten können, auch wenn sie bestimmte Arten oder Größen von Beute bevorzugen würden. Daher nehmen Regenwürmer und Käferlarven durchaus beträchtliche Anteile in der Ernährung von Füchsen und Dachsen (*Meles meles*) ein, und Tundrawölfe müssen sich oftmals lange Zeit mit dem Fang von Lemmingen begnügen, wenn große Beutetiere zu selten geworden sind. Eine klare ökologische Zuordnung, eine »Ein-Nischung« gibt es kaum. Und wenn, dann geht es meistens darum, wie groß die Beute sein kann, die noch bewältigt wird. Den Raubtieren sind dabei aber weitaus engere

Grenzen gezogen als ihrer Beute. Hirsche, auch große, können von dürftigen Flechten und Moosen oder von den Zweiglein und Knospen von Zwergsträuchern wie auch von Baumrinde leben und damit monatelang zurechtkommen. Regenwürmer lohnen für den Fuchs aber nur, wo es sie reichlich genug gibt. Das Verhältnis von Aufwand und Ertrag beeinflusst die Wahl, Gewinnung und Verwertung von Nahrung noch stärker, als es sonst in den meisten anderen Lebensbereichen der Fall ist, die Fortpflanzung mit eingeschlossen. Denn diese kann bei ungünstigen Bedingungen auch einmal ausfallen, die Ernährung aber nicht. Ein großer Bär oder Wolf erweitert somit zwar das Spektrum der Ernährungsmöglichkeiten nach oben, verliert aber bei den in aller Regel viel häufigeren kleinen Tieren stärker. Denn für einen Koloss von mehreren Hundert Kilogramm Körpergewicht lohnt es nicht, kleinen Mäusen hinterherzujagen. Das würde selbst bei erfolgreichem Mäusefang bald mehr Energie kosten als einbringen. Die ausweichende Strategie liegt daher in der Überwinterung in Erd- oder Schneehöhlen. Bei verminderter Intensität des Stoffwechsels wird dabei in doppelter Weise Energie gespart, nämlich direkt über den geringeren Verbrauch für die Erzeugung einer ausreichenden Körperwärme und indirekt über die Vermeidung Kräfte und Energie zehrender Bewegung. Dass die nördlichste und größte Bärenform, der Eisbär (*Thalarctos maritimus*), ausgerechnet im Spätwinter besonders aktiv ist, wenn es allen anderen mehr oder weniger schlecht geht, hängt mit seiner besonderen Ernährung zusammen. In dieser Zeit können die Eisbären am ehesten und leichtesten fette Robben erbeuten. Im Lebensraum des Meeres, auch an dessen Rändern, herrschen eben andere Bedingungen als auf dem Festland. Wir bleiben bei diesen und stellen die Frage, in welchem Verhältnis nun das »Raubtier Mensch« zu den anderen Raubtieren im Eiszeitland gestanden haben mag.

Raubtier Mensch (III)

Aus den allgemeinen ökologischen Beziehungen und Regeln geht hervor, dass die gesamte Gemeinschaft der Raubtiere im Eiszeitland höchstens ein Zehntel der in Frage kommenden Beute nutzen konnte. Die bei Beute und Raubtieren gleichermaßen markante Größenverschiebung hin zu den Großformen bedeutet, dass für das Raubtier Mensch eher Verhältnisse geherrscht hatten, wie wir sie gegenwärtig noch an einigen wenigen Stellen in Afrika finden. Wiederum wird hier beispielhaft auf die Serengeti verwiesen. Die nordischen Wälder hingegen geben keinen guten Vergleich ab. Sie sind viel zu wildarm. Die großen Raubtiere haben sich daraus zurückgezogen oder diese Wälder bei ihrer nacheiszeitlichen Ausbreitung erst gar nicht besiedelt. Lediglich in Ostasien existieren Amur-Tiger und Amur-Leoparden. Der geographischen Breite nach besiedeln sie Wälder, die der Gegend von München entsprechen würden. Die anderen Formen (Unterarten) der Tiger kommen erst in klimatisch »randlich gemäßigten« Breiten Asiens und in den asiatischen Tropen vor. Von Löwen existiert nur noch ein stark geschrumpftes, hochgradig vom Aussterben bedrohtes Restvorkommen in Südwest-Indien, nämlich im Ghir-Wald von Gujarat. Ansonsten kommen Löwen nur in Afrika südlich der Sahara vor. Doch sie lebten vor gut 2000 Jahren noch im südöstlichsten Europa und in Kleinasien. Ihr Areal ist erst in historischer Zeit sehr stark geschrumpft und nicht schon gegen Ende der letzten Eiszeit.

Im kalten Bereich, rund um die Arktis, überlebten die beiden größten Bärenarten, der Eisbär und der in seiner nordamerikanischen Unterart Grizzly genannte Braunbär sowie der Wolf und der sehr seltene, wenig auffällige und noch weniger erforschte Großmarder, der Vielfraß (*Gulo gulo*). Erhalten blieben hingegen im gesamten Großraum der einst eiszeitlichen Tundra und Waldtundra die kleineren und kleinen Raubtiere der Fuchs-, Marder- und Wieselgröße. Somit ergibt sich bei dieser Betrachtung eine sehr ausgeprägte, höchst bemerkenswerte Lücke im Größenspektrum der nacheiszeitlichen Raubtiere. Von den ganz großen Arten wichen drei in die hochnordischen Gebiete aus, wobei sich eine, der Eisbär, im Wesentlichen von Meerestieren ernährt (und damit aus der Betrachtung ausgeklammert werden könnte), die anderen aber in die subtropischen und tropischen Bereiche Asiens und Afrikas. Von Europa im Westen schiebt sich ein breiter, ostwärts sich verengender Keil über Eurasien, der weitgehend oder ganz frei von Großraubtieren geworden ist. Doch die historische Betrachtung zeigt auch, dass dies eine junge Entwicklung der letzten ein bis zwei Jahrtausende ist und nicht das Ergebnis der spät- und nacheiszeitlichen Veränderungen in der Natur. Die eiszeitlichen Großraubtiere hatten also zunächst schon Zehntausende von Jahren mit den Menschen zusammen in jenem eurasiatischen Großraum der Eiszeittundra oder Mammutsteppe gelebt und auch am Ende der letzten Eiszeit noch Jahrtausende existiert, bis ihre Bestände schließlich so weit ausgedünnt wurden, dass sie aussterben mussten. Die schier unglaubliche Zahl von Löwen, die für die Zirkusspiele zur Zeit der Römer gefangen und geopfert wurden, besagt darüber hinaus, dass der Löwe noch vor 2000 Jahren in Nordafrika sehr häufig gewesen sein muss.

Auf die Menschen der späten Eiszeit bezogen bedeuten diese Befunde, dass eine akute Verknappung von Jagdwild

80 Was ereignete sich während der »Neolithischen Revolution«?

ziemlich unwahrscheinlich ist. Sie hätte die spezialisierten Raubtiere jener Zeit viel stärker als die Menschen treffen müssen. Denn diese konnten sich auch durch »Sammeln« zumindest teilweise versorgen. Vom Jagderfolg alleine waren die Menschen im Gegensatz zu den Raubtieren nicht abhängig. Dass die Raubtiere der Eiszeit vielleicht eigenständige Arten gewesen waren, stellt keinen Widerspruch dar, denn es geht um den Typ des Raubtiers und nicht um die Frage, ob der Eiszeit- oder Höhlenlöwe (*Panthera spelaeus*) mit dem heutigen Löwen (*Panthera leo*) als Art identisch war und somit beide nur Unterarten des Löwen darstellten. Da der existierende Löwe nicht nur in Indien lebt und früher viel weiter verbreitet war, sondern die historischen Vorkommen beweisen, dass das Vorkommen von Löwen auch beträchtlich nach Europa hineinreichte, erübrigt sich in der ökologischen Betrachtung die Art- oder Rassenfrage. Denn es geht darum, ob solche Großraubtiere leben oder nicht mehr existieren konnten, weil genügend oder zu wenig Beutetiere vorhanden waren. Vom Klima hängt das Überleben großer Raubtiere, wenn überhaupt, nur geringfügig ab. Das lebendige Beispiel hierfür gibt der Tiger (*Panthera tigris*) mit seinen Unterarten. Ihre Vorkommen reichen von den feuchttropischen Inseln Indonesiens (Sumatra und andere) und den Monsunwäldern Indiens bis in die Bergwälder am Kaspischen Meer im Nordwesten und ins Amurgebiet im Nordosten. Das eiszeitliche Areal des Löwen erstreckte sich über weite Teile Asiens bis hinüber nach Nordamerika (Alaska). Die starke Zurückdrängung der Löwenvorkommen in Afrika auf wenige, voneinander isolierte Gebiete verursachten die Europäer mit ihren Gewehren und nicht die afrikanische Bevölkerung selbst. Die eingeführten Schafe, Ziegen und (kleinen) Rinder hätten sogar eine Vergrößerung der nutzbaren Nahrung für die Löwen bedeutet, wenn diese Haustiere von den Menschen nicht gegen Löwenangriffe geschützt worden wären.

Auch Wölfe leben gegenwärtig sowohl in der hocharktischen Tundra Asiens und Nordamerikas als auch in mediterranen und nahezu subtropischen Gebieten. Gleiches gilt für den noch weiter verbreiteten Braunbären. Was Bär und Wolf betrifft, so wissen wir, dass ihr Überleben zumindest seit historischen Zeiten eindeutig nicht (mehr) von Vorkommen und Häufigkeit ihrer Beutetiere bestimmt wird, sondern vom Menschen. Zu beiden Raubtieren hatten Menschen schon sehr früh besondere Beziehungen aufgenommen. Ihre Geschichte reicht weit in die Eiszeit zurück.

Wölfe, Hunde und Bärenfelle

Unter den Vorgeschichtsforschern herrscht seltene Einmütig-
keit, wenn es um die Frage geht, welches Tier als erstes zum
Haustier gemacht worden ist. Mit Sicherheit war das der
Hund. Genauso sicher ist es, dass er vom Wolf abstammt.
Die modernen molekulargenetischen Vergleichsuntersuchun-
gen bestätigen dies und schließen andere Arten von Hunden,
etwa den Goldschakal (*Canis aureus*), als direkte Vorfahren
der Hunde aus. Unabhängig von der Frage, wie der Wolf
zum Hund umgezüchtet wurde, zeigt die Abstammung des
Hundes vom Wolf einige Merkwürdigkeiten, die es wert
sind, näher betrachtet zu werden. So erstreckt sich das natürliche Verbreitungsgebiet des Wolfes über Europa sowie
den größten Teil Asiens und Nordamerikas. Etwas vereinfacht könnte man die ganze klimatisch kalte und temperierte
Nordhemisphäre als Lebensraum des Wolfes bezeichnen. Innerhalb dieses riesigen Gebietes kommt die Art *Canis lupus*
in zahlreichen Unterarten (= geographischen Rassen) vor, die
sich auch äußerlich ganz gut voneinander unterscheiden. Offenbar sind aber nur im europäisch-asiatischen Teilareal
Wölfe gezähmt worden, und zwar wahrscheinlich auch nur
Angehörige einer oder einiger weniger Unterarten, die eher
in den mittleren oder südlichen Regionen lebten. Die Wölfe
der kalten Zonen gehören wohl nicht zu den direkten Vorfahren des Haushundes. Dieser unterscheidet sich bei aller
grundsätzlichen Ähnlichkeit zum Wolf von diesem jedoch so

sehr, dass er einen eigenen wissenschaftlichen Artnamen erhielt: *Canis lupus familiaris*. Entsprechend lange Zeit muss
verstrichen sein, seit sich erste Wölfe den Menschen näher-
ten und die Zähmung beginnen konnte. Wölfe waren somit
nicht überall, wo Eiszeitmenschen lebten und jagten, erstrebenswerte Jagdgenossen. Bei weitem nicht überall, sondern
überraschenderweise dort am wenigsten, wo die Abhängigkeit der Menschen vom Jagderfolg am stärksten war, nämlich in den kalten Regionen. Dieser paradoxe Befund zeigt
sich viel deutlicher noch als in Europa und Asien in Nordamerika. Dorthin wanderten die Menschen erst gegen Ende
der letzten Eiszeit ein. Sie kamen aus Nordostasien. Nach
Nordamerika gelangten sie, ohne Boote oder Flöße zu Hilfe
nehmen zu müssen, weil das heutige Flachmeer, Beringmeer
genannt, während der Zeiten starker Vereisung nicht vorhanden war. Der Meeresspiegel lag um über 100 Meter niedriger als in der Gegenwart. Über »Beringia« war somit bis
zum Ende der letzten Eiszeit Nordostasien mit Alaska verbunden. Die erste große Einwanderungswelle von Menschen
nach Amerika fand damals vor rund 15 000 Jahren, vielleicht auch schon ein paar Tausend Jahre früher statt. Den
Hund brachten diese Eiszeitjäger nicht mit, wohl aber wirkungsvolle Waffen in Form von Pfeil und Bogen. Die Besonderheiten und Qualitäten der Pfeilspitzen, von denen sehr
viele gefunden worden sind, weisen diese frühen Besiedler
Nordamerikas als Jäger aus. Nach einem besonders ergiebigen Fundort wird diese Kultur »Clovis-Kultur« genannt. Innerhalb von wenigen Jahrtausenden breiteten sich die aus
Nordostasien gekommenen Menschen über den ganzen
Amerikanischen Doppelkontinent aus. Sie blieben weitestgehend Jäger und Sammler. Nur in Mittelamerika und im
Bereich der Anden von Südamerika kam es zur Entwicklung
von Kulturpflanzen (Mais und Kartoffel). Darauf ist schon
hingewiesen worden. Bemerkenswert ist jedoch, dass die Jä-

ger und Sammler-Kulturen in Amerika bis in die Gegenwart »funktionierten«, ohne dass der Hund nötig war. Damit deckt sich dieser Befund mit dem eingangs schon dargelegten zu den Aborigines von Australien. Deren Einwanderung fand weit früher, vor mindestens 40 000 Jahren statt, als sicherlich noch keine Wölfe domestiziert waren. Was es noch nicht gibt, kann nicht mitgebracht werden, so hätte man das Fehlen von Hunden in der ursprünglichen Kultur der Aborigines begründen können. Dass sehr viel später von Neuguinea her eine besondere Form des Hundes, der Dingo, nach Australien gelangte und von den Aborigines auch »genutzt« wurde, wenngleich in eher lockerer Form, bekräftigt zwar die Nützlichkeit des Hundes, begründet aber nicht seine Unentbehrlichkeit. Als Hunde nach Amerika gelangten, wurden sie auch dort in weit geringerem Maße als Jagdbegleiter eingesetzt, als wir dies von Europa her kennen und erwarten. Ein ursächlicher Zusammenhang zwischen Abnahme der Wildbestände und Einsatz von Hunden bei der Jagd lässt sich somit nicht herstellen. Die viel spätere Nutzung nordischer Hunde als Schlittenhunde stützt die These vom »Jagdbegleiter Hund« nicht, weil viele Jahrhunderte vergangen waren, bis Hunde zu dieser Form von Gebrauchshunden gezüchtet waren. Die Inuits (Eskimos) der nordamerikanischen Arktis gehören nicht zu den frühen Einwanderern, sondern sie sind erst spät, in historischen Zeiten aus Sibirien dorthin gezogen. Wir werden also die Entstehung des Hundes anders als üblich betrachten müssen, um die Merkwürdigkeiten zu verstehen, die mit diesem ersten Haustier der Menschen verbunden sind.

Verlassen wir den Hund an dieser Stelle und wenden wir uns dem anderen, mit den Menschen in besonderem Maße verbundenen Raubtier zu, dem Bären. Dieser weist im Vergleich zu den Wölfen gleich mehrere Vorzüge auf, die ihn eigentlich für die Menschen besonders attraktiv hätten machen sollen. »Hätten«? Vielleicht ist die Möglichkeitsform unangebracht, wenn wir die übliche einseitige Sicht mit der wechselseitigen Betrachtungsweise ergänzen?! Der Bär ist anders als der Wolf meistens Einzelgänger. Wie der Mensch ist er »Sohlengänger« und kann sich ohne Mühe in die Senkrechte aufrichten. Dabei überragen Bären die Menschen fast immer. Ihre Massigkeit macht sie dabei besonders eindrucksvoll. Als einziger unter den großen Raubtieren verfügt der Bär über diese Drohwirkung. Vom aufgerichteten Menschen geht sie ganz von selbst aus, weil diese Haltung sogar für Löwen, allemal aber für Wölfe, instinktiv gefährlich aussieht. Doch ganz anders als die Bären jagen die so drohend aufgerichteten Menschen ähnlich wie die Wölfe und die Löwen in Gruppen. Der sich drohend aufrichtende Bär wird dabei für die angreifende Menschengruppe sogar zum leichten Ziel. Er bleibt stehen, sucht keine Deckung, um aus dieser heraus anzugreifen, und kann mit seinen verhältnismäßig kleinen Augen nicht mitverfolgen, was hinter ihm geschieht. Zwar wissen wir nicht, wie gefährlich die Bärenjagd für die Eiszeitmenschen wirklich war, aber die Mutmaßung erscheint zulässig, dass Bären trotzdem eine ähnlich schwere Beute waren wie die Stiere des Auerochsen (*Bos primigenius*) oder des Wisent (*Bison bonasus*). Die Winterruhe in Höhlen dürfte die Braunbären allerdings empfindlicher gemacht haben für die Angriffe der Menschen. Bärenjagden mit großkalibrigem Gewehr und gut dressierten Jagdhunden, wie sie in unserer Zeit (immer noch) durchgeführt werden, bieten keinen geeigneten Vergleich. Doch wenn es in historischen Zeiten gelungen ist, Löwen mit dem Speer zu erlegen oder sie sogar in großer Zahl für Zirkuskämpfe mit Gladiatoren zu fangen, kann die Bärenjagd nicht allzu riskant gewesen sein. Es sollte sie (sehr) häufig gegeben haben. Zu diesem Schluss kommt man zwangsläufig, wenn man die Menschen betrachtet, die an Bären Interesse gehabt haben sollten. Im Eiszeitland brauchten die Menschen zweifellos wärmende Tierfelle, um überleben zu können. Das einzige Fell, das es in grundsätzlich passender Größe und in der benötigten Qualität gegeben hat, war das Bärenfell. Jeder Mensch kann sich darin einwickeln. Solcherart isoliert, lässt sich die Winterkälte überstehen. Für die Kleinen, vor allem für die Säuglinge, könnten Biberfelle genügt haben. Es gab auch eiszeitliche Großbiber, aber vornehmlich in den Flussauen, in denen Pappeln und Weiden als die von Bibern bevorzugten Weichhölzer gediehen. Das Eiszeitland war weithin baumarm oder ganz baumfrei! Deshalb kam auch Brennholz für wärmende Feuer kaum in Frage. Die Eiszeitmenschen bedurften jedoch der Felle, weil ihr Körper wie unserer auf eine Neutraltemperatur von 27 Grad Celsius eingestellt ist. Sinken die Außentemperaturen erheblich darunter ab und kann der Körper durch entsprechende Tätigkeiten nicht genügend zusätzliche Wärme zum Ausgleich erzeugen, beginnen wir unweigerlich zu frieren. Dauert die Abkühlung zu lange, erfrieren wir. In der Kälte des Eiszeitklimas war daher ein Wärmeschutz für die Nächte und für die langen, sehr kalten Winter unabdingbar. Nur wenige Tierfelle eignen sich dafür, diesen Wärmeschutz zu liefern. Sicher gehört das Biberfell zu den besten, weil es wie fünf »Kleidereinheiten« wirkt. Aber als einzelnes Fell ist es zu klein. Vor Erfindung von Ahle und Nähfaden blieben zu kleine Felle unzureichend wärmendes Stückwerk. Nicht so das Bärenfell, das auch für große Menschen am Stück taugte. Oder, noch wichtiger, für Mütter, die kleine Kinder zu ernähren und warm zu halten hatten. Die Eiszeitmenschen waren so wenig behaart wie wir. Die Reflexe der Säuglinge, sich »im Fell« festzuklammern, wären nutzlose Überbleibsel einer wahrscheinlich schon Millionen Jahre zurückliegenden Vergangenheit gewesen, hätten nicht Tierfelle, wie die von Bären, die Möglichkeit zum Festhalten geboten. Und zum Tragen der Kleinsten in taschenförmigen Behältern am mütterlichen Körper, wenn die Gruppe wieder einmal, wie so oft, zu einem anderen Jagdplatz wandern musste. Bärenfelle sind zudem sehr haltbar. Das Leder ist stark, bleibt aber, gut »mit Bärenfett« eingeschmiert, weich genug für die Verformungen am menschlichen Körper. Denn auf ganz natürliche Weise wird unter der Lederhaut des Fells bei den Bären sehr viel Fett abgelagert. Während der Monate der Winterruhe leben die Bären davon – und ihr Fell schlottert richtig am Körper, wenn sie im Frühjahr aus ihren Höhlen hervorkommen. Deshalb ist kaum ein anderes Fell so geeignet für die Menschen. Auch die Lebensräume und Gewohnheiten von Bären und Menschen deckten sich weitgehend. Bären schätz(t)en Höhlen, weshalb die Eiszeitbären auch Höhlenbären genannt worden sind. Sie wittern frische Kadaver von Großtieren auf weite Entfernungen. Die Menschen können sich dies zunutze machen, so sie entsprechend gelernt haben, mit Bären umzugehen. Mancher Kadaver ist auch für einen Bären zu groß, um ihn am Stück zu verschlingen. Und Bären kooperieren nicht miteinander. Es fällt daher ziemlich leicht, einen bestimmten Bären zu isolieren, um ihn zu töten. Andere Raubtiere, selbst die Wölfe, gehen den Bären normalerweise aus dem Weg. Ein noch kräftig nach Bär riechendes Fell zu tragen, mag daher auch einen beträchtlichen Schutz gegenüber Wölfen bedeutet haben. In einer ganzen Reihe von sogenannten Naturvölkern finden sich daher Bären als Totemtiere in sehr ausgeprägter Weise. Ihre Rolle, zumal in der Endphase der letzten Eiszeit, ist anscheinend noch nicht annähernd gut genug gewürdigt worden. Zu sehr konzentrierte sich das Interesse auf den Hund, weil dieser zum Haustier wurde. Doch eine große kulturgeschichtliche Wertschätzung von Bären findet sich überall auf der Nordhemisphäre vom europäischen Westen bis zum asiatischen Osten und ganz ähnlich weit verbreitet auch in Nordamerika. Es stellt sicherlich auch keinen Zufall dar, dass es in Rudyard Kiplings »Dschungelbuch« Balu der Bär ist, der das Menschenkind im Dschungel beschützt, und dass Bären in den Märchen weit besser abschneiden als Wölfe.

Diese gelten als gefährlich, obwohl von ihnen der Hund, der »treueste Begleiter des Menschen«, abstammt. Offenbar spürten die Menschen, dass es sich mit Wolf und Hund nicht so einfach verhalten hatte. In dem allergrößten Teil des Verbreitungsgebietes der Wölfe kamen die Hunde erst nachträglich, als wären sie eine ganz andere Tierart. Ihre Wolfsverwandtschaft war nicht offensichtlich. Oft wurden sie sogar zur Abwehr der Wölfe eingesetzt. Bei Bären hingegen decken sich die Erfahrungen der Menschen in der Alten wie in der Neuen Welt. Doch in beiden Großbereichen endete die Eiszeit gleichzeitig vor rund 10 000 Jahren und es gab keine unterschiedlichen klimatischen Entwicklungen. So drängt sich bei diesem Stand der Erörterung der Verdacht auf, die Züchtung von Abkömmlingen ganz bestimmter Wolfsvorkommen könnte in irgendeinem Zusammenhang mit der Entstehung von Ackerbau und Viehzucht stehen. Der geographische Raum für diese drei so grundlegenden kulturellen Leistungen – die Domestizierung des Hundes, der Ackerbau und die Gründung sesshafter Gemeinschaften – nimmt immer mehr Gestalt an. Waren es Wölfe in Zentralasien gewesen, aus denen der Haushund entstand, so liegt dieses Ursprungsgebiet mehrere Tausend Kilometer vom »Fruchtbaren Halbmond« des Vorderen Orients entfernt, wo aus Wildgräsern Getreide gezüchtet wurde. Aber es gilt auch noch eine Zeitlücke von mehreren Jahrtausenden zu füllen, bis wir vom Eiszeitende zum Anfang der (Agri)Kultur und zum Städtebau kommen.

Großtiervernichtung am Ende der Eiszeit

Die Lage wird noch verworrener, wenn wir die Folgen der eiszeitlichen und spät- oder nacheiszeitlichen Ausbreitung der Menschen betrachten. 1984 fassten die beiden Amerikaner P. S. Martin und R. G. Klein eine Fülle von Befunden und Einzelbeiträgen zusammen, aus denen hervorgeht, dass es am Ende der letzten Eiszeit in verschiedenen Regionen zu einem besonderen Artensterben gekommen ist, dass es nach Verbreitung und Ausmaß eigentlich nur dem Menschen angelastet werden kann. Der Ausdruck »Pleistozäner Overkill« wurde dafür geprägt. Grundlage ist das Verschwinden großer, relativ leicht zu jagender Tiere in Gebieten, in die damals Menschen vorgedrungen waren, sich festsetzten und erfolgreich ausbreiteten. In Südamerika starben Riesenfaultiere und die gürteltierartigen Glyptodonten aus, in Nordamerika unter zahlreichen anderen Tierarten ausgerechnet auch die Pferde, die sich dort über viele Jahrmillionen entwickelt hatten und während der Eiszeit über die Landverbindung zwischen Alaska und Nordostasien nach Eurasien und Afrika gekommen waren. In Australien blieben zahlreiche Großformen von Beuteltieren, darunter auch ein löwenartiges Raubtier (*Thylacoleo carnifex*), auf der Strecke. Die Ausrottung ging weiter bis fast in unsere Zeit. Die Maoris vernichteten die straußenartigen Moas auf Neuseeland, nachdem sie diese vordem gänzlich menschenfrei gebliebenen Inseln erreichten, und Madagaskar verlor die Elefantenvögel

90 *Was ereignete sich während der »Neolithischen Revolution«?*

erst im letzten Jahrtausend als Folge der Besiedlung durch Menschen. Auf ozeanischen Inseln ging die Ausrottung bis in unsere Zeit weiter. Dass Menschen große Tiere bis zur Ausrottung jagen können, steht somit außer Frage, auch wenn manche Vorgeschichtsforscher den ihnen zu amerikanisch klingenden späteiszeitlichen »Overkill« ablehnen oder für überzogen erachten.

Jedoch: Ein bezeichnendes Muster verbleibt dennoch in der geographischen, wie auch in der zeitlichen Abfolge bestehen: Afrika verlor, wie auch Vorderasien, in der kritischen Zeit am Ende der letzten Eiszeit kaum Großtiere. Aus Afrika aber war der »moderne Mensch« (*Homo sapiens*) gekommen und in Vorderasien hatten schon ferne Vorläufer einer anderen Menschenart, des Aufrechten Menschen (*Homo erectus*), vor wenigstens eineinhalb Millionen Jahren gelebt. In Gebieten, in denen zuvor nie Menschen gelebt hatten, fiel der Verlust am größten aus, als diese einwanderten. Das Verschwinden der Arten folgte dabei stets mit entsprechender Verzögerung auf die Ankunft der Menschen. Aber überall, wo Tierarten ausstarben, die zur bevorzugten Jagdbeute von Menschen gehörten, blieb der Mensch, der »Räuber« erhalten. Nirgends erfand er dazu als Ausweg aus der Ernährungskrise den Ackerbau und in den meisten und größten Gebieten fand auch keine nennenswerte Züchtung von Haustieren statt. Australien und Neuseeland gehören zu den extremsten Fällen, obgleich die australischen Aborigines und die neuseeländischen Maoris (als Abkömmlinge der Polynesier) mit die größten Zeitspannen in der außerafrikanischen Entwicklungsgeschichte der Menschen trennen. Auch in den Weiten Nordamerikas zähmten die Indianer weder Büffel als Wildrinder, noch irgendwelche anderen größeren Tiere. Derselbe Befund gilt für die Tiefländer Südamerikas. Lamas als Lasttiere und Alpakas als Wolllieferanten wurden auf den Hochflächen der Anden aus den wild lebenden, höckerlosen

Kleinkamelen, den Guanakos (*Lama guanicoe*), in einer Gegend gezüchtet, in der auch die Wildkartoffel in Kultur genommen worden war. In Mittelamerika schließlich fallen Maiskultur und Domestizierung südlicher Vorkommen des Wildtruthuhns (*Meleagris gallopavo*) zusammen. Im weitaus umfangreicheren Vorkommen dieses großen, an Fleisch ergiebigen Hühnervogels im Gebiet der heutigen USA hingegen domestizierten die Indianer das Wildtruthuhn nicht, obgleich sie ursprünglich zahlreich und in verschiedenen Kulturtypen vorhanden gewesen waren.

Somit lässt sich auch kein einfacher, direkter Zusammenhang zwischen Aussterben oder Ausrottung großer Wildtiere und dem Eindringen von Jäger- und Sammler-Kulturen und nachfolgender Domestikation von Wildtieren passender Körpergröße aufzeigen. Das Tuthuhn wurde offenbar nicht domestiziert, weil das Wild knapp geworden war, sondern eher, weil es Mais gab, der für die Fütterung geeignet war. Wölfe wurden in Nordamerika nicht ein zweites Mal zu Hunden gezüchtet, obgleich sie sich dort auch als Jagdhelfer in Zeiten abnehmender Wildhäufigkeit geeignet hätten. Die Domestikation der südamerikanischen Kleinkamele wurde von Anfang an auf ihre Eignung als Lasttiere und Lieferanten von Wolle ausgerichtet. Die Lamas und Alpakas entsprechen damit Pferd und Schaf, nicht aber Rind oder Schwein.

Geeignet waren indessen all diese für Menschen neuen Welten sehr wohl für Haustiere und für den Ackerbau. Sie entwickelten sich sogar rasch zu Zentren der globalen Produktion, als die Nutzpflanzen und -tiere in jüngeren historischen Zeiten dorthin eingeführt wurden. An den Möglichkeiten, die von Natur aus geboten waren, konnte es also nicht gelegen haben. Wo diese wirklich ertragsschwach ist, wie zum Beispiel weithin im amazonischen Regenwald, beschränkte sich die Nutzung durch die Menschen auf die wenigen Stellen, an denen dies möglich war. Anders ausgedrückt: Die Ökologie

92 Was ereignete sich während der »Neolithischen Revolution«?

der Landschaften liefert hier und jetzt wie damals am Ende
der letzten Eiszeit keine hinreichende Begründung dafür, dass
Ackerbau und Viehzucht nur an ganz bestimmten Stellen zu
gewissen Zeiten »erfunden« worden sind, es muss dafür andere Gründe als die bisher diskutierten gegeben haben. Als
letzte Erklärungsmöglichkeit käme der Zufall in Frage. Doch
rein Zufälliges soll nur dann in Betracht gezogen werden,
wenn alle vernünftigen Ansätze scheitern.

Zwischenbilanz

Fassen wir zusammen, was die Spurensuche ergeben hat. Gegen Ende der letzten Eiszeit hatte es extrem starke Schwankungen des Klimas gegeben. Diese müssen sich global ausgewirkt haben und nicht nur an den Eisrändern, an denen das Abschmelzen mit voller Wucht einsetzte und den Spiegel der Meere ansteigen ließ. Um mehr als 100 Meter liegt dieser seither höher als während des Tiefstandes der letzten Eiszeit. Das flache Land zwischen Nordostasien und Alaska wurde dabei überflutet. Vielleicht nehmen auch die zahlreichen Sintflut-Mythen darauf Bezug. Nord- und Ostsee entstanden damals und nahmen ihre gegenwärtigen Formen an. Aus dem Süßwassersee im Schwarzmeerbecken wurde durch den Einbruch des Mittelmeeres am Bosporus das Meerwasser führende Schwarze Meer. Rund um den Indischen Ozean überflutete das Meer flaches Küstenland. Australien wurde von Neuguinea abgetrennt. Die Großen Seen und die Hudson Bay in Nordamerika entstanden. Auch die Seen rund um die Alpen sind erst am Ende der letzten Eiszeit zustande gekommen. Die Flüsse fingen an, wieder mehr Wasser zu führen. Die Fluten steigerten sich ins heute kaum Vorstellbare, als die Gletscherschmelze voll in Gang war. Die Form der Flusstäler bildete sich unter der Wucht jener nacheiszeitlichen Hochwässer, die ganz andere Größenordnungen als in historischen Zeiten erreichten. Die Wiederbewaldung weiter, vorher von Eis- oder Dauerfrostboden bedeckter Gebiete setzte ein und mit ihr kam es zur großräumigen Rückwanderung von Pflanzen und Tieren in das ehemalige Eiszeitland. In Nordamerika geschah dies im Wesentlichen auf breiter Front von Süden nach Norden. In Europa und Asien hingegen bilden die quer verlaufenden Gebirgszüge einen schwer zu überwindenden Sperrriegel, der umgangen werden musste. Das kleine Refugium auf der Iberischen Halbinsel lieferte den südwestlichen Zweig der Wiederbesiedelung, während donauaufwärts und vom Balkan her der ungleich größere Teil von Arten vordrang. Wesentliche Teile des Spektrums kamen jedoch direkt aus Asien nach Europa und im Fernen Osten aus südlicheren Regionen nordwärts. In der Tropenwelt ließ die zunehmende Niederschlagstätigkeit die während der Kältephasen der Eiszeit stark geschrumpften Wälder wieder wachsen. In Amazonien verschwanden große Teile der Savannenlandschaften. Zurück blieben nur Reste in Form der Llanos am oberen Orinoko und die Trockengebiete des östlichen Brasiliens, die sich als Caatinga- und Cerrado-Formationen südwärts erstrecken, bis die randtropischen Feuchtwälder Südbrasiliens und Paraguays eine natürliche Grenze bilden. In Afrika gewann der Kongo-Regenwald an Fläche und wurde zunehmend geschlossener. Die Sahara ergrünte und Savannen erstreckten sich nun in einem riesigen Halbbogen von der Kalahari in Südwestafrika über Ostafrika bis zum Westen von Nordafrika. Weithin grün waren auch die heutigen Wüstengebiete Zentralasiens geworden. Selbst Australien dürfte mehr Niederschlag erhalten haben als in unserer Zeit. Das geht aus den Süßwasservorkommen im Grundwasser und aus der Form der Flussbetten hervor. Der Rückzug der Gletscher gab den Weg frei in die Berge. Die Alpen wurden zu dem, was ihr vorrömischer, wohl auf keltische Ursprünge zurückgehender Name bedeutet: hoch gelegenes Weideland.

Derart starke und großräumige Veränderungen müssen sich auch auf die Menschen ausgewirkt haben. Das kann gar nicht anders sein. Aber wie haben sie gewirkt, wenn die gängige Erklärung, dass die Verknappung des Wildes zur Entwicklung des Ackerbaues geführt hat, offenbar nicht zutrifft? Die Ausnahmen von diesem geforderten Zusammenhang sind, global betrachtet, so umfangreich, dass selbst die lokale, auf den Vorderen Orient bezogene Betrachtung nicht mehr überzeugen kann. So gut wie nichts passt mehr zusammen, wenn die Teilstücke genaueren Betrachtungen unterzogen werden. Die alten Probleme treten nur noch deutlicher hervor. Warum ausgerechnet der Vordere Orient? Gab es wirklich nur dort die für die Kultivierung geeigneten Wildpflanzen und Wildformen der Haustiere, wie Jared Diamond (1998) meint? Selbst wenn das der Fall gewesen sein sollte, bleibt die Frage, warum diese Arten nur dort zu jener Zeit vorhanden gewesen sein sollten. Bei den Wildformen von Schaf, Ziege, Rind und Schwein verhält es sich jedenfalls nicht so. Ihre Vorkommen reichen viel weiter vom Süden Europas und von Nordafrika bis nach Zentralasien hinein. Das Pferd kam sogar von dort – der Hund vielleicht auch. So klar und eng begrenzt ist also die Geographie des möglichen Ursprungsgebietes der Kulturpflanzen und -tiere gar nicht. Schon der Reis passt nicht mehr ins vorderasiatische Schema des »Fruchtbaren Halbmondes« und die beiden »Amerikaner«, der Mais und die Kartoffel, natürlich überhaupt nicht. Die rasche und weithin problemlose, nahezu weltweite Ausbreitung der wichtigsten Kulturpflanzen und Nutztiere bekräftigt die Kritik: An der Natur lag es auch nicht. Sie ist viel großräumiger für die Pflanzen und Tiere des Menschen geeignet, als das die feststellbaren Ursprungsgebiete der Wildformen andeuten. Offensichtlich fehlen noch wesentliche Elemente, um das Rätsel des Ursprungs der landwirtschaftlichen Kulturen und des Sesshaftwerdens der Menschen lösen zu können. Vielleicht sollten wir auf der Suche nach diesen wesentlichen Teilstücken die »Seite der Natur«, der äußeren Natur nämlich, ver-

96 *Was ereignete sich während der »Neolithischen Revolution«?*

lassen und uns dem Menschen selbst, seiner »inneren Natur«, zuwenden? Mit der »inneren Natur« ist nicht etwa, wie man annehmen könnte, seine geistige Welt gemeint, sondern sein Körper mit seinen Eigenschaften und Funktionsweisen. Diese lassen sich auf bewährte Weise mit den Mitteln und Methoden der Naturwissenschaft betrachten, während uns das Geistige ungleich schwerer zugänglich und nach wie vor mit einem Übermaß an (stark persönlich eingefärbten) Meinungen und Spekulationen verbunden ist. Daher wird es bei den nachfolgenden Erläuterungen nicht darum gehen, was die allmählich Menschen werdenden Primaten gedacht (und geglaubt) haben könnten, sondern welche Anforderungen ihr Körper stellt. Die körperliche, die physische Evolution des Menschen eröffnet eine Fülle von Einblicken in das Geschehen, das über Jahrmillionen unseren Primatenkörper geformt hat. Unser Überleben spiegelt den evolutionären Erfolg dieser Entwicklung. Und es enthält die Spuren des Weges, der bei der »Menschwerdung« zurückgelegt worden ist.

Teil II

Die Herkunft unserer Gattung und Art

Der Primat, der den Wald verließ und Fußgänger wurde

Unsere Vorgeschichte, die Entstehung der Gattung Mensch, hat keinen Anfang. Rückblickend stellt sich die Menschwerdung als kontinuierlicher Strom des Lebens dar, in dem es immer wieder kleinere und größere, mitunter in verhältnismäßig kurzer Zeit auch sehr bedeutende Veränderungen gegeben hat. Es ist auch nicht so, dass irgendwann etwas Wichtiges, eine Art »Urknall« passierte. Vielmehr reagieren die Lebewesen, alle Lebewesen, im Rahmen ihrer Möglichkeiten auf Änderungen.

Zu besonderen Entwicklungen kam es in den Jahrmillionen der Endphase jenes Erdzeitalters, das wir die »Dritte Zeit« nennen, das Tertiär. In den Tropen breiteten sich Savannen aus, während die früheren Wälder dort entsprechend schrumpften. Vor sechs oder sieben Millionen Jahren wagten sich in Ost- und Südafrika ursprünglich waldbewohnende Primaten, die etwa die Größe von Schimpansen hatten, immer häufiger in die Savannen hinaus. Dabei richteten sie sich auf die Hinterbeine auf, um Übersicht zu gewinnen. Im offenen Grasland war dies überlebenswichtig. Zweibeinig versuchten sie, ein Stück zu laufen. Wer dabei die Übersicht verlor, geriet in Gefahr, von Raubtieren erbeutet zu werden oder die eigene Gruppe zu verlieren. Steppenpaviane (*Papio cynocephalus*), die sich noch immer so verhalten, setzen Wächter ein. Diese müssen beständig Ausschau halten, wenn sich die Gruppe von den Bäumen hinab auf den Boden be-

100 *Die Herkunft unserer Gattung und Art*

gibt, um nach Nahrung zu suchen. Als typische Vierfüßer mit kräftigem Vorderkörper und hundsartig ausgebildetem Kopf (»Hundsaffen«) sind sie nicht in der Lage, sich länger auf die Hinterbeine aufzurichten. Selbst den uns verwandtschaftlich so nahe stehenden Schimpansen fällt die zweibeinige Fortbewegungsweise schwer. Sie können nur kurze Strecken und mit sichtlicher Mühe das Gleichgewicht halten und aufgerichtet laufen. Doch vor fünfeinhalb oder sechs Millionen Jahren schafften es die fernen Vorfahren des Menschen, Zweibeiner zu werden, die Bäume zu verlassen und immer weiter in die Savannen hinauszuwandern.

Die Skelettfunde beweisen, dass sie schon richtige Zweibeiner waren, lange bevor sich das Gehirn vergrößerte und menschenähnlich wurde. Sicher waren sie meistens aufgerichtet unterwegs. Den Schutz der Bäume suchten sie nur noch bei Gefahr auf. Doch das Klettern wurde immer schwieriger, je mehr sich die Proportionen zwischen Beinen und Armen verschoben. Die Gattung dieser Vormenschen trägt nach den ersten Fundorten in Südafrika die wissenschaftliche Bezeichnung *Australopithecus* (= »Süd-Affe« nach den griechischen Wortstämmen in diesem Begriff). Die Wege von Schimpansen, von denen es gegenwärtig noch zwei Arten gibt, nämlich den Steppen- oder Gewöhnlichen Schimpansen (*Pan troglodytes*) und den Wald- oder Zwergschimpansen, besser Bonobo (*Pan paniscus*) genannt, hatten sich somit vorher bereits von der Menschenlinie getrennt.

Nicht nur innerhalb der Gattung *Australopithecus* bildeten sich mehrere Arten heraus, die wir heute in »grazile« und »robuste« Typen unterscheiden, sondern auch darüber hinaus, bis sich eine Linie gefestigt hatte und erste Angehörige der Gattung Mensch (*Homo*) hervorbrachte. Die Anfangszeit unserer Gattung fällt somit in die Endzeit des Tertiärs. Immer wieder füllen neue Funde die vorhandenen Lücken. Die zahlreichen Verzweigungen zeigen, dass der Weg zum

Menschen keineswegs einfach war und auch nicht geradlinig verlief. Da es in diesem Buch nicht um die Fossilgeschichte des Menschen geht, müssen diese Hinweise genügen, um zu den damit verbundenen, wesentlichen Eigenschaften des Menschen zu kommen. Diese bestehen in der Ausbildung von zwei grundlegenden Kennzeichen im Körperbau. Es sind dies der aufrechte, zweibeinige Gang und das übergroße Gehirn. Unser Körper verrät jedoch weit mehr, als aus den versteinerten Knochen hervorgeht, die unseren evolutionären Lebensweg zum Menschen beweisen.

Wir haben einen typisch tropischen Stoffwechsel, eine weitgehend unbehaarte, nackte Haut und eine besonders schwere Geburt, weil beim menschlichen Neugeborenen der Kopf so groß ist, dass er kaum durch den Geburtskanal passt. In Bezug auf den Stoffwechsel stimmen wir mit den noch lebenden Nächstverwandten, den Schimpansen, sowie anderen Menschenaffen überein. Im Hinblick auf die nackte Haut und die schwere Geburt unterscheiden wir Menschen uns jedoch von diesen ganz entschieden; so sehr, dass wir durchaus auch den zoologischen Namen »nackter Schimpanse« (»*Pan nudus*«) zu tragen verdienen würden. Doch während aufrechter Gang und (über)großes Gehirn offenbar vorteilhaft sind, erklärt sich die Nacktheit nicht von selbst und die schwere Geburt ist eine gefährliche Belastung. Wenn nun aber, wie es nach den Fossilfunden aussieht, der aufrechte Gang vor dem übergroßen Gehirn und der damit verbundenen, schweren Geburt entwickelt wurde und die Nacktheit die Menschen besonders anfällig macht für Verletzungen (»zarte Haut«) und für Blutsauger, die tödliche Krankheiten übertragen können, warum sollten dann uns ausgerechnet diese Schwachstellen zum Menschen gemacht haben? Die Antwort steckt in den noch größeren Vorteilen, die damit verbunden waren.

102 *Die Herkunft unserer Gattung und Art*

Betrachten wir diese kurz der Reihe nach. Die Größenzunahme des Gehirns werten wir selbstverständlich als Zunahme der Intelligenz. Dass diese von Vorteil ist, steht außer Frage. Da das Gehirn nach der Geburt nur noch an Masse zunimmt (und sich dabei stark ausdifferenziert), aber keine neuen Gehirnzellen mehr bilden kann, bestimmt letztlich seine Größe bei der Geburt das Ausmaß der Leistungsfähigkeit. Also hat die Entwicklung die Kopfgröße des Neugeborenen bis an die Grenze des Möglichen gesteigert. Diese gibt die Weite der Öffnung im Knochenring des Beckens der Mütter vor. Je größer diese ist, desto größer kann auch das Köpfchen sein, das hindurchpasst. Und umgekehrt. Möglicherweise drücken die insbesondere im Beckenbereich so auffallend »fülligen« Figurinen aus der Steinzeit, wie etwa die berühmte »Venus von Willendorf«, mit ihrer Figürlichkeit aus, dass Frauen mit großem Becken »fruchtbarer« waren als solche, die dem heutigen Schönheitsideal entsprechen.

Doch wie auch immer die im Endeffekt höchst spärlichen Darstellungen von Menschen aus der Steinzeit, insbesondere aus den Zeithorizonten der Altsteinzeit, gedeutet werden mögen, der biologische Befund bleibt:

Der Mensch hat als Art eine vergleichsweise sehr schwere Geburt (Abb. 9). In offenbar so gut wie allen Kulturen kam es zur Ausbildung sozialer Hilfestellung bei den Geburten durch Hebammen und – in neuerer Zeit – Ärzte. Einzig beim Gebären im Meer treten vergleichbare Formen von Geburtshilfe auf. Bei Delphinen verhilft die »Amme« dem Neugeborenen dazu, an der Meeresoberfläche den ersten Atemzug zu machen, um die Lungen mit Luft zu füllen.

Im Vergleich mit einem neugeborenen Schimpansen und seiner Entwicklung im ersten Lebensjahr werden zwei weitere,

Abb. 8: *Die »Venus von Willendorf« genannte steinzeitliche Figurine (11 cm hoch) repräsentiert einen Figurtyp, der unter den Lebensbedingungen der Steinzeit drei für die Reproduktion entscheidende Eigenschaften in sich vereinigte: reichlich Milch spendende »Ammen-Brüste« und Körperfett als »Reserve« sowie breiten Beckenbau für leichtere Geburten.*

sehr eng mit dem (zu) großen Kopf des menschlichen Fötus verbundene Eigenheiten deutlich. Das Neugeborene hat einen im Vergleich zum Kopf unterentwickelten Körper. Das Schimpansenbaby ist hingegen ziemlich normal proportioniert. Und es entwickelt sich nach der Geburt viel schneller als das Menschenbaby. Bei diesem dauert es ein Jahr oder länger, bis es auf eigenen Beinen stehen und zu laufen beginnen kann. Somit kennzeichnet das menschliche Neugeborene nicht allein der große Kopf, sondern auch die Proportionsverschiebung zwischen großem Kopf und kleinem, fast unterentwickeltem Körper und die nachgeburtlich langsame Entwicklung ist ebenfalls typisch. Unter den Bedingungen sogenannter Naturvölker ist diese erst mit etwa drei Jahren zu Ende. In diesen ersten Jahren ist das Menschenkind weitestgehend abhängig von der Muttermilch und von

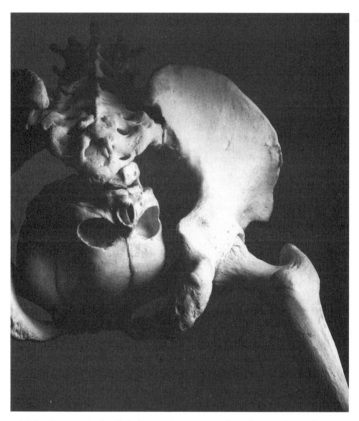

Abb. 9: *Der Schädel des Babys passt bei der Geburt kaum durch den Knochenring, den das mütterliche Becken bildet. Da die Knochen von Gewebe umgeben sind, ist der Weg tatsächlich noch enger. Es kommt zu Quetschungen und Verschiebungen der kindlichen Schädelknochen, die sich nachgeburtlich selbst wieder ausgleichen, weil die Nähte der Knochen noch nicht fest miteinander verwachsen sind.*

der engen sozialen Gemeinschaft der Familie. Eine erneute Schwangerschaft war unter diesen Bedingungen erst nach dem Abstillen möglich. Auch dies sieht nach einem Nachteil aus, wenn man die nächstverwandten Schimpansen direkt mit dem Menschen vergleicht. Allerdings verdreifacht sich die Gehirngröße in dieser Zeit und erreicht nach Abschluss des Körperwachstums während oder kurz nach dem Ende der Pubertät etwa die fünffache Größe, die es bei der Geburt hatte. Beim Schimpansenkind kommt dagegen nur eine Verdopplung zustande. Vor einer einfachen Beurteilung der Vor- und Nachteile sollte man sich daher hüten, denn das, was als »Nachteil« beginnt, kann sich zu einem erheblichen Vorteil entwickeln. So verhält es sich häufig in der Evolution.

Deshalb ist Vorsicht geboten, wenn es um das »Problem« der Nacktheit geht. Wenn wir die soziale Dimension außer Acht lassen, die sich in den unterschiedlichsten Formen von Bekleidungsvorschriften und in der Empfindung von Scham äußern, sind zwei Eigenschaften der Nacktheit offensichtlich. Erstens ist unsere Haut sehr empfindlich, anfällig schon für kleinste Verletzungen, und zweitens recht unterschiedlich stark pigmentiert. Entsprechend empfindlich oder weniger sensibel reagiert sie auf die Sonneneinstrahlung. Trügen wir ein hinreichend dichtes Fell, gäbe es weder die leichte Verletzlichkeit mit der Gefahr von Wundinfektionen, noch die Attraktivität für Blutsauger wie Stechmücken und Bremsen. Lediglich die Flöhe und Wanzen würden die Menschen wohl ähnlich plagen wie Säugetiere mit dichtem Fell. Unvergleichlich geringer wäre auch das Risiko, Hautkrebs zu bekommen. Die starke Ausbildung von Farbstoffen (Melanine), die in der Haut einen Sonnenschutz bewirken und die wir über die Hautfarbe als »Rassen« wahrnehmen, drückt die Notwendigkeit von hinreichendem Sonnenschutz in den jeweiligen geographischen Großräumen aus. Erst die Erfindung

Die Herkunft unserer Gattung und Art

der Kleidung relativierte den Schutz der Hautpigmentierung. Auch bei solchen »Nachteilen« muss es noch viel gewichtigere Vorteile der Nacktheit geben.

Der mit weitem Abstand bedeutendste ist zweifellos das Schwitzen. In unserer Haut gibt es 50 bis 300 Schweißdrüsen pro Quadratzentimeter. Ein Drittel der Blutmenge in unserem Körper durchströmt die Haut und gibt pro Tag zwischen 0,3 und 0,5 l Schweiß ab. Diese Menge entspricht etwa einem Drittel der 1,1 bis 1,3 Liter Harn pro Tag. Bei starkem Schwitzen steigt die Menge auf 6 bis 15 Liter. Die dabei bewirkte Kühlung durch Wärmeentzug übersteigt mit bis zu 40 000 Kilojoule (kJ) den normalen Energieverbrauch von 9200 kJ pro Tag um fast das 5-fache. Kein anderes Säugetier verfügt über eine so wirkungsvolle Kühlung. Der Mensch ist daher der mit Abstand beste Dauerläufer. Entfernungen, wie die Marathon-Strecke, erreichen nicht etwa die oberste Leistungsgrenze, sondern bleiben noch weit darunter. Liegt doch der Rekord im Dauerlauf bei 600 Kilometer am Stück. Kein Rennpferd schafft dies und auch kein noch so guter Hund. Der Mensch kann sie alle abhängen, und zwar meistens schon nach wenigen Kilometern, wenn sich im Körper der tierischen Läufer ein Hitzestau aufbaut. Selbst Tundrawölfe und Schlittenhunde schaffen größere Strecken im Dauerlauf nur, wenn es außen kalt genug ist für die Wärmeabfuhr. Unter den tropisch-afrikanischen Verhältnissen hätten sie keine Chancen, mit Langstreckenläufern auch nur nennenswerte Streckenanteile mitzuhalten. Sogar im Kurzstrecken-Sprint schneidet der Mensch nicht schlecht ab, wenn man berücksichtigt, dass er zweibeinig läuft und daher eine weitaus kürzere Schrittlänge als etwa ein Rennpferd oder ein sprintender Gepard hat. Auf diese bezogen, kommt im 100-Meter-Lauf der nicht mit mehr oder weniger waagerecht gehaltenem Körper sprintende Mensch mit seinen knapp 10 Sekunden den Spitzenleistungen von Geparden oder Gazellen durchaus gleich. Somit ist der Mensch sowohl ein guter Sprinter als auch ein ganz außerordentlicher Dauerläufer. Das Schwitzen macht es möglich. Nur die Vögel übertreffen uns an Leistungsfähigkeit – mit einem jedoch ganz anderen Atmungs- und (inneren) Kühlsystem. Ihnen geht die Luft auch noch nicht im Höhenflug über einem Hochgebirge aus. Lerchen singen sogar im besonders Kräfte zehrenden Steigflug und Wildgänse überqueren die höchsten Gebirge der Erde anscheinend ohne besondere Mühe.

Gerade der Hinweis auf die Vögel ist höchst aufschlussreich. Denn wozu ihr energetisch so aufwändiges Fliegen gut ist, zeigt ihre Natur. Sie haben sich mit dem Flug buchstäblich die ganze Erdoberfläche erschlossen und zugänglich gemacht. Der Vorteil ist offenkundig. Auch wenn der Flug viel mehr Energie kostet als das Laufen am Boden oder das Schwimmen auf dem Wasser, bringt er noch mehr ein. Denn dank ihrer Flugfähigkeit können die Vögel die besonders ergiebigen Orte und Zeiten effizienter nutzen als Säugetiere oder andere Lebewesen. Letztlich zählt nämlich immer die Bilanz, nicht der Aufwand allein. Worin aber liegt dann der Vorteil für den Menschen, ein schneller und vor allem so ausdauernder Läufer zu sein? Wozu der evolutionäre Aufwand mit der Verminderung des schützenden Fells und der Entwicklung dieses besonderen Kühlsystems, wenn unsere Vorfahren doch keine Chance gehabt hätten, auf kürzere Strecken den angreifenden Raubtieren zu entkommen?

Die Entwicklung zum Laufen braucht Anfangsvorteile. Die weitere Evolution zum wirkungsvollen Kühlsystem ebenso. Wir müssen sogar annehmen, dass beide zusammen von Anfang an etwas gebracht haben und dauerhaft vorteilhaft geblieben sein müssen. Wie sonst hätte eine solche Perfektion zustande kommen können, die so sehr von den Gegebenhei-

108 *Die Herkunft unserer Gattung und Art*

ten bei den Schimpansen und anderen nahen Verwandten der Menschenlinie abweicht? Und was die Größe des Gehirns betrifft: Ginge es lediglich um die Größenzunahme des Gehirns, wäre diese nicht auch in einem ansonsten schimpansisch gebliebenen Körper vorstellbar? Immerhin haben wir fast 99 Prozent unserer Gene mit den Schimpansen gemeinsam. Sie sind kräftig, sozial, flexibel, lernfähig und sie können in recht unterschiedlichen Gebieten in Afrika leben, was bedeutet, dass sie nicht sehr eng an eine bestimmte Umwelt angepasst sind.

Solche Fragen mögen »rhetorisch« oder gar »suggestiv« klingen, um eine bestimmte Richtung zu rechtfertigen, aus der die favorisierte Antwort kommen soll. Keine Argumentation wird sich ganz frei von dieser Intention halten können. Deshalb versuche ich nochmals zu betonen, worum es geht: Wir haben die Fakten, die aus den Fossilfunden hervorgehen und die wir an uns Menschen selbst sehen. Wir versuchen, mit Hilfe von Denkmodellen zu erklären, warum es so kam, wie es gekommen ist. Alternativen sollten daher nicht nur zugelassen werden, sondern man muss sie geradezu fordern, um die Stärken oder Schwächen der Argumentationsketten sichtbar zu machen. Am wichtigsten ist aber, dass sich damit Möglichkeiten auftun, die Schlussfolgerungen in Frage zu stellen oder zu widerlegen. Sie sollen ja nicht geglaubt werden müssen.

Deshalb befinden wir uns hier an einem besonders kritischen Punkt: Sprint, Dauerlauf und Nacktheit gehören zweifellos zusammen, aber gilt das auch für die Größenzunahme des Gehirns? Gibt es einen zentralen Grund, der alle drei Fragen – die zweibeinige Fortbewegungsweise, Nacktheit und Gehirnentwicklung – miteinander vereint oder haben sie wenig oder nichts miteinander zu tun? Der kurze Seitenblick auf die Vögel hatte auf den möglichen Zusammenhang verwiesen: Der aufwändige Flug bringt mehr ein, als er kostet.

Das war aller Wahrscheinlichkeit von Anfang an in der Evolution der Vögel auch so. Wo aber liegen die Vorteile der eben genannten typischen Merkmale des Menschen? Wenn sowohl das zweibeinige Laufen als auch die Nacktheit sichtliche Nachteile haben?

Die »Währung« der Evolution

Evolutionäre Änderungen geschehen per Zufall. Die natürliche Selektion lenkt sie sodann in eine bestimmte Richtung. Auf diese Kurzformel lässt sich die Erklärung bringen, die Charles Darwin und Alfred R. Wallace im ersten Drittel des 19. Jahrhunderts gefunden hatten. Wallace verfasste dazu nur eine kleine, lediglich in Fachkreisen bekannt gewordene Schrift, während Darwin eine überzeugende Fülle von Befunden in seinem Buch über den Ursprung der Arten veröffentlichte. Dieses war bereits am Tag des Erscheinens im Jahre 1859 vergriffen – für so bedeutsam war es gleich von Anfang an eingestuft worden. Gewiss gehört es zu den bedeutendsten Werken der Wissenschaftsgeschichte. Mit nur einem einzigen Satz, fast am Ende des Buches, wies Darwin auf die Evolution des Menschen hin (»Licht wird auch fallen auf den Menschen und seine Geschichte«, lautet er in der deutschen Übersetzung von Carl W. Neumann der Reclam-Ausgabe von 1967). In seinem weit weniger bekannten Werk über die Abstammung des Menschen von 1871 behandelt Darwin zwar sehr ausführlich verschiedene psychische und entwicklungsbiologische Eigenschaften des Menschen sowie das Balzverhalten von Vögeln und anderen Tieren im Zusammenhang mit einer zweiten Form von Selektion, die er gleichfalls entdeckte und für Veränderungen bei vielen Arten von Tieren insbesondere verantwortlich machte, die sexuelle Selektion, die von den Weibchen ausgeht, begründet aber auch damit nicht wirklich, wie sich die Vorteile der Varianten äußern, die von der Selektion begünstigt werden. Es dauerte fast 100 Jahre, bis in der Evolutionsbiologie vollends klar war, worum es im Darwinschen, mit der Selektion begründeten Mechanismus der Evolution geht: nicht um das Überleben des oder der Fittesten unmittelbar, sondern um den Fortpflanzungserfolg. Ein noch so langes Leben eines besonders starken Individuums nützt nichts, wenn es sich nicht fortpflanzt und seine Eigenschaften nicht in die nachfolgenden Generationen weitergibt. Nicht die Stärksten sind automatisch die Fittesten, sondern diejenigen, welche die meisten Nachkommen hinterlassen – im Verhältnis zu ihrer Konkurrenz innerhalb der Art oder zwischen den Arten, wenn sich diese sehr nahe stehen. Gorillas sind zweifellos stärker als Menschen, nicht nur die Männer, sondern auch die Gorillafrauen. Dennoch sind sie, wie auch die kleineren, gleichwohl den Menschen an Körperkraft ziemlich klar überlegenen Schimpansen, auf die Gnade der Menschen angewiesen. Ohne den Artenschutz hätten unsere nächsten Verwandten keine Chance zu überleben. Nun sind wir zwar dank unserer Technik den Menschenaffen überlegen, aber das kann nicht von Anfang an so gewesen sein. Der werdende Mensch war ein paar Millionen Jahre lang, seit sich seine Wege von denen der nächstverwandten Schimpansen getrennt hatten, auch nur ein (afrikanischer) Primat, der wie seine Verwandtschaft leben musste und sich in der Natur, in den neuen Lebensbedingungen, die sich unsere fernen Vorfahren erschlossen hatten, zu bewähren hatte. Ganz offensichtlich waren diese nicht deswegen erfolgreich geworden, weil sie größer und stärker als die Menschenaffen wurden. Eher könnte man vom Gegenteil ausgehen: Weil sie schwächer waren als diese, wurden sie aus den Wäldern gedrängt und gezwungen, in die gefährlichere, weil deckungsärmere Savanne hinauszuwandern. Die weit verbreitete Sichtweise des Geschehens in der Anfangszeit der Mensch-

Die Herkunft unserer Gattung und Art

werdung geht tatsächlich von diesem »Konkurrenz-Modell« aus. Die Argumentationsweise mit schrumpfenden Wäldern, knapper werdenden Lebensmöglichkeiten und Ausweichen ins Grasland drückt dies aus. Dabei wird unausgesprochen angenommen, dass die Verknappung der Lebensmöglichkeiten, also der unentbehrlichen Ressourcen, dem Selektionsdruck der Umwelt entspricht.

Dieses Szenario zeigt weitestgehend die schon diskutierten Vorstellungen zu den Ereignissen am Ende der letzten Eiszeit, die zur Erfindung des Ackerbaus geführt hatten: Verknappung des Wildes für die als Jäger und Sammler lebenden Menschen und der sich daraus ergebende Zwang, harte Körner von Gräsern als dürftigen Ersatz für die gute Fleischnahrung zu nehmen. Evolution als Zwang also, als Reaktion auf harte Selektion der Umwelt. Dass diese Sichtweise nicht sonderlich überzeugt, wenn wir sie genauer betrachten, habe ich für die vermuteten Anfänge des Ackerbaus bereits ausgeführt. Bewährt sich dieses »selektionistische Modell« aber vielleicht hier am Beginn der Menschwerdung? Es muss ja Gründe gegeben haben dafür, dass die Vorfahren der Stammeslinie, aus der die Menschen hervorgegangen sind, die Wälder verließen und sich in die Savannen hinausbegaben. Dabei sind sie zu Zweibeinern geworden, die sehr gut schwitzen können. Wozu so ein Aufwand, darf zu Recht gefragt werden, wenn doch die Verwandtschaft in Form von zwei Arten von Schimpansen und den im Vergleich zu ihnen und uns Menschen geradezu trägen Gorillas doch auch überlebten? Schimpansen sind schnell und mit ihrem Gebiss ein gefährlicher Gegner auch für Raubkatzen und zudem, wie wir wissen, recht intelligent. Sie können sich selbst im Spiegel erkennen. Sie entwickeln neue Techniken, um Nahrung zu gewinnen oder zu verarbeiten, und sie führen ein emotionales Leben, in dem sich sehr viel wiedererkennen lässt, was wir auch empfinden. Ihre beiden Arten unterscheiden sich recht deutlich in der Lebensweise. Die Bonobos sind ausgeprägtere Waldbewohner mit intensiverem Gruppenleben als die »Savannen«-Schimpansen. Bei den Bonobos geben die Weibchen den Ton an und nicht die Männchen, die bei den Schimpansen der lichteren Wälder und Waldränder Afrikas dominant sind. Diese führen sogar Vernichtungskriege gegen Artgenossen anderer Gruppen, womit sie uns Menschen stärker ähneln als die Bonobos. Diese wenigen Hinweise mögen genügen, um zweierlei zu begründen: Erstens sind unsere nächsten Verwandten keine Fehlentwicklungen, sondern ganz gewiss lebens- und überlebenstüchtige Primaten, die in körperlicher Hinsicht und in ihrer Leistungsfähigkeit im Umgang mit den Lebensbedingungen der tropisch-afrikanischen Wälder den Vormenschen, die dort entstanden sind, nicht unterlegen gewesen sein können. Und zweitens überlebten sie all die Jahrmillionen auch, die unsere Stammeslinie hinter sich hat, allen klimatischen Änderungen zum Trotz, die es vielfach in dieser langen Zeit gegeben hat.

Vergeblich werden wir, dessen bin ich mir sehr sicher, nach den unmittelbaren Vor- oder Nachteilen suchen, die dazu geführt haben, dass nach der Trennung von den gemeinsamen Vorfahren die Stammeslinie des Menschen um so vieles erfolgreicher als die andere der Menschenaffen geworden ist. Aufrechter Gang, Nacktheit und (über)großes Gehirn können nur »Mittel« gewesen sein, nicht die Ursachen. Denn wirksam wurden sie erst, nachdem sie bereits weitgehend entwickelt waren. Was wir für eine bessere, für eine überzeugendere Erklärung brauchen, sind die Anfangsvorteile solcher Entwicklungen und ihre Beständigkeit über sehr lange Zeiträume, um sie in Gang halten und vorantreiben zu können. Dafür gibt es in der Evolution nur eine »Währung«. Es ist dies der bereits erwähnte Fortpflanzungserfolg bzw. die Zusammenfassung der zähl- oder messbaren Unterschiede im Fortpflanzungserfolg von Generation zu Generation.

114 *Die Herkunft unserer Gattung und Art*

Betrachten wir diesen für die gegenwärtige Situation, so wird mit einem Blick klar, was uns Menschen von den Schimpansen und Gorillas unterscheidet. Die durchschnittliche Zahl überlebender Kinder, die selbst wieder fortpflanzungsfähig werden, liegt bei den Menschenfrauen rund doppelt so hoch wie bei den Schimpansinnen. Und da das Menschenkind doppelt bis dreimal so lange wie das Schimpansenkind von der Mutter betreut und mit Nahrung versorgt wird, kommt in der Bilanz eine fünffach höhere Fortpflanzungsleistung zustande. Der Mensch ist der bei weitem häufigste Primat seiner ganzen engeren und weiteren Verwandtschaft. Auch kleine, gebietsweise sehr häufige Affen sind ihm gegenüber der bloßen Zahl nach Seltenheiten. Größenordnungsmäßig dürfte die Menschheit alle Primaten, von denen es zwar mehr als 160 verschiedene Arten gibt, von denen aber die allermeisten, etwa 130 Arten nämlich, gefährdet sind, um ein Vielhundertfaches übertreffen (Burton & Pearson 1987, Wolfheim 1983). Keine einzige andere Primatenart kommt dem Menschen auf eine Größenordnung nahe, die wenigstens ein Tausendstel der Kopfzahl erreicht. Evolutionärer Erfolg und gegenwärtige Menge der Menschen begründen sich somit auf einem ganz außerordentlichen Fortpflanzungserfolg. Seine beiden Teile wirken zwar gemeinsam, sollten aber getrennt betrachtet werden, um den Weg zum Menschen verstehen zu können: Erhöhung der Zahl der Kinder und Verlängerung der Betreuungsdauer des Nachwuchses.

Erhöhung der Kinderzahl

Sehen wir von den urtümlichen, Eier legenden Säugetieren ab, die in wenigen, höchst merkwürdigen Arten in der australischen Region vorkommen, so ist die Fortpflanzung der Säugetiere durch eine innere Entwicklung im mütterlichen Körper gekennzeichnet. Bei den Beuteltieren Australiens und Südamerikas währt die innere Embryonalentwicklung nur kurz. Die Jungen (Föten) werden als höchst unfertige »Würmchen« ohne Geburtsschmerz geboren. Sie kriechen in eine Hautfalte (»Beutel«), wo sie über Milchdrüsen ernährt werden. Bei den übrigen, den »moderneren« Säugetieren, geschieht die Entwicklung zu einem weit größeren Teil im Körper der Mutter. Die Ernährung erfolgt über den Mutterkuchen, die Plazenta, und eine Ankopplung daran mit Blutgefäßen (Nabelschnur). Nachgeburtlich geht die Versorgung weiter. Der Nachwuchs trinkt mehr oder weniger lange Muttermilch. Beim Menschen dauerte diese Direktversorgung der Neugeborenen durch die Mutter weitere zweieinhalb bis drei Jahre. Verkürzt werden konnte die nachgeburtliche Versorgung mit Muttermilch erst in jüngerer Vergangenheit mit Hilfe von Milch, die von Haustieren (Kühe, Hausbüffel, Ziegen) stammt. Aber das ist eine so neue Entwicklung, dass sie für die Geschichte der Menschheit keine Rolle spielt. Eine stillende Mutter wurde in der Regel auch nicht wieder schwanger, bis sie abgestillt hatte. Sie »investiert« daher von Natur aus pro Kind die neun Monate Schwangerschaft und

116 *Die Herkunft unserer Gattung und Art*

die Stillzeit. Auch danach bleiben die Kleinkinder noch so abhängig von der Mutter und der Familie, in die sie eingebunden sind, dass eine Gesamtbetreuungszeit bis zum endgültigen Selbständigwerden von 15 bis 17 Jahren zustande kommt. Würden sich die Schwangerschaften danach richten, käme im Durchschnitt kaum mehr als ein überlebendes Kind pro Frau unter den Lebensbedingungen von Jägern und Sammlern zustande. Die Lebenserwartung hätte über 50 Jahre betragen müssen, um auf wenigstens zwei Kinder pro Frau zu kommen. Diese Zeitspanne deckt sich interessanterweise recht gut mit dem Ende der weiblichen Fruchtbarkeit und dem Eintritt der Menopause. Doch der tatsächliche Verlauf sieht bekanntlich anders aus. Auf den Beginn der Fortpflanzungsfähigkeit (Ende der Pubertät) folgen nicht ein bis zwei Kinder im Abstand von 15 bis 17 Jahren, sondern erheblich mehr. Können die Kleinkinder bereits frühzeitig mit Ersatzmilch oder qualitativ entsprechendem Brei versorgt und nach wenigen Monaten abgestillt werden, kann die nächste Schwangerschaft kommen. Zehn und mehr Kinder pro Menschenfrau sind auf diese Weise möglich – und bis in die jüngere Vergangenheit auch in Europa durchaus nicht selten gewesen.

Für die Mütter bedeutet jedoch jede Schwangerschaft eine starke Inanspruchnahme ihres Körpers. Der Fötus braucht Proteine, Kalzium und Phosphorverbindungen, besondere Fettsäuren und andere Stoffe mehr, um in den neun Monaten im mütterlichen Körper heranwachsen zu können. Wird gestillt, muss die entsprechende Menge an Muttermilch erzeugt werden. Ohne entsprechend zusammengesetzte Ernährung kommt diese Leistung nicht zustande oder nur ein- bis zweimal, dann ist der Körper ausgezehrt. Bei der bis in die jüngste Vergangenheit hohen Kindersterblichkeit wäre das zu wenig gewesen. Wir rechnen gegenwärtig immer noch mit fast zwei Kindern pro fortpflanzungsfähige Frau, die nötig sind, um den Bestand der Bevölkerung zu erhalten. Sinkt die Fortpflanzungsrate deutlich, wie momentan in den westlichen Industrienationen, nimmt die Bevölkerungszahl mittelfristig ab. Die Zahl der überlebenden Kinder pro Frau dürfte somit in früheren Zeiten deutlich höher gewesen sein als die Rate der Kindersterblichkeit, obwohl die Lebensverhältnisse früher erheblich schlechter waren. Um mehr leisten zu können, brauchen die Frauen aber eine entsprechend bessere Nahrung, die ihnen all die Stoffe liefert, die von den Föten im Mutterkörper gebraucht und danach noch Monate oder Jahre für ein gutes Aufwachsen der Kinder vonnöten sind. Kurz: Wir sollten unser Augenmerk auf die Ernährung richten. Von ihr hängt es ab, ob mehr Kinder zur Welt kommen und danach erfolgreich überleben können. So muss es zu allen Zeiten gewesen sein, weil ganz allgemein die Kinder von Primaten verhältnismäßig lange von ihren Müttern abhängig sind. Ein Kälbchen oder ein Rehkitz fängt schnell an, selbst das Gras zu verzehren, von dem sich die erwachsenen Tiere dieser Arten ernähren. Ein einziges Jahr reicht, dann können die Mütter schon wieder ein weiteres Junges bekommen. Dabei gebären sie die Jungen in einem sehr weit entwickelten Zustand. Kurz nach der Geburt stehen diese auf eigenen Beinen und folgen den Müttern nach. Die dafür nötigen Nahrungsstoffe entstammen jedoch nicht den Pflanzen, die diese Tiere abweiden, sondern den Mikroben in ihrem Verdauungssystem, die daraus wertvolle Proteine fertigen. Diese Mikroben »arbeiten« so wirkungsvoll, dass Kühe dazu gezüchtet werden konnten, überproportional große Milchmengen zu produzieren; ein Vielfaches von dem, was der Nachwuchs pro Jahr brauchen würde. Primaten haben keine derartigen »Helfer«.

Sie standen auch den Vor- und Frühmenschen nicht zur Verfügung, bis es gelang, geeignete Tiere zu Haustieren zu machen und ihre Milchproduktion auszunutzen. Auf den

118   *Die Herkunft unserer Gattung und Art*

Beginn der Entwicklung zum Menschen vor mehr als sechs Millionen Jahren bezogen, sind die Milch liefernden Haustiere eine gänzlich unbedeutende Späterscheinung des letzten Tausendstel unserer Geschichte. Mit diesen Haustieren müssen wir uns später noch ausführlicher befassen. Hier geht es darum zu klären, welche Voraussetzungen notwendig waren, damit die Vormenschen aus den afrikanischen Wäldern in die Savanne wechselten, und ob sich diese in der Fortpflanzungsleistung spiegeln.

Die Bedürfnisse der Föten und der Kleinkinder weisen den Weg für die weitere Betrachtung: Babys brauchen für ihre erfolgreiche Entwicklung vornehmlich Proteine, also Fleisch. Die Mutter kann davon nicht mehr zur Verfügung stellen, als ihr Körper hergeben kann. Der Mehrbedarf muss über entsprechende Ernährung ergänzt werden. Zwei Möglichkeiten stehen hierfür grundsätzlich offen, nämlich vermehrte Aufnahme von wenig ergiebiger Pflanzenkost mit entsprechend langen embryonalen Entwicklungszeiten und rascher Selbständigkeit des Nachwuchses oder Konzentration auf ergiebigere, an Proteinen und energiehaltigen Phosphorverbindungen reichere Kost. Ersteres entspricht dem weitgehend vegetarischen Leben im Wald. Letzteres dem Wechsel in die Savanne und der Hinwendung zum Fleisch. Dieses gab es dort tatsächlich in schier phantastischen Mengen, denn in jenen Zeiten der frühen Menschwerdung entwickelte sich das Großtierleben in Afrika, zumal in Ostafrika, in ganz besonderer Weise. Davon gleich mehr. Werfen wir davor aber noch einen Blick auf die Mengenverhältnisse, um die es geht und mit einiger Wahrscheinlichkeit damals gegangen ist.

In den Tropenwäldern ist tierisches Protein rar und pflanzliches oft mit ungenießbaren oder gar giftigen Inhaltsstoffen verbunden, die die Pflanzenwelt vor zu starkem Tierfraß schützen. Besonders proteinarm sind die Regenwälder Amazoniens, welches das größte tropische Regenwaldgebiet ist.

In der rund 1000 Tonnen schweren Pflanzenmasse, die es in den amazonischen Wäldern pro Hektar gibt, finden sich nur ein paar Dutzend Kilogramm tierische »Biomasse«. Die Hauptmenge davon, nämlich zwischen 30 und 60 Prozent, stellen Ameisen und Termiten. Affen oder Vögel sind, auf die Fläche bezogen, sehr rar. Die Affen bleiben klein; die größten Arten erreichen nicht einmal 10 Kilogramm Gewicht und sie ernähren sich überwiegend oder ausschließlich von Pflanzen. In Afrika sind die Verhältnisse zwar günstiger, aber auch dort gibt es in den geschlossenen Wäldern keine großen Mengen an Tieren. Südostasiens Tropenwälder nehmen eine mittlere Position ein. Gehen wir von den günstigsten Gegebenheiten des tropischen Afrika aus, so erreicht das Lebendgewicht der größeren Tiere im Wald Größenordnungen von ein paar Hundert Kilogramm pro Quadratkilometer. Reichlicher vorhanden sind lediglich Insekten, aber unter ihnen gibt es viele giftige oder sehr schwer zu fangende Vertreter. Draußen in der Savanne sieht das jedoch ganz anders aus. Die Herden der Großtiere und die vielen Arten anderer größerer und großer Säugetiere erreichen ein Lebendgewicht von 20 000 Kilogramm pro Quadratkilometer, also das etwa Hundertfache des »Angebots« im Wald. Diese Tiere sind groß, viel leichter zu sehen als das versteckte Tierleben im Wald und ihr Fleisch ist gänzlich ungiftig. Raubtiere nutzen diese Tiere als Beute. Sie entwickelten kräftige, zum Töten geeignete »Waffen« in Form von spitzen Krallen und vor allem von Gebissen, mit denen die großen Tiere überwältigt werden können. Die Menge der potenziellen Beute ist so groß, dass sich die unterschiedlichsten Raubtiere dieses »Angebot« zunutze machten. Raubkatzen, die lauern, blitzschnell sprinten oder im Rudel angreifen, Wildhunde, die nach Art der Wölfe jagen, und Hyänen, die sowohl Kadaver von Großtieren als auch lebende Beute verschlingen. Stellenweise kommen, z. B. an Flussläufen, noch ganz andere Raubtiere mit hinzu, wie

120 *Die Herkunft unserer Gattung und Art*

die Krokodile. Sie alle und noch mehr kleinere Raubtiere und Aasverwerter beteiligen sich an der Nutzung der Savannentiere. Und aller Wahrscheinlichkeit nach taten dies auch die Frühmenschen, als sie aus dem Wald kamen.

Wie sehr es sich lohnte, die Savanne und ihren Reichtum an Proteinen zu nutzen, geht aus Abb. 10 hervor.

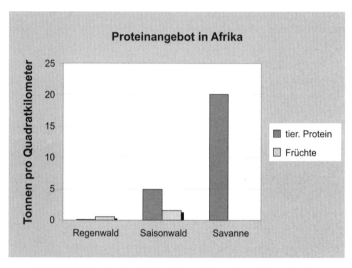

Abb. 10: *Tierisches Eiweiß und (essbare) Früchte im Regenwald, in den angrenzenden Saisonwäldern (mit ausgeprägten Regen- und Trockenzeiten sowie entsprechend festen Zeiten des Fruchtansatzes) und in der Savanne im tropischen Afrika (Angaben in Tonnen Frischgewicht pro Quadratkilometer).*

Tierische Proteine sind also im Regenwald im Vergleich zur Savanne geradezu rar. Die Häufigkeit dieser für die Fortpflanzung höchst ergiebigen Proteinquellen steigt über die sogenannten Saisonwälder zur Savanne hin stark an. Der

»Weg« der Vormenschen lässt sich daraus gewissermaßen ablesen. Die Zeiten, in denen in diesen Randwäldern genießbare Früchte in großer Menge reiften, lockten sicher nicht nur gegenwärtig, sondern zu allen Zeiten, in denen es sie gab, die Primaten aus dem (dichten) Wald zu den Fruchtbäumen. Doch am Rand der Wälder fängt auch das Großtierleben an. Es gibt zu bestimmten Zeiten so viele hilflose Jungtiere, dass sich die Raubtiere bei ihrer Jagd danach nicht in die Quere kommen. So jagen auch Schimpansen gelegentlich kleine Antilopen, junge Paviane oder andere Säugetiere passender Größe. Offenbar geschieht dies dann, wenn der Mangel an Proteinen in ihrer vorwiegend pflanzlichen Nahrung zu groß geworden ist. Viele Primaten nutzen tierisches Protein als Quelle von Nährstoffen für die Fortpflanzung. Meistens handelt es sich jedoch um Insekten. Tatsächlich waren die fernen Vorfahren aller heutigen Primaten »Insektenfresser«. Manche, wie südamerikanische Affen und madagassische Halbaffen, entwickelten für den Insektenfang ganz besondere Fingerfertigkeiten. Für große Formen reichen jedoch die kleinen Insekten als Hauptnahrung nicht aus. Die größeren südamerikanischen Affen ernähren sich vegetarisch wie auch weitgehend oder ganz die afrikanischen und südostasiatischen Menschenaffen. Die zunehmende Körpergröße gab mehr Sicherheit. Aber sie erzwang den »Abstieg« auf weniger ergiebige Nahrung, von der jedoch größere Mengen benötigt wurden. Der Aufwand an Energie für Nahrungssuche und Jagd nahm entsprechend ab.

Die Vormenschen, die sich aus dem Wald in die Savanne hinauswagten, trafen dort Verhältnisse an, die Übersicht erfordern und somit alle anderen Arten ausschließen oder zumindest stark beschränken, die dafür zu klein geraten sind. Denn die Savannengräser wachsen in dichten Beständen zu Höhen auf, die überwunden werden müssen, um in die Ferne schauen zu können. Die Vormenschen brauchten dafür also

122 *Die Herkunft unserer Gattung und Art*

mindestens die Schimpansengröße und die Fähigkeit, sich auf die verhältnismäßig kräftigen Hinterbeine aufzurichten. Tiefenscharfes Sehen ist ebenso notwendig, um erkennen zu können, wo sich Tiere aufhalten, die dabei sind, Junge zu gebären, oder wo gerade frisch tote Großtiere liegen. Das Einkreisen der Geier verrät mit großer Sicherheit den Ort. Es kommt nun darauf an abzuschätzen, wie weit entfernt dieser ist. Nur bei hinreichender Nähe lohnt sich ein Sprint aus der Deckung. Entfernungsabschätzung und das Einhalten der Richtung werden nun entscheidend. Die Richtung lässt sich am besten halten, wenn auch die Übersicht gewahrt bleibt. Denn das Gelände wird selten einmal einen glatten, direkten Lauf zur Beute zulassen. Umwege müssen fast immer in Kauf genommen werden. Aufrichtung beim Laufen, die den Überblick gewährleistet, und Steigerung der Geschwindigkeit, gefolgt vom Durchhaltevermögen, wenn die Laufstrecken länger werden, fordern den Körper heraus. Der Lohn ist groß und das von Anfang an: Das neugeborene Jungtier oder das frisch getötete Großtier enthalten all die Stoffe, die für den eigenen Nachwuchs gebraucht werden; vor allem für die Versorgung der Mütter. Eine zunehmend festere Zusammenarbeit im Verband der Gruppe, in der die Beteiligten leben, fördert den Erfolg. Wenn mehrere Mitglieder der (Groß) Familie gleichzeitig zum noch frischen »Fleischberg« laufen, bringt das mehr als ein Einzelversuch. Das wirkt sich auf das Gruppenleben aus. Familienbindungen werden gestärkt; Beziehungen zwischen den Männern und Frauen, also zwischen den Vätern der Kinder, um die es in der evolutionären Entwicklung geht, gefestigt. Der Wirkungsgrad steigt. Er setzt sich um in zunehmend besserem Überleben der Kinder – und wird somit zum evolutionären Erfolg (Reichholf 2001). Nun kann auch die Zahl der Kinder pro Frau ansteigen. Die bessere Versorgung mit den Stoffen, die für die Entwicklung der Föten im Mutterleib und für die nachgeburtliche Versorgung mit Muttermilch erforderlich sind, ermöglicht die Steigerung der Geburtenrate. Sie wird zur treibenden Kraft für die weitere Entwicklung.

Verlängerung der Betreuungszeit
des Nachwuchses

Die bloße Erhöhung der Kinderzahl hätte wahrscheinlich noch nicht ausgereicht, um den so enormen Unterschied zwischen Menschen und Schimpansen hervorzubringen. Es ist vorstellbar, dass es nur zur Entwicklung eines Primaten gekommen wäre, der sich bis heute als Aasverwerter in den afrikanischen Savannen betätigte, ohne sonstige Fortschritte gemacht zu haben. Ein Blick auf das Spektrum der Raubtiere zeigt, dass diese Überlegung gar nicht so absurd ist, wie sie scheinen mag. Denn neben den höchst aktiv jagenden Großkatzen und Wildhunden (*Lycaon pictus*), die ihrer Fleckung wegen auch Hyänenhunde genannt werden, gibt es die (Tüpfel)Hyänen (*Crocuta crocuta*), die sich überwiegend von Kadavern ernähren, wenngleich sie nicht selten auch sogar den Löwen frisch getötete Beute streitig machen. Sie sind gleichsam Seiteneinsteiger in die Domäne der aktiv jagenden Raubtiere und als solche durchaus sehr erfolgreich. Zum Über-Raubtier, zu einem »Super-Predator«, entwickelten sie sich jedoch nicht, auch wenn manches an ihnen höchst absonderlich ist. So entwickeln die weiblichen Tüpfelhyänen einen Pseudo-Penis und dominieren die Männchen, die mehr die Rolle der Fleischbeschaffer für den Nachwuchs als die des Rudelführers zu erfüllen haben. Man könnte sich also im Hinblick auf die Art der Nahrungsbeschaffung und die Bedeutung der proteinreichen Kost durchaus gewisse Ähnlichkeiten mit dem (entstehenden) Menschen vorstellen.

Verlängerung der Betreuungszeit des Nachwuchses   125

Doch es kam, wie wir sehen, bei uns ganz anders als bei den Hyänen. Diese entwickelten ein gewaltiges, Furcht einflößendes Gebiss und ein recht raues »Sozialverhalten«, wir aber ein hochgradig differenziertes Familienleben und noch schwächere Kiefer als unsere ferneren Vorfahren. So einfach und wie gerichtet verläuft die Evolution nicht, selbst wenn Trends und größere Ähnlichkeiten (Konvergenzen) vielfach festzustellen sind (Morris 2008).

In der auf die ersten Schritte hinaus in die Savanne folgenden Entwicklung von den Vormenschen (der Gattung *Australopithecus*) zu den Frühmenschen, die unserer eigenen Gattung (*Homo*) zugerechnet werden, entsprechen nun Entwicklung und Geburt der Kinder nicht mehr dem »Schimpansentyp«, sondern es kam ein eigener Weg zustande. Der ursprünglich wohl schimpansenartig weit entwickelte Kopf wurde schon vor der Geburt deutlich größer, der Rest des Körpers aber immer kleiner. Bei der Behandlung der schweren Geburt des Menschen (Seite 102 ff.) ist das bereits ausgeführt worden. Die Folge war und ist eine lange nachgeburtliche Streckungs- und Wachstumszeit des kindlichen Körpers, bis die Verhältnisse von Kopf- zu Körpergröße etwa am Ende der Pubertät stimmen. In diesen mehr als 15 Jahren wachsen Kopf und Körper auf unterschiedliche Weise. Der frühe Vorsprung, der zur Verfünffachung der Gehirngröße im Vergleich zum schimpansischen Ausgangszustand geführt hatte, wird über Wachstumsschübe ausgeglichen. Kopf und Körper sehen nun proportioniert aus – wie das im Wesentlichen beim Schimpansenkind schon der Fall ist. In dieser Zeit lernen wir sehr viel; eine Erfahrung, die wohl so gut wie jeder Mensch macht und sich später mitunter darüber ärgert, dass das Lernen umso schwerer fällt, je älter man wird.

Angelegt ist so eine Entwicklung im Grunde schon bei den Primaten ganz allgemein. Ihr Gehirn ist relativ groß. Die Anlage des großen Primatengehirns findet bereits im Mutterleib

126 *Die Herkunft unserer Gattung und Art*

statt. Ein längerer Aufenthalt darin bedeutet eine insgesamt weiter fortschreitende Entwicklung des Nachwuchses, eine frühere Geburt aber eine stärker differenzierte nachgeburtliche Entwicklung. Raubtiere, die als Erwachsene komplizierte Techniken der Jagd entwickeln und beherrschen müssen, werden früher geboren und entwickeln ein verhältnismäßig größeres Gehirn als solche Säugetiere, die sich von Pflanzen ernähren. Diese laufen nicht davon und Geruch oder Geschmack verraten die Genießbarkeit oder die Giftigkeit.

Das Menschenbaby wird jedoch auch im Vergleich zu den übrigen Primaten extrem früh geboren. Eigentlich sollte es, auf den Entwicklungsstand des Gehirns bezogen, wenigstens ein weiteres Jahr im Mutterleib verbleiben. Das macht es, als teilweise Frühgeburt auf den Rest des Körpers bezogen, sehr verletzlich, aber auch besonders lernfähig im ersten Jahr nach der Geburt. In diesem kann weit mehr auf das Kleinkind einwirken, als das möglich wäre, würde es sich noch im Mutterleib befinden. Die besondere Lernfähigkeit des menschlichen Gehirns ist aller Wahrscheinlichkeit nach die Folge dieser frühen Geburt und der damit eröffneten, nachgeburtlichen Entwicklungsmöglichkeiten.

Diese haben jedoch wiederum ihren Preis. Wie bereits ausgeführt, ist das Gehirn unser energetisch kostspieligstes Organ. Sein Verbrauchsanteil an Energie macht 20 Prozent oder mehr vom normalen Grundumsatz aus. Das lange nachgeburtliche Wachstum erfordert jedoch nicht allein Energie, sondern auch die entsprechenden Aufbaustoffe. Die Nahrung muss ergiebig genug sein. Schließlich mündet dies alles in einer ganz beträchtlichen Lebensverlängerung. In grober Bilanz können wir feststellen, dass wir Menschen eine wenigstens doppelt so hohe Lebenserwartung haben wie Gorillas und Schimpansen. Um wie viel höher sie tatsächlich ist als das, was für andere Säugetiere unserer Größe oder noch größerer Arten typisch ist, sehen wir an unseren Hunden oder Pferden;

Haustieren also, die nicht gehalten werden, um sie möglichst schnell (zum Verzehr) zu nutzen, sondern die sogar möglichst lange mit uns leben sollten. Diese Verlängerung der Lebenserwartung des Menschen muss schon sehr früh in unserer Evolution zustande gekommen sein, denn sie umfasst auch so äußerst Ungewöhnliches wie die Menopause der Frau.

Lernen und langes Leben bilden daher die andere Seite der Menschwerdung, die sich nicht so augenfällig äußert wie die Entwicklung des aufrechten Ganges in den fossilen Knochen der Vorzeit der Menschen.

*Häufung von Zufällen oder
gerichtete Entwicklung?*

Wer den Darlegungen bis hierher gefolgt ist, wird vielleicht sowohl die Kritik an den herrschenden Modellen, besser: Vorstellungen, als auch die Alternativerklärung – mit dem Wechsel in der Ernährung von Pflanzenkost zum Fleisch von Großtieren – nachvollziehen können. Doch auch die Alternative Fleisch muss sich in mindestens gleicher Weise bei kritischer Hinterfragung bewähren. Zwei wichtige Gesichtspunkte sind hierzu schon ausführlich behandelt worden. Der erste besagt, dass bei Proteinknappheit auch kleine Mengen neuer, bisher nicht genutzter Proteinquellen attraktiv und vorteilhaft sein können. Wir sehen dies an den Mühen, die sich Schimpansen machen, um mit extra zurechtgemachten Stöckchen oder Rippenstreifen aus Palmblättern Termiten zu angeln. (Sie stecken diese in die Gänge der Termiten. Diese verbeißen sich an dem eingeführten Fremdkörper, lassen sich mit gewisser Vorsicht herausziehen und werden sodann von den Schimpansen mit sichtlichem Genuss verzehrt.) Oder an dem anderen, schon angeführten Beispiel ihrer gelegentlichen, scheinbar brutalen Jagd auf kleine Antilopen oder Paviane. Jane Goodall war zutiefst erschrocken, als sie bei »ihren« ansonsten so friedlichen Schimpansen solch bestialisch anmutendes Verhalten miterlebte. Zweifellos war es auch in den ferneren Zeiten der Evolution der Vormenschen schon so, dass das Grasland weit reicher an tierischem Protein war als die Wälder in Afrika. Der zweite Aspekt betraf die Folgen für die Fortpflanzungsrate. Denn nur wenn sich der Wechsel auch im Fortpflanzungserfolg »auszahlt«, erlangt er evolutionäre Bedeutung. Eine kurzzeitige, gelegentliche Nutzung anderer Proteinquellen führt noch lange nicht zu evolutionären Veränderungen, zumal wenn es sich um so bedeutende wie im Falle der Sonderung der Menschenlinie von den Menschenaffen handelt. Blieben die Verhältnisse auch lange genug bestehen? Das ist die Frage. Und könnten auch andere Proteinquellen in Betracht kommen, wie Carsten Niemitz (2004) meint? Er hält es für plausibler, dass die Vormenschen ein »Wasserstadium« durchgemacht hätten, in dem sie sich von Muscheln und anderen Wassertieren ernährten. Dabei hätten sich die anderen, günstigeren Längenverhältnisse zwischen Beinen und Armen herausgebildet. Denn im Vergleich zu den Schimpansen sind unsere Beine zu lang und die Arme zu kurz. Ohne diesen Ansatz hier weiter zu vertiefen und alternative Erklärungen anzubieten, sei darauf verwiesen, dass es in den Bächen und Flüssen Ost- und Südafrikas, also in jenem Großraum, der halbmondförmig das zentrale Regenwaldbecken des Kongo umfasst und in dem der entscheidende Teil der Fossilien gefunden wurde, welche die Evolution zum Menschen belegen, viel zu wenig essbare Muscheln gibt, um attraktiv genug zu sein für die so umfangreichen und nachhaltigen Veränderungen, die für die zweibeinige Fortbewegungsweise vonnöten waren. Auch verträgt unsere Haut keine allzu langen Aufenthalte im Wasser, ihr Super-Kühlsystem in Form der Schweißdrüsen wäre geradezu überflüssig und hinderlich, und die »Stelzvögel« mit langen Beinen, die auch ins Flachwasser waten, stammen von laufenden und schreitenden Formen der Steppen und anderer offener Grasländer ab. Sie sind nicht aus Waldvögeln entstanden. Das Hauptgewicht liegt jedoch auf dem tatsächlich verfügbaren Nahrungsangebot in den (flachen) Gewässern Ost- und Südafrikas. Ein solches gibt

130 Die Herkunft unserer Gattung und Art

es, wie noch erörtert wird, zwar außerhalb an Küsten, an denen kalte Meeresströmungen vorüberziehen, nicht aber in den tropischen Fließgewässern und Seen. Selbst wenn da und dort eine tatsächlich essbare Muschel gefunden worden wäre, hätte diese auch nicht mehr als nur ein bisschen Zukost zur bisher üblichen Nahrung bedeutet. Und wenn man in großzügigster Auslegung der Anfangsvorteile gelten ließe, dass schon ein paar Muscheln mehr Eiweiß bedeuten als das, was der Wald hergibt, so scheitert dieser Ansatz am zweiten Kriterium, der langen, dauerhaften Nachhaltigkeit. Gerade weil die Wasserführung der Flüsse in den Tropen in noch ausgeprägterer Weise als in außertropischen Regionen von den Niederschlägen abhängt und diese sowohl im gewöhnlichen Jahreslauf als auch über längere Zeiträume extrem schwanken, erweisen sie sich nicht als anhaltend verlässlich genug, eine einmal eingeschlagene Entwicklungsrichtung gleich über Jahrmillionen aufrechtzuerhalten. So trocknen die meisten Flüsse im ostafrikanischen Raum, wo die meisten Funde zur Evolution des Menschen gemacht worden sind, nicht selten mehrmals im Jahr aus oder sie führen überhaupt nur Wasser, wenn es in ihrem Einzugsgebiet stark geregnet hat. Wir wissen zudem, dass in den letzten beiden Jahrmillionen des Eiszeitalters höchst ausgeprägte Wechsel von Feucht- und Trockenzeiten vorgekommen sind, in denen auch die Wasserstände der großen Seen außerordentlich schwankten. Viele Flachseen trockneten in den niederschlagsarmen Zeiten völlig aus. In den Feuchtzeiten überschwemmten sie hingegen weite Landstriche. Gegenwärtig geschieht dies in viel kleinerem, gleichwohl für die Natur und auch für die Landwirtschaft der davon betroffenen Regionen in Nord-, Ost- und Südafrika sehr bedeutendem Ausmaß im Verlauf von Jahrzehnten. Den Hintergrund dazu liefern die globalen Änderungen in der Großwetterlage, hervorgerufen durch die Großzirkulation im Pazifik, die El Niño-La Niña-Zyklen,

Häufung von Zufällen oder gerichtete Entwicklung? 131

auch ENSO-Zyklen genannt (El Niño-Southern Oscillation). Ungleich stärker trafen die Tropen ganz allgemein aber die eiszeitlichen Klimaschwankungen zwischen feuchten Warmzeiten (Interglaziale) und kalten Trockenzeiten (Eiszeiten im engeren Sinne). Bei so schwankenden Außenbedingungen ist es kaum vorstellbar, dass dieselben evolutionären Trends in der Nutzung der Muscheln und anderer Wassertiere in den Flüssen unverändert weitergelaufen sein sollten, die lange vor Beginn der klimatischen Wechselbäder der Eiszeit ihren Anfang genommen hatten.

Ganz anders sieht das aus, wenn wir wieder die Großtiere und ihr Fleisch betrachten. Als sie erst einmal entstanden waren, was so gegen Ende des Tertiärs vor 8 bis 3 Millionen Jahren der Fall war, blieben sie auch in den Eiszeitzyklen weitgehend erhalten. Denn sie wanderten mit der Verschiebung der Klimazonen mit – in die subtropischen Gürtel, wenn die Warmzeiten der Zwischeneiszeiten die Wiederausbreitung der Wälder begünstigten, und in die äquatorialen Breiten, wenn das Klima im Norden kalt und trocken geworden war. Die Sahara enthält vielfach die Zeugen dieser großen klimatischen Wechsel. Immer wieder war sie grün und voller Großtierleben, dann wieder Wüste wie in der Gegenwart. Die letzte »Grünphase« der Sahara endete erst vor wenigen tausend Jahren.

Diese Befunde finden in doppelter Weise Bekräftigung: Zunächst ist klar, dass nur wenige Großtiere, die es am Ende des Tertiärs gegeben hatte, während der Eiszeitzyklen ausgestorben sind. Der weitaus größte Teil des Artenspektrums blieb erhalten.

In dieser Hinsicht unterscheidet sich Afrika jedoch sehr stark von den anderen Kontinenten, und zwar nicht nur von denen in vergleichbar tropischer Lage, sondern auch von den Nord- und Südkontinenten. Darauf werde ich zurückkommen, wenn es nochmals um die Wildverhältnis-

132   *Die Herkunft unserer Gattung und Art*

se am Ende der letzten Eiszeit geht. Wie schon ausgeführt, schrieben Martin & Klein (1984) und andere das späteiszeitliche Aussterben zahlreicher Großtiere dem Menschen zu (»Pleistozäner Overkill«). Doch für Afrika lässt sich eine ungebrochene Kontinuität des Großtierlebens feststellen, das die Deutung der Evolution zum Menschen als einen Weg zum Fleisch bekräftigt. Dieses stand tatsächlich den gesamten Zeitraum der letzten fünf Jahrmillionen über zur Verfügung, und zwar im »Überschuss«! Auf diesen kommt es an. Hätten die Raubtiere, die Hyänen eingeschlossen, jemals das Fleisch der Großtiere nahezu vollständig verwertet, wäre zu wenig oder nichts für die Vor- und Frühmenschen davon übrig geblieben. Die Annahme einer vollständigen Verwertung des Fleisches liegt zwar nahe, sie trifft jedoch nicht zu. Für diese Feststellung gibt es gute Gründe, die ganz unabhängig von der Entstehung des Menschen vorzubringen sind. Den am besten bekannten Grund liefern die Geier. Ihre Entstehung aus noch aktiv jagenden, adlerartigen Greifvögeln bliebe unvorstellbar, hätten jemals die Löwen, Hyänen und all die anderen Raubtiere ihre Beute vollständig verwertet. Denn als Geier können sie nicht mehr selbst jagen. Sie sind auf tote Tiere, auf tote Großtiere, angewiesen. Nun überlebte aber nicht nur »der Geier« als eine Art, sondern eine ganze Gruppe spezialisierter Geier. Sie erstreckt sich vom kleinen Schmutzgeier (*Neophron percnopterus*) über die »typischen« Großgeier, wie die Weißrücken- (*Gyps africanus*) und Sperbergeier (*Gyps rueppellii*), bis zu den Riesen, wie den Ohrengeier (*Torgos tracheliotus*), und den auf das Mark der Knochen spezialisierten Bartgeier (*Gypaetus barbatus*). Weitere Arten sowie Milane (der afro-asiatische Schmarotzermilan *Milvus migrans*), Adler und große Störche kommen als Kadaververwerter hinzu. An einem toten Großtier kann man fünf verschiedene Arten solcher »Aasgeier« und Störche, wie die Marabus, zusammen mit Schakalen und Hyänen antreffen.

Häufung von Zufällen oder gerichtete Entwicklung? 133

Die andere, bei Kadavern von Kleintieren noch bedeutendere Tiergruppe bleibt dabei zumeist unberücksichtigt: die Käfer aus der Gruppe der »Totengräber«, die Fliegen, deren Maden das Fleisch verzehren und die Motten, die sich sogar vom Keratin der Hörner und Hufe oder der Reste des Fells ernähren. Eine artenreiche Gemeinschaft von Verwertern toter Tiere ist entstanden, wissenschaftlich eine »Thanatozönose« genannt. Sie bekräftigt das Argument, dass von den frühen Anfängen der Großtier-Evolution bis in unsere Gegenwart stets ein Überfluss vorhanden war, den Löwe, Hyäne & Co nicht hatten verwerten können. Tatsächlich geht aus den neueren Untersuchungen, etwa in der Serengeti von Tansania, hervor, dass es auch nicht die Raubtiere sind, denen die meisten Großtiere zum Opfer fallen, sondern dass weit mehr davon auf den weitläufigen Wanderungen auf der Strecke bleiben. Für die Löwen und Hyänen gibt es daher mehr oder minder regelmäßig gute und schlechte Zeiten im Jahreslauf und über die Jahre hinweg, wenn die großen Herden in andere Gebiete abgewandert waren oder großräumig auswichen, weil sich die Niederschlagsgürtel verschoben hatten. Ihre Vermehrung muss sich an die Engpässe halten. Diese, die »schlechten Zeiten«, bestimmen, wie stark sich die Raubtiere vermehren können, weil sie den Herden nicht zu folgen vermögen. Die Frühmenschen hingegen konnten dies. Die Skelettfunde zeigen, dass sie sich schon weit genug aus ihren Vorläufern, den »Südaffen« der Gattung *Australopithecus*, entwickelt hatten, um zu Fuß den Wanderungen der Herden nachfolgen zu können. Erst dieser Aspekt und die damit verbundene, sehr lange anhaltende Dauerhaftigkeit der Entwicklung lassen die Kombination beider Eigenschaften in der zweibeinigen Fortbewegungsweise der Menschen verständlich werden: Sprint und Marathon. Das Sprintvermögen führte schnell zur frischen Beute. Die Ausdauer sorgte dafür, dass die Gruppen der Frühmenschen den Herden auf der Spur bleiben konnten.

134   Die Herkunft unserer Gattung und Art

Für den Sprint allein wäre kein so phantastisches Kühlsystem der Schweißdrüsen nötig gewesen. Sogar Extremsprinter, wie der Gepard, haben diese Kühlung offensichtlich nicht nötig. Aber wenn es um Ausdauer geht und um Belastungen, etwa weil Babys und Kleinkinder mitgetragen werden müssen, dann wird das Schwitzen zum entscheidenden Vorteil. Daraus lässt sich der Schluss ziehen, dass die starke Verminderung des primatentypischen Haarkleides bis zu unserer Nacktheit bereits in jenen Zeiten einsetzte, in denen unsere Vorläufer anfingen, den Herden zu folgen. Die anhaltende Wirkung des Vorteils, Fleisch der Großtiere zu nutzen, war damit gewährleistet. Wahrscheinlich war es anfangs und für lange Zeit gar nicht einmal das Fleisch, um das es ging, sondern das Mark der großen Knochen. Es entspricht im Nährwert gutem Muskelfleisch, aber es enthält weit mehr von den so wichtigen ungesättigten Fettsäuren, die unser Gehirn zur Entwicklung benötigt. Bartgeier leben davon und schleppen mühsam Knochen mit schweren Flügelschlägen in die Luft, um sie über Felsen abzuwerfen, auf dass sie zersplittern und die Teile verschluckt werden können. Die Funde lassen zumindest vermuten, dass das Aufschlagen der Markknochen mit faustkeilartigen Steinen zu den ersten Formen von Werkzeuggebrauch beim (werdenden) Menschen gehörte. Sie können dies auch noch einem anderen Geier abgeschaut haben. Denn Schmutzgeier benutzen Steine, die sie in den Schnabel nehmen, um damit die sehr ergiebigen Eier von Straußen aufzuschlagen. Für ihre Schnäbel allein wären diese zu hart. In ähnlicher Weise können Frühmenschen auch schon die Wirkung des Feuers erlebt und zutreffend gedeutet haben, wenn Buschbrände über die Savanne fegen und dabei alles Getier, das den Flammen nicht entgehen konnte, rösten. In Scharen schreiten Störche und andere Vögel hinter den Feuerfronten her, um die solcherart »gebratenen« Heuschrecken, kleinen Echsen und anderen Kleintiere aufzusammeln und zu verzehren. Dies, wie auch die Beobachtung von Geiern, die niederkreisen und damit ein totes Tier anzeigen, legte ich ausführlicher in meinem Buch über die Evolution des Menschen dar (Reichholf 1990).

Zusammengefasst heißt das, dass auch das alles entscheidende Kriterium der Dauerhaftigkeit eines evolutionären Trends auf diese Weise gesichert ist. Alle Teilstücke in der Argumentation lassen sich grundsätzlich auch widerlegen. Sie müssen daher nicht »geglaubt« werden. Aller Wahrscheinlichkeit nach stand also am Beginn der Evolution zum Menschen ein markanter Wechsel in der Art der Ernährung, nämlich von vergleichsweise dürftiger Mischkost mit hohem pflanzlichem Anteil hin zu qualitativ hochwertiger Fleischkost und Knochenmark. Die doppelte Steigerung von Kinderzahl und Betreuungsdauer lässt sich damit physiologisch wie auch medizinisch (wenn es zu Mangelerscheinungen kommt) begründen. Gleiches gilt für unseren Wasser- und Salzbedarf, für die nackte Haut und für die schwere Geburt, die der so große Kopf des Fötus verursacht.

Worin liegt aber nun der Unterschied in der Art der Erklärung zu den üblichen Modellen? Diese gehen von Mangel aus, der durch äußere Veränderungen auftritt und zu neuen Anpassungen »zwingt«. Wie ausgeführt, sollten die schrumpfenden Wälder die Vormenschen gezwungen haben, den Wald zu verlassen und ihre Zukunft in der Savanne zu suchen, im Tasten nach Muscheln, die es da und dort, aber in höchst dürftigen, unzuverlässigen Beständen im Flachwasser gegeben haben soll.

Die hier erneut (Reichholf 1990) vorgebrachte und mit weiteren Argumenten vertiefte These bezieht sich auf einen ganz anderen Ansatz: Es lag an den neuen Möglichkeiten, im Übermaß vorhandenes tierisches Protein zu nutzen. Primaten in dafür passender Körpergröße und Ausgangsstruktur des Körperbaus hatte dieses neue Angebot aus den Wäldern

Die Herkunft unserer Gattung und Art

gelockt und in die Savanne hinausgeführt. Der Erfolg stellte sich ein, hielt an und verstärkte sich zu einer eigenständigen, noch nie da gewesenen Entwicklung, weil sich die Nutzbarkeit dieses tierischen Proteins nicht nur nicht verschlechterte, sondern sogar noch verbesserte. Das ging so bis zur Erfindung von Waffen, die aus der Entfernung töten konnten. Die Menschen brauchten nun nicht mehr auf den Tod von Großtieren zu warten, sondern konnten nach Bedarf Beute machen. Aus den »Aasjägern« wurden Jäger. Der »Jäger Mensch« ist ein völlig anderer Jäger als Löwe, Leopard, Tiger oder Wolf. Seine Tötungstechnik ist wirkungsvoller, da der Mensch dank der Waffen vor Verletzungen, die häufig im direkten Kontakt mit dem Opfer entstehen, besser geschützt ist. Dass der Anfang dieser Entwicklung zur rechten Zeit kam, liegt auch nicht am Zufall, sondern an Ereignissen auf der Erde, die fern vom Ursprungsgebiet der Menschenlinie stattgefunden hatten.

Erdgeschichtliche Großereignisse
am Ende des Tertiärs

Zwar wechselte das Klima in jener Zeit in den Tropen ganz allgemein, aber in Afrika herrschten damals, wie auch gegenwärtig noch immer, besondere Verhältnisse. Denn durch den Kontinent geht ein Riss in der Erdkruste, der mit dem Jordangraben beginnt, sich durch das Rote Meer fortsetzt, vor dem Horn von Afrika in der Danakil-Senke aber auf den Hauptkontinent übergreift und von dort, Äthiopien im Südteil querend, sich als riesiger Grabenbruch durch Ostafrika hindurch erstreckt und nach dem Malawisee als letztem der Grabenbruch-Seen in Mosambik verschwindet bzw. in den Indischen Ozean abtaucht. Bei diesem Auseinanderbrechen des Kontinents kommt es immer wieder, seit vielen Millionen Jahren schon, zu starken vulkanischen Aktivitäten. Lava ergießt sich an die Oberfläche, Vulkanriesen brechen aus und überziehen das Land mit ihrer Asche. Nirgendwo sonst in den Tropen gibt es auf großflächigen Kontinenten einen derart intensiven und anhaltenden Vulkanismus. Auch wenn dabei kurzfristig und lokal viel vernichtet wird, erweist sich der Vulkanismus insgesamt als äußerst günstig. Denn er beschert den Landschaften sehr fruchtbare Böden. Die heftigen Regen, die im Wechsel der Trocken- und Regenzeiten in der inneren Tropenzone niedergehen, wandeln diese Bodenfruchtbarkeit um in entsprechend ertragreichen Pflanzenwuchs. Immer wieder, manchmal in schneller, dann wieder in langsamerer Folge, ergänzen neue Vulkanausbrüche die

Die Herkunft unserer Gattung und Art

Verluste an Pflanzennährstoffen, die bei den Tropenregen unvermeidlicherweise auftreten. Lavafelder verwittern zwar langsam, bleiben dafür aber langfristig ergiebig. Das Ergebnis spiegelt sich in den Massen von Großtieren, die auch gegenwärtig noch auf ostafrikanischen Savannen, zum Beispiel in der Serengeti oder – ganz besonders eindrucksvoll – im Ngorongoro-Krater in Tansania angetroffen werden können. Das macht die Einzigartigkeit Ostafrikas in der ganzen Tropenwelt aus. In der indonesischen Inselwelt, auf der es sogar noch mehr aktive Vulkane als in Ostafrika gibt, kann sich der Vulkanismus bei weitem nicht so großflächig auswirken, weil das Land immer wieder, durch steigende Meeresspiegel, in Inseln aufgeteilt wird und einfach die großen, dauerhaft zusammenhängenden Flächen sowie die Seen fehlen.

Wie viel früher schon, im Erdmittelalter, als Madagaskar von Afrika abgetrennt wurde, wird aber auch dieses lang gestreckte östliche Stück von Afrika dereinst abbrechen, der Graben sich mit Meerwasser füllen und einen neuen Teil des Indischen Ozeans bilden. Diese mit dem Driften sogenannter Kontinentalplatten verbundenen Vorgänge erweisen sich bei näherer Betrachtung als äußerst wichtig für das Verständnis der erdgeschichtlich letzten oder vierten Zeit, wissenschaftlich Quartär genannt. Denn vergleichbare Verschiebungen von »Platten« der Erdkruste hatten in jenen, oben genannten letzten Jahrmillionen des Tertiärs Nord- mit Südamerika durch die Ausbildung der mittelamerikanischen Landbrücke verbunden. Die vorher rund 50 Millionen Jahre getrennten Kontinente erhielten auf diese Weise ziemlich plötzlich (für erdgeschichtliche Vorgänge) eine schmale, aber bis heute und in absehbare Zukunft beständige Verbindung. Über diese wechselten Unmengen von bodengebundenen Tieren hin und her. Es war dies der größte Faunenaustausch, den es seit dem fernen Erdmittelalter vor mehr als 65 Millionen Jahren gegeben hat. Doch er verlief in der Bilanz merkwürdig einseitig. Während sich in Südamerika sehr viele Arten und Gattungen etablieren konnten, die aus Nordamerika stammten, gelang es umgekehrt nur wenigen, aus dem Süden nach Norden vorzudringen. Im klimatisch weitgehend tropischen und subtropischen Südamerika hatten sich Lebensformen, insbesondere unter den Säugetieren, entwickelt, die einen erheblich langsameren Stoffwechsel aufweisen als vergleichbare Säugetiere Nordamerikas oder der »Alten Welt«. Im Grundumsatz, also wenn keine besonderen Leistungen zu erbringen sind, liegen die südamerikanischen Säugetiere rund 20 Prozent unter dem ansonsten üblichen Wert. Bei manchen Tiergruppen, wie bei den Ameisenbären, Gürtel- und Faultieren (sic), bewegt sich der Grundumsatz sogar nur bei der Hälfte des Normalwertes. Das Riesengürteltier ähnelt in seiner Stoffwechselrate schon mehr einem Reptil als einem Säugetier. Die gegen Ende der Eiszeit ausgestorbenen Riesenfaultiere könnten ähnlich träge gewesen sein. Daher hätten diese von den Menschen durchaus auch sehr leicht ausgerottet worden sein können. Nun gab und gibt es in der südamerikanischen Tierwelt aber nicht nur so träge und »urtümliche« Säugetiere, sondern durchaus auch recht »modern« erscheinende wie die Affen. Doch selbst bei den südamerikanischen Affenarten liegt der Grundumsatz deutlich niedriger als bei den Affen Afrikas oder Südasiens. In den Wäldern bewegen sie sich nicht lärmend und herumtollend, wie etwa die Tempelaffen Indiens, die Hanuman-Languren (*Presbytis entellus*) oder die Grünen Meerkatzen (*Cercopithecus aethiops*) der ostafrikanischen Savannen und Lodges, sondern eher bedächtig. Anders als in Asien, wo Makaken sogar bis in winterkalte Gebiete vorgedrungen sind, wie zum Beispiel die Japanischen Schneeaffen (*Macaca fuscata*) und die nordwestafrikanischen Berberaffen (*Macaca sylvanus*) des Atlas-Gebirges (und des Felsens von Gibraltar), kamen die südamerikanischen Primaten nicht über die Tropenzone

140 *Die Herkunft unserer Gattung und Art*

hinaus – im Norden wie im Süden. Sie blieben »tropisch« in ihren Ansprüchen an den Lebensraum und mit nicht einmal 10 Kilogramm auch im Vergleich zu den afrikanischen und asiatischen Affen sehr klein.

Diese scheinbar zu weit abschweifenden Hinweise sind wichtig, geht aus ihnen doch hervor, dass die klimatischen Verhältnisse keineswegs allein ausreichen, die Reaktionen und die Möglichkeiten von Gattungen oder Arten einzuschätzen. Ihre Geschichte, ihre Evolution, gehört maßgeblich dazu. Die Lebewesen tragen viel mehr als direkte Anpassungen an die Umwelt, in der sie leben, das Erbe aus ihrer langen Herkunftsgeschichte in sich.

Und diese Umwelt änderte sich nun tatsächlich global ziemlich stark, als der große Faunenaustausch zwischen Nord- und Südamerika in Gang gekommen war. Denn die neue Landbrücke verwehrte den warmen Wassermassen, die sich unter der Wirkung der Passatwinde aus dem tropischen Atlantik im Golf von Mexiko ansammelten, den Aus- und Weiterfluss in den Pazifik. Aus dem riesigen Wirbel, der entstehen musste, weil die Barriere nicht mehr zu überwinden war, entstand der Golfstrom. Ein Teil seiner Wassermassen wird seither zwischen der Halbinsel von Florida und Kuba hindurch in Richtung Nordosten gedrückt. Die Wärmemengen, die seine Wasser mit sich führen, verändern das Klima auf der Nordhalbkugel nachhaltig. Die klimatischen Wechselbäder des Eiszeitalters setzen ein. Sie bestehen aus einem mehr oder weniger regelmäßigen Wechsel zwischen Kaltzeiten, den Eiszeiten im eigentlichen Sinn, und Warmzeiten dazwischen. Die Schiefe der Erdachse bewirkt einen Wechsel im Rhythmus von etwa 21 000 Jahren. Die kürzeren, schnelleren Wechsel zwischen Kälte und Wärme werden dem Golfstrom zugeschrieben. Europa erhält über die davon beeinflussten Tiefdruckgebiete, die aus dem Gebiet zwischen Neufundland und Island heranziehen, ein weitaus milderes Klima, insbesondere im Winter, als die gegenüberliegende westliche Seite oder das geographisch der Breitenlage entsprechende Ostasien. Dem Zustandekommen des Golfstromes ist es daher zuzuschreiben, dass vor rund drei Millionen Jahren eine in der Tat neue Zeit, das 4. Erdzeitalter, einsetzte. Vom vorausgegangenen Tertiär unterscheidet es sich insbesondere durch den raschen Wechsel von Kalt- und Warmzeiten.

Unsere direkten Vorfahren, die Menschen der Art Mensch *Homo sapiens*, waren mit Anbruch der letzten Eiszeit aus Afrika nach Vorderasien und Europa gekommen, wo sie die folgenden Jahrzehntausende hindurch in einem »Eiszeitland« leben mussten. Sie waren erfolgreich und sie setzten sich sogar gegen eine bereits hier vorhandene, andere Menschenart durch: den Neandertaler. Die Neandertaler waren kräftige Menschen mit fliehender Stirn, aber deshalb keineswegs kleinerem Hirn. Im Gegenteil: Der Durchschnittswert der Gehirngröße, der sich aus den Funden von Neandertalerschädeln errechnen lässt, lag gebietsweise über dem unserer Köpfe, wenngleich innerhalb der beträchtlichen Bandbreite von Gehirngrößen, die es bei Menschen unserer Art gibt. Der Neandertaler wird daher vorwiegend als eigene Menschenart, *Homo neandertalensis*, eingestuft. Manche Forscher betrachten ihn jedoch »nur« als Unterart von uns. Ich komme in anderem Zusammenhang darauf zurück.

Jedenfalls hatte es Tausende von Jahren lang in der letzten Eiszeit in Europa und Westasien nicht nur eine Art von Menschen gegeben, sondern zwei Formen, die entweder artverschieden voneinander waren und sich kaum oder gar nicht miteinander mischten, oder als Unterarten verschieden genug gewesen waren, dass derselbe Effekt zustande kam. Diesem Umstand näher nachzuspüren, gehört zu den besonders spannenden Kapiteln unserer Geschichte. Hier wäre er noch falsch platziert. Denn wir müssen zunächst versuchen,

142 *Die Herkunft unserer Gattung und Art*

die Lebensbedingungen für die Menschen zu verstehen, die während der letzten Eiszeit gegeben waren. In kultureller Hinsicht herrschte »Steinzeit«, die Altsteinzeit.

Der Kälte, die in Europa und im größten Teil von Nord- und Zentralasien herrschte, kommt eine besondere Bedeutung zu. Denn der Mensch war eigentlich für sie nicht geeignet. Unsere Gattung nahm unter tropisch-subtropischen Lebensbedingungen ihren Ursprung in Afrika. Unser Stoffwechsel ist darauf nach wie vor eingestellt. Im sogenannten Grundumsatz verbrauchen wir so viel Energie, wie es Säugetieren vergleichbarer Körpermasse entspricht, die in den Tropen oder Subtropen leben. Der Grundumsatz ist die Energiemenge, die im Körper ohne besondere körperliche Betätigungen oder Anstrengungen umgesetzt (»verbraucht«) wird. Wir entsprechen, pro Kilogramm Körpergewicht gerechnet, darin den Schimpansen und anderen Primaten (»Affen«), aber nicht etwa dem Hund, der als Abkömmling des Wolfes seiner Natur nach aus kälteren Regionen kommt und weit mehr »heizt« als Tropentiere. Von besonderen Züchtungen abgesehen, die sehr wärmebedürftig sind, fühlen sich Hunde bei niedrigen Außentemperaturen wohl. Ohne wärmende Kleidung könnten wir Menschen nicht nur im Winter nicht überleben, sondern auch zu anderen Jahreszeiten nicht, wenn die Außentemperaturen weit unter unsere Neutraltemperatur von 27 Grad Celsius absinken und die Luft nicht trocken genug bleibt. Denn vor allem Nässe entzieht uns rasch zu viel Wärme, weil wir kein Fell mehr haben, das die Feuchtigkeit abweisen könnte. Die Neutraltemperatur besagt, dass bei dieser Außentemperatur der Körper im Grundumsatz gerade so viel Wärme verliert, wie im Stoffwechsel erzeugt wird. Bei starker körperlicher Betätigung kämen wir zwar mit deutlich niedrigerer Außentemperatur zurecht, aber natürlich nicht auf Dauer, weil der Körper auch wieder ruhen können muss. Diese Eigenheit von uns Menschen wird in

Erdgeschichtliche Großereignisse   143

anderem Zusammenhang erneut aufgegriffen und vertieft. An dieser Stelle besagt sie, dass wir nicht nur gemäß unseres Ursprungs Lebewesen der Tropen sind, sondern dies auch bis heute geblieben sind. Drei wesentliche Folgen ergeben sich daraus. Wir brauchen erstens Kleidung als »künstliches Fell«, und zwar umso dickere, je weiter entfernt wir von den Tropen leben. Wir müssen zweitens mehr und energiereicher essen als in unserem Entstehungsgebiet. Der Bedarf hängt wiederum von der Entfernung zur Tropennatur und von der regionalen Witterung ab. Und drittens benötigen wir zumeist zusätzliche Wärme für die Räume, die wir bewohnen oder als Arbeitsplätze benutzen; umso mehr, je kälter es draußen ist oder wird. Zusammengefasst bedeutet dies, dass die Menschen energiebedürftiger sind, als es ihrer Körpergröße entspricht, und das umso ausgeprägter, je weiter entfernt von den Tropen sie leben.

Die Eiszeit sollte daher keine »gute Zeit« für die beiden Menschenarten gewesen sein, die es damals in Europa und Asien gegeben hat und von denen eine auch in das eiszeitlich geprägte Amerika gelangte. Die Einwanderung von *Homo sapiens* nach Amerika und die rasche Ausbreitung über den ganzen Doppelkontinent geschah zwar erst in der Endphase der letzten Eiszeit, aber noch unter den Außenbedingungen der Kaltzeit. Dieser Befund lässt drei Deutungen zu. Eiszeitliche Menschengruppen wanderten nach Amerika, wobei sie den Landweg über die damals trockene Beringstraße zwischen Nordostsibirien und Alaska benutzten, weil die Lebensbedingungen in ihrem Ursprungsgebiet in Ostasien zu schlecht geworden waren. Genauso denkbar ist, dass sich ein Bevölkerungsdruck aufgebaut hatte, weil ihre Anzahl so angestiegen war. Oder einfach weil die Gruppen von Ort zu Ort umherzogen und dabei mehr oder weniger zufällig den Übergang in eine neue Welt fanden, ohne dass ein Zwang im Hintergrund wirksam gewesen war.

144   *Die Herkunft unserer Gattung und Art*

In jener Zeit, in der die Vorfahren der amerikanischen »Urbevölkerung«, der nordamerikanischen Indianer wie der südamerikanischen Indios, in die Neue Welt einwanderten, wie sie viel später, vor erst einem halben Jahrtausend, von den Europäern genannt wurde, starb merkwürdigerweise im europäischen Teil Eurasiens die andere Menschenart aus, der Neandertaler. Wir sollten diesen zeitlichen Zusammenhang im Auge behalten. Denn auch dabei wird es um Fragen gehen, die ähnlich sind wie bei der Erklärung der Auswanderung nach Amerika im Fernen Osten: Waren es gute Zeiten, von denen unsere Vorfahren mehr profitierten als die Neandertaler, sodass diese durch den Bevölkerungsdruck unserer Vorfahren verdrängt und schließlich zum Aussterben gezwungen waren? Oder waren die Zeiten so schlecht geworden, dass beide ums Überleben kämpften? Die eine Art, unsere Art, überlebte, die andere nicht. Oder hatten beide kaum etwas miteinander zu tun und der Neandertaler war nach rund 500 000 Jahren, die er als Menschenart schon in Europa gelebt hatte, einfach biologisch am Ende? Dies wäre eine »neutrale« Erklärung. Im Gegensatz dazu gehen die beiden anderen von einem »Druck« aus, den entweder die Menschen durch ihre Vermehrung aufeinander ausübten oder der durch Umweltveränderungen auf die Menschen wirkte. An beiden Enden Eurasiens, in Europa und im Fernen Ostern, handelt es sich bei den zugrunde liegenden Vorgängen um Fakten. Die Neandertaler sind ausgestorben und die Nordostmongolen sind nach Amerika eingewandert.

Hätte dies nicht auch schon 40 000 Jahre früher geschehen können? Diese Frage ist berechtigt, denn damals war das ungleich fernere Australien, das nicht trockenen Fußes zu erreichen war, von den Vorfahren der Aborigines besiedelt worden. Im Westen Eurasiens hingegen scheinen Neandertaler und »anatomisch moderne Menschen«, die Cromagnons, jedoch eine ähnlich lange Zeitspanne nebeneinander

Erdgeschichtliche Großereignisse 145

gelebt zu haben. Erst gegen Ende der letzten Kaltzeit starben die Neandertaler aus. Die Cromagnons überlebten und wurden zu »Europäern« und sind damit unsere direkten Vorfahren. So interpretiert vor allem Kenneth Hsü (2000) die Vorgänge.

Also müssen wir die Lebensbedingungen doch noch erheblich genauer betrachten, unter denen die Menschen im eiszeitlichen Eurasien als »Tropenkinder« existierten, um bessere Hinweise auf die Vorgänge am Ende der Eiszeit zu bekommen. Es geht dabei um die Orte und die Zeiten. Denn während der Eiszeit und an deren Ende herrschten in Mitteleuropa und rund um das Mittelmeer gewiss nicht die gleichen Bedingungen wie in Nordostasien. Im »Westen« wurden der Wolf zum Hund domestiziert und Viehzucht und Ackerbau entwickelt, während vom Fernen (Nord)Osten aus in jenen Zeiten Amerika erreicht und bis an die ferne Südspitze Südamerikas besiedelt wurde. Jahrtausende später erst ist auch dort, in Mittelamerika, und nicht dort, wo gegenwärtig die Zentren des Getreideanbaus liegen, der Ackerbau erfunden worden. Wie passt das zusammen? Muss überhaupt etwas »passen«?

Teil III

Steinzeitjäger

Eiszeitliche Höhlenmalereien

Wenig wissen wir über das Leben der Menschen während der Eiszeit. Erstaunlich wenig ist es, verglichen mit dem, was Afrika für die Vor- und Frühzeit des Menschen an Geheimnissen schon preisgegeben hat. Faustkeile, später Wurfspeer- und Pfeilspitzen bilden die bedeutendsten Hinterlassenschaften der Menschen in den rund zwei Millionen Jahren des Eiszeitalters. Erst allmählich zeichnet sich ab, wann die drei Menschenarten aus Afrika nach Eurasien gewandert sind. *Homo erectus*, der »Aufrechte Mensch«, gelangte bereits in der Frühzeit des Eiszeitalters nach Asien und Europa. So früh, dass ein Teil der Forscher, die an den Problemen zum Ursprung unserer Art arbeiten, der Meinung ist, der »Übergang« vom aufrechten zum modernen Menschen sei nicht an einer Stelle, in Afrika, erfolgt, sondern mehr oder weniger gleichzeitig in verschiedenen Regionen, von denen mehrere in Asien liegen. Neue Fossilfunde in Georgien nähren diese Ansicht mit ausgeprägten Schädelmerkmalen, die unserer Art zukommen. Aber die Kaukasus-Region liegt nahe genug zum geographischen Übergangsbereich nach Afrika, sodass das andere, unter den Spezialisten, den Paläoanthropologen weiter verbreitete Modell, das vom jeweils afrikanischen Ursprung aller drei gegenwärtig anerkannten Menschenarten ausgeht, davon nicht grundsätzlich in Frage gestellt wird. Doch in einer Hinsicht besteht Übereinstimmung: Die ganzen eineinhalb bis fast zwei Millionen Jahre,

150 *Steinzeitjäger*

die Menschenformen existierten und auch außerhalb Afrikas
lebten, verlief die kulturelle Entwicklung äußerst langsam.
Die anhand der Werkzeuge erkennbaren Veränderungen
entsprechen dem normalen Verlauf der Evolution ganz im
Sinne von Darwin. Seine »gradualisitische« Vorstellung von
Selektion ganz langsamer, kaum merklicher Fortschritte, die
sich schließlich nach langen Zeiten so weit akkumulieren,
dass etwas Neues entsteht, passt bestens zur Entstehungs-
geschichte des Menschen – bis etwa in die Mitte der letzten
Kaltzeit. Dann geschah etwas, das sich so grundlegend von
den vorherigen Entwicklungen abhebt, dass wir nach wie vor
ziemlich ratlos vor dem Phänomen stehen: Vor etwa 40 000
Jahren fingen Menschen an, mit bewundernswerter Kunst-
fertigkeit Malereien vornehmlich (?) in Höhlen anzulegen.
Diese eiszeitlichen Höhlenmalereien stellen Tiere und Menschen dar. In der Art ihrer Ausführung dauerten sie an bis in
unsere Zeit. Die eingangs kurz beschriebenen Felsmalereien
der Aborigines in Australien gehören ebenso dazu wie die
Felsbilder der »Buschleute« (Kohi-San oder San-Menschen)
des südlichen Afrika und die entsprechenden, noch weitaus reichhaltigeren in den Gebirgen der Sahara. Das oben
in Klammern gesetzte Fragezeichen soll ausdrücken, dass in
Europa vielleicht deswegen der weitaus größte Teil der mit
Ocker aus roter Erde und Holzkohle gefertigten Felsmalerei-
en wegen der hier herrschenden, wechselfeuchten Witterung
nur in Höhlen erhalten geblieben ist. In viel größerem Umfang kann es sie auch an dafür passenden, freien Felswänden
gegeben haben. Die Trockenheit von Sahara und Kalahari/
Namib begünstigt die Beständigkeit. Was ganz unabhängig
von der Deutung ihrer Funktion bei diesen Felsbildern be-
eindruckt, ist die abstrakte Präzision der Darstellungen. Die
Tiere sind fast ausnahmslos leicht zu erkennen. Wo es ausgeprägte Unterschiede zwischen männlichen und weiblichen
Tieren gibt, sieht man diese auf den ersten Blick. Menschen

wurden eher stilisiert dargestellt; oft in Jagdszenen oder in sich aufdrängendem Zusammenhang mit Fortpflanzung und Fruchtbarkeit (vgl. z. B. die im Vergleich zum übrigen Körper sehr präzise Darstellung des Penis in Abb. 4 und 7). Jagdszenen, auch Kämpfe zwischen bewaffneten Menschengruppen, bilden den Vorgang realistisch ab, selbst wenn die Figuren stilisiert sind (Abb. 11). Die Schlussfolgerung ist klar. Abgebildet wurde, was für die betreffenden Menschen wichtig war: das in der Region gejagte Wild, die Jagd selbst und die Fortpflanzung. Dass in den steinzeitlichen Felsbildern keine Nutzpflanzen abgebildet wurden, auch nicht die wild wachsenden Vorläufer davon, mag man mit dem Hinweis abtun, dass die Kultivierung von Pflanzen ja noch nicht geschehen war, sondern in ferner Zukunft lag.

Abb. 11: *Jagdszenen mit Hirschen, Stieren, Wildziege und Kämpfen zwischen verschiedenen Gruppen von Eiszeitmenschen in einer Höhlenmalerei*

152 *Steinzeitjäger*

So richtig das ist, so sehr betont diese Feststellung aber auch, dass Pflanzenkost offenbar keinen als wesentlich erachteten Bestandteil des Lebens in jener Zeit ausmachte. Für die Kennzeichnung der Eiszeitmenschen als »Jäger und Sammler« muss die Betonung also auf der Jagd gelegen haben. Vom Sammeln von Früchten, Muscheln und Nüssen ernährten sich diese Menschen offenbar nicht in größerem, für sie bedeutsamen Umfang. Sicherlich ist Vorsicht geboten bei solchen Interpretationen. Doch noch mehr gilt diese Warnung, wenn es darum geht, die Höhlen selbst zu deuten. Was mochte die Menschen veranlasst haben, sich in die weitgehende Finsternis der Höhlen von Chavet, Lascaux, Altamira und anderen Orten zu begeben? Fackeln aus harzreichem Kiefernholz mussten die Gänge erhellen, Feuer am Brennen gehalten werden, was in den baum- und somit auch brennholzarmen Zeiten der Eiszeit schwierig genug war, und das Feuer selbst und die Rauchentwicklung durften die Atmung der Menschen nicht gefährden. Man kann sich vorstellen, dass kleinere Höhlen mit offenem Kamin geeigneter gewesen sein sollten, weil sie vom Feuer schneller erwärmt wurden, Licht hatten und keine »finsteren Geheimnisse« in der Tiefe bargen. Wohnraum im engeren Sinne waren diese Höhlen also wohl nicht. Die Vorgeschichtsforschung hält sie daher für Kultplätze, an denen Rituale abgehalten wurden. Vielleicht dienten die so realistischen Darstellungen von Jagdwild und Jagdszenen der Einführung erwachsen gewordener Jugendlicher in die Geheimnisse der Jagd? Viele Erklärungen sind vorgebracht worden; viel zu viele, um sie auch nur einigermaßen angemessen zu behandeln.

Anderes als Erklärungen, die ins Detail der einzelnen Darstellungen in den Höhlen gehen, erscheint mir im Hinblick auf die weitere Entwicklung der Menschen von Bedeutung. So stammen offenbar alle Felsbilder, gleich ob in Höhlen gefertigt oder außen, von Menschen unserer Art und im Falle der europäischen Höhlenmalereien nicht vom damals noch existierenden Neandertaler. Und sie wurden in einer Zeit gemalt, in der mit einiger Wahrscheinlichkeit die Sprache entstand.

War am Anfang das Wort oder die Sprache?

Natürlich das Wort, würde man spontan antworten, denn eine Sprache ohne Worte kann es nicht geben. Doch so einfach ist das nicht. Der Ursprung der Sprache ist genauso rätselhaft wie das Auftauchen der Felsmalereien. Zurückdatieren lassen sie sich zudem, wie es Luigi Cavalli-Sforza (2001) recht wahrscheinlich gemacht hat, auf dieselbe Zeit. Vor etwa 30 000 bis 50 000 Jahren entstanden beide besonderen Ausdrucksformen des Menschen, die Erstellung von »aussage«kräftigen Bildern und die Aussage selbst, die Sprache. Dagegen mag man einwenden, dass die Sprache doch viel älter sei und sich allmählich mit der Entwicklung des Menschen als Gattung und Art entfaltet habe. Diese Sicht hat sich mit zwei ganz schwerwiegenden Problemen auseinanderzusetzen. Erstens gibt es keine Ursprache. Nicht einmal klägliche Reste davon sind in den menschlichen Sprachen aufgefunden worden. Sie kann daher lediglich als Möglichkeit diskutiert werden. Zweitens steht genau dieser Möglichkeit ein ganz anderes Kommunikationssystem entgegen, das wir alle benutzen, ohne viel darüber nachzudenken, und das zwischen allen Menschen funktioniert, gleichgültig, welche Sprache sie sprechen. Es ist dies unser nicht-sprachliches Ausdrucksverhalten, non-verbale Kommunikation genannt. Es wird von Mensch zu Mensch verstanden – und darüber hinaus auch von Menschenaffen, anderen Primaten, Hunden und anderen Tieren. Verlässlich funktioniert es, dieses nichtsprachliche Verständigungssystem. Wer täuschen will und sich »verstellt«, muss sich dazu anstrengen. Das ist unnötig, wenn eine Sprache gesprochen wird, die andere nicht verstehen. Im normalen Tonfall und mit voller Präzision der Aussprache können all jene, die diese Sprache beherrschen, sich untereinander verständigen, ohne dass Zuhörer, die dieser Sprache nicht mächtig sind, etwas Nennenswertes davon mitbekommen. Cavalli-Sforza (2001) benutzte die Methoden dazu, biologische Stammbäume zu erstellen, wie sie in der Genetik (und in der biologischen Systematik) üblich sind, und wandte sie auf die existierenden Sprachen der Menschheit an. Das erstaunliche Ergebnis war, dass sich diese Sprachen auf eine Ursprungszeit zurückführen lassen, die jene 30 000 bis 50 000 Jahre zurückliegt, in denen die Höhlenmalereien entstanden sind. Die Sprachen, die Malereien und die Anfänge der symbolischen Darstellungen, die zur Schrift geführt haben, treffen sich somit rückblickend in jenen Zeiten, in denen auch die erste große Ausbreitungswelle der neuen Menschen aus Afrika, unseren Vorfahren, stattgefunden hatte (Abb. 11).

Die Aborigines erreichten Australien, als in Westeuropa phantastische Bilder an die Wände finsterer Höhlen gemalt wurden, und sie brachten eine Sprache mit, die trotz aller Verschiedenheiten etwa zu den europäischen oder nordasiatischen Sprachen kein Kandidat für eine Ursprache ist. Da Sprachen zweifellos sinnvoll sind, fällt die Vorstellung schwer, dass Wörter, die einen guten und wichtigen Sinn hatten, einfach verloren gehen sollten und dass sich ihre Spur verliert. In den existierenden Sprachen ist das nicht so. Sie lassen sich gerade durch ihre Wörter und die Abänderungen, die sie über die Bildung von Dialekten und durch Lautverschiebungen durchgemacht haben, wie Unterarten, Arten und Gattungen auf einem biologischen Stammbaum zu Sprachfamilien zusammenfassen. Nicht nur, dass das so ist, stellt

156 *Steinzeitjäger*

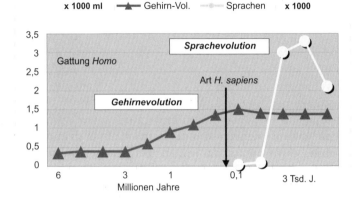

Abb. 12: *Die Vergrößerung des Gehirns (Skala Jahrmillionen) und das wahrscheinlich ziemlich plötzliche Auftauchen von Sprachen vor rund 40 000 Jahren weisen auf keinen direkten Zusammenhang hin. Die Sprachevolution wurde für die Darstellung nach den Rekonstruktionen von Cavalli-Sforza (2001) kalkuliert; die Gehirnvergrößerung geht aus dem Schädelwachstum hervor, das die aufgefundenen Fossilien zur Humanevolution belegen.*

ein faszinierendes, höchst aufschlussreiches Ergebnis der modernen Sprachforschung dar, sondern dass die Entwicklung der Sprachen innerhalb von Sprachfamilien auch mit den Trägern dieser Sprachen so verbunden ist, dass sich das in genetischen Analysen entsprechend darstellt. Die Sprecher der ural-altaiischen Sprachen, auch »nostratische Sprachen« genannt, sind als Völker und Menschengruppen untereinander auch näher verwandt als solche ganz anderer Sprachfamilien. Der britische Evolutionsforscher Richard Dawkins, Autor des ebenso einflussreichen wie umstrittenen Buches *Das egoistische Gen*, kann sich ziemlich bestätigt fühlen, forderte er doch als Gegenstück zu den Genen, die im Körper die Entwicklungen steuern und die Verwandtschaftsverhältnisse in ihrer Reihung und Abänderung weitertragen, die von ihm sogenannten »Meme«. Sie würden, so meinte er, in den Sprachen, Ideologien und Theorien ähnlich wirken, miteinander konkurrieren und weitergegeben werden wie die in den Genen festgelegten Erbeigenschaften. Doch anders als in Dawkins' Sicht tauchen die Wörter (die man stellvertretend für die »Meme« nehmen könnte) ziemlich plötzlich und in beträchtlicher Vielfalt auf. Sie sollten aber, dem gradualistischen Modell der (Darwin'schen) Evolution zufolge aus tiefer Vergangenheit mitgebracht worden sein. So verhält es sich zwar mit der nichtsprachlichen Verständigung, aber nicht mit den Sprachen selbst. Ihre Worte sind im Grundsatz beliebig austauschbar. Ob ein Baum »Baum« genannt wird, oder »tree«, »arbre«, »xylon« oder ganz anders, bleibt den Sprachen überlassen. Vom Objekt, vom Baum selbst, ist der Ausdruck als Begriff nicht abhängig. Wie beliebig die Wahl des Wortes tatsächlich ist, illustriert ein lustiges Beispiel. Als die britischen Ankömmlinge in Australien die Ureinwohner, die Aborigines, fragten, wie sie denn diese grünlichen kleinen Papageienvögel nennen, die es in so großen Schwärmen gibt, erhielten sie eine Antwort, die ihnen wie »budgerigar« klang. In der Annahme, das wäre das Wort für den Wellensittich in der Sprache der Aborigines, übernahmen sie den Ausdruck. Und so kam er ins Englische. Seither wird er häufig verniedlichend »budgy« genannt. Die wenigsten wissen, was die Aborigines gemeint hatten. Ihre Antwort auf die Frage bedeutete nämlich »good to eat«; zu Deutsch »Schmeckt gut!«. Für den Siegeszug des Wellensittichs spielte diese Fehldeutung keine Rolle.

Wozu also Vieldeutigkeit, wenn sich die Sprache allmählich entwickelt haben sollte? Weshalb kommt es offenbar ausnahmslos zur Bildung von Dialekten, wenn ein Sprachraum der Zahl der Sprecher nach groß genug geworden ist?

158 *Steinzeitjäger*

Warum differenzieren sich die Sprachen von Dialekten bis
hin zu Sprachfamilien wie zoologische Stammbäume? Den
Unterarten oder Rassen entsprechen die Dialekte, den Arten
die sie zusammenfassenden Hochsprachen, den Gattungen
die Sprachgruppen, wie etwa die vom Latein abgeleiteten
romanischen Sprachen in Europa, und diese gehören wie
die zoologischen Familien zu Sprachfamilien zusammen. Die
Ähnlichkeiten sind so frappierend, dass sie kein Zufall sein
können. Die Begriffsbildung der nicht gerade intensiv miteinander verbundenen, den Geisteswissenschaften traditionell
zugerechneten Sprachwissenschaften und der den Naturwis-
senschaften angehörenden Zoologie drückt das ebenso aus
wie das Gefühl, dass Menschen, die (ganz) andere Sprachen
sprechen, auch irgendwie »anders« sind. In zahlreichen, traditionellen Kulturen zugerechneten Sprachen bedeutet »wir«
so viel wie Mensch und »die Anderen« sind eben »die nicht zu
uns Gehörenden«, die man nicht versteht und mit denen man
am besten auch nichts zu tun haben sollte. Sprachen trennen
die Menschen sogar weit stärker als alles Biologische. Die
gesamte Menschheit stellt biologisch eine Einheit, eine Art,
dar. Im Hinblick auf die Sprachen und die davon maßgeblich
beeinflussten Kulturen verhält sich die Menschheit hingegen
eher wie ein Komplex zwar nahe miteinander verwandter
Arten, die sich aber doch so sehr voneinander unterscheiden,
dass sie einander reichlich unmenschlich behandeln können.
In der Bereitschaft, andere Menschen(gruppen) auszugren-
zen und zu vernichten, kommt nach unserem Kenntnisstand
keine andere Art von Lebewesen dem Menschen auch nur
einigermaßen nahe.

Die Sprache stärkt das »Wir«. Sie identifiziert mit den Wor-
ten, die sie verwendet, und mit dem kulturellen Hintergrund,
den sie vertritt: die größere, über die persönliche Verwandtschaft und Bekanntschaft hinausreichende Gemeinschaft eines Stammes, eines Volkes oder einer Religionsgemeinschaft.

Diese greift mit dem Rückgriff auf Rituale und mit Bezug auf allgemein Verbindliches, das in einem Kodex festgelegt ist, über die Sprachgrenzen hinaus. Auf diese Weise kann sie noch größere Einheiten erzeugen, als das allein auf der Basis einer Sprache möglich wäre. Politische Systeme müssen mehr oder minder massive Macht ausüben, um dasselbe Ziel zu erreichen. Da Herrscher oder Staatsführer als Personen wechseln, verleihen sie dem übergeordneten System bei weitem nicht den Zusammenhalt und die Dauerhaftigkeit wie die kodifizierten Religionen.

Doch eilen wir nicht zu weit voraus. Diese Ausblicke reichen, um die Macht der Bindung der ihr mächtigen Mitglieder an die Gemeinschaft und die Ausgrenzung der Anderen zu belegen, die von der Sprache ausgeht. Dabei erlernen sie die Menschen im Kleinkindstadium geradezu mühelos. Sie werden dabei mit Tonfall, Dialekt und grammatikalischen Besonderheiten sehr genau auf die Gemeinschaft geprägt, der sie angehören. Die zur »Muttersprache« gewordene Sprache identifiziert sie, sollten sie später längere Zeit von ihrer Gruppe entfernt sein und wieder zurückkehren. Je älter und selbständiger die Menschen werden, nachdem sie ihre Muttersprache gelernt haben, desto schwerer fällt es ihnen, eine oder mehrere andere Sprachen wirklich gut zu lernen; so gut, dass sie wie Angehörige der anderen Gruppierungen ganz selbstverständlich erkannt werden würden. Von außen betrachtet wirkt die Sprache daher wie ein System der Differenzierung, das Ordnung aufbaut und Zuordnung ermöglicht. Wären die Sprecher im Wesentlichen »statische« Mitglieder ihrer Gruppen gewesen und geblieben, hätte es solcher Mechanismen nicht bedurft. Es wäre durchaus vorstellbar, dass nur eine einzige, für alle Menschen brauchbare, unveränderliche Sprache entstanden wäre. Als System der Kommunikation hätte so eine Gemeinschaftssprache zu allen Zeiten und unter allen Bedingungen doch gute, vielleicht sogar bessere

160 *Steinzeitjäger*

Dienste geleistet, bessere als die Vielzahl der Sprachen, über
die »Andere« ausgegrenzt werden und Ideologien verbreitet
werden können. Doch da schon Kinder ohne jegliche Anleitung dazu neigen, Geheimsprachen zu entwickeln, mit denen
sie sich untereinander – und nur sie – verständigen, muss die
andere Form von Sprache, die Betonung der Unterschiede,
weit bedeutender in der Entwicklung gewesen sein als die
immer wieder angestrebte Vereinheitlichung. Nur kurze Zeit
währte die Dominanz einer »Weltsprache« und zwar zumeist
als Sprache der Sieger nach einer massiven kriegerischen Auseinandersetzung. Wenn sich lange genug gezeigt hat, dass die
Sieger auch keine Übermenschen sind, erwachte ganz von
selbst die Sprache der Besiegten zu neuer Kraft. Oder es ran-
gen Sprachen mächtiger Völker miteinander um Einfluss und
Vorherrschaft. Ganz wie die Völker selbst. Es blieb offenbar
unserer Zeit und den neutralen Wissenschaften vorbehalten,
eine global einheitliche Sprachform zu entwickeln; die Sprache der Naturwissenschaft, die auf den Abkürzungen und
Formeln der Mathematik aufbaut. Vielleicht erweist sie sich
beständiger als Weltsprachen, die mit dominanten Völkern
oder Kulturen verbunden sind.

Was haben solche Überlegungen mit dem Ursprung der
Sprache zu tun? Zunächst einmal, dass Sprache in der Regel
in der Mehrzahl als »Sprachen« zu betrachten ist. Sie verhält sich damit ganz anders, geradezu entgegengesetzt zur
nichtsprachlichen Verständigung beim Menschen. Dann
aber, dass die Sprachen Wörter benutzen, die sich nicht direkt vom damit bezeichneten Objekt ableiten lassen. Sie sind
nicht »selbst-verständlich«, sondern erklärungsbedürftig,
wenn man sie nicht von klein auf einfach gelernt hat. Und
schließlich, dass die Sprachen stets unterscheiden zwischen
»innen« und »außen«, zwischen den zugehörigen Sprechern
und »den Anderen«. Es ist diese Funktion der Trennung, der
Ausgrenzung der Anderen, die besonders interessant sein

dürfte, wenn wir dem Ursprung der Sprache nachzugehen versuchen.

Eine Erläuterung sei hier noch angefügt: Wie zwar vielfach angenommen und auf Noam Chomsky zurückgehend, steht am Anfang der Sprache(n) offenbar doch nicht notwendigerweise die Grammatik. Die ersten Worte werden aneinandergereiht in der Abfolge der Bedeutung und häufig bekräftigt durch Zeigen auf das Objekt. Die Empfindung des Ichs als Subjekt, das bekanntlich Kleinkinder erwerben und sprachlich erlernen müssen (»Hansi will« anstatt »ich will«; also in der 3. Person das Selbst als Objekt), liefert die grundlegende Trennung. Auf sie folgt die zeitliche Reihung und zwar umso genauer, je bedeutungsvoller die »Zeiten« werden. Die Gliederung in Haupt- und Nebensätze spiegelt weiterhin die zunehmende Komplexität der Verknüpfung von Gedanken und so fort. Grammatik taucht nicht wie eine Erleuchtung im Gehirn auf, um die Sprache in der richtigen Weise zu strukturieren, sondern sie entwickelt sich in sinnvoller Weise gemäß den sozialen Beziehungen und den erlebbaren Zeitabläufen. Die Sprachen werden daher durchaus recht unterschiedlich ausgebildet, sodass es nicht selten sehr schwer fällt, präzise Übersetzungen vorzunehmen. Die besten sind solche, die in der anderen Sprache ausdrücken, was »gemeint« war. Wir kennen das von den oft so kläglichen, bestenfalls belustigenden Gebrauchsanweisungen für Geräte, die in einem ganz anderen Sprachraum hergestellt worden sind. Manche Ausdrucksweise bleibt sogar in der »Amtssprache« reichlich unverständlich und bedarf der Auslegung durch Kundige. Soweit diese ergänzenden Erläuterungen. Nun wieder zurück zu den Betrachtungen der Zeit, in der möglicherweise recht plötzlich die Sprachen entstanden, Bilder von zeitloser Schönheit an Felswände gemalt wurden und die Anfänge von Zahlen und Schrift erkennbar werden. Blitzte damals eine neue Qualität von Denken und Geist auf, die in der Folge-

162 *Steinzeitjäger*

zeit den Gang der Entwicklungen weitaus stärker als »die Natur« sich verstärkender Eiszeit und nacheiszeitlich rascher Erwärmung steuerte? Erklärt die Sprache die Überlegenheit der neuen Menschen, die vor rund 70 000 Jahren aus Afrika nach Europa und Asien gekommen waren? War sie der Grund für das Scheitern des Neandertalers nach einer nahezu halben Million Jahren erfolgreichen Lebens im selben Großraum? Schuf sie die Grundlage für die so bedeutenden späteiszeitlichen, die »jungsteinzeitlichen« Fortschritte, die zu Viehzucht und Ackerbau und damit zur größten »Revolution« in der Geschichte der Menschheit geführt hatten? Noch pointierter gefragt: Hat der Mensch als biologische Art mit der Sprache die Domäne der biologischen Evolution verlassen?

Die Sprache und ihre Folgen

Das Aussterben der Neandertaler ist nach wie vor umstritten. Molekulargenetiker wie Svante Pääbo halten eine Vermischung mit *Homo sapiens* für wenig wahrscheinlich oder so gut wie unmöglich, weil viel zu wenig an Erbgut im modernen Menschen vorhanden ist, das einem Neandertalererbe zugeschrieben werden könnte. Andere wiederum, wie Erik Trinkaus, beharren auf Vermischung und lehnen ein »Ende des Neandertalers« ab. Die zunehmend genauere Erfassung der Details im Erbgut der Menschen wird dieses Problem klären. Beide Möglichkeiten bedeuten aber, dass der »klassische Neandertaler« als Menschenform nicht überlebte, sondern eben entweder ausstarb oder mit geringen Auswirkungen im modernen Menschen aufgegangen ist. Folglich sollte dieser dem robusteren, körperlich stärkeren Neandertaler überlegen gewesen sein, und zwar genau in der Zeit, in der auch Sprache und Kultur für evolutionäre Vorgänge recht plötzlich in Erscheinung traten. Wie kann aber der Schwächere überleben, wenn der körperlich Stärkere schon viel länger in den europäischen und vorderasiatischen Landschaften existierte und in fast einer halben Million Jahren auch mindestens vergleichbar große Klimaschwankungen überstanden hatte, wie sie am Ende der letzten Eiszeit auftraten? Dem Neandertaler wird zudem ein gewisser Sinn für seine Mitmenschen, wie etwa Trauer zu empfinden, zugeschrieben, weil man in Gräbern, die von dieser Menschenform stammen, Blumenreste gefunden hat, die als Grabbeigaben gedeutet werden. Eine geistig schwach ausgestattete Karikatur von uns Menschen ist der Neandertaler also sicher nicht gewesen. Das weitere Geschehen dominierte jedoch auf jeden Fall der neue Mensch aus Afrika, als er das Neandertalerland erreichte. Die Höhlenmalereien in West- und Südwesteuropa fallen zum Teil oder weitgehend in die Zeit des gemeinsamen Lebens beider Menschenformen. Die Schlussfolgerung liegt daher nicht nur nahe, sondern sie erscheint zwingend, dass *Homo sapiens* mit der Entwicklung seiner Sprache(n) gegenüber den Neandertalern den alles entscheidenden Vorteil ausgespielt hat. Mit ihrer Hilfe konnten sich die »Cro Magnons« genannten Menschen untereinander nicht nur viel besser verständigen als die Neandertaler, sondern ihre Absichten auch verbergen, gleichsam durch Worte tarnen, deren Bedeutung nicht verstanden wurde. Das gilt selbstverständlich auch für die Konkurrenz der Menschengruppen untereinander. Die Sprache konnte zum wirkungsvollsten Mittel der Konkurrenz überhaupt werden, weil es mit ihrer Hilfe möglich war, direkte Konflikte zu vermeiden, bei denen einfach die Zahl der Kämpfer und ihre Kampfstärke entschieden hätten. Volker Sommer nennt das in Bezug auf das Verhalten von Primaten, das schon im nichtsprachlichen Bereich Ansätze dazu zeigt, »Lob der Lüge«.

Somit spricht Gewichtiges für die Annahme, dass die Sprache einen starken Selektionsvorteil mit sich gebracht hatte, der sowohl zum raschen Verschwinden der Neandertaler als auch zur Beschleunigung der Entwicklungen innerhalb der Art Mensch geführt hat. Beide Formen von Konkurrenz werden in der Ökologie wie auch in der Evolutionsbiologie klar voneinander unterschieden. Die Konkurrenz zwischen verschiedenen Arten, i n t e r spezifische Konkurrenz genannt, verläuft umso schärfer, je ähnlicher sich die Arten sind. Die Bedingungen für eine Koexistenz durch Aufteilung in verschiedene »ökologische Nischen« hat man ermittelt und in Formeln gefasst (vgl. die Lehrbücher der Ökologie und der Populationsgenetik).

Die innerartliche oder i n t r a spezifische Konkurrenz hingegen wird dann umso bedeutsamer, wenn sich innerhalb der Art schon Gruppen gebildet haben, die als solche miteinander konkurrieren. Bei beiden Formen der Konkurrenz geht es um lebenswichtige Ressourcen, vornehmlich um Nahrung.

Zur intraspezifischen Konkurrenz passt die rasche Differenzierung der Sprache in Sprachen und Dialekte bestens, weil sich, wie ausgeführt, die Gruppen damit noch stärker gegeneinander abgrenzen könnten, als wenn sich alle Beteiligten untereinander verstünden. Bis in die Gegenwart ist man vielfach auch genauso vorgegangen, um Abgrenzungen, die sich eigentlich gar nicht hatten rechtfertigen lassen, vorzunehmen. Darüber hinaus mehren sich die Anzeichen, dass es regional, zumindest in Teilen Eurasiens, gegen Ende der Eiszeit einen ausgeprägten Engpass in der menschlichen Bevölkerung gegeben hat, der genetisch einem sogenannten Flaschenhals-Effekt entspricht. Die Rolle der Sprache für die Entwicklung von Strategien in der Auseinandersetzung mit Konkurrenten oder Feinden liegt auf der Hand. Weiterhin passt die besonders weit reichende Ausbreitung der zur uralaltaiischen Sprachgruppe gehörenden Völker (Cavalli-Sforza 2001) zu diesem Szenario, muss ihr doch eine entsprechend hohe Mobilität in jener Phase gegen Ende der letzten Eiszeit und in den ersten Jahrtausenden der Nacheiszeit zugrunde liegen. Keine andere Sprachgruppe und kein anderer genetischer Typ weisen im Vergleich zu diesen Völkern und ihren Sprachen eine so weite Verbreitung auf. Auf viel kleinerem Raum ist die Vielfalt innerhalb Afrikas weit größer als bei den ural-altaiischen Völkern, von denen unter anderen auch die Indogermanen oder Indo-Europäer abstammen. Sprache und Mobilität sind also in besonderer Weise miteinander verknüpft. Die größte Vielfalt entstand bei ausgeprägter Sesshaftigkeit auf dem nacheiszeitlich zur Insel gewordenen Neuguinea. Die Differenzierungen verlaufen sehr schnell. Selbst das nicht einmal ein Jahrtausend zurückliegende Mittelhochdeutsch wäre als gesprochene Sprache in der Gegenwart kaum verständlich. Neue Wörter und Ausdrucksformen entstehen in Jahrzehnten, also während der Lebenszeit eines Menschen, und nicht erst wie Rassen- oder Artbildungen in der Tierwelt in zehn- oder hundertmal längeren Zeitspannen.

Die Fragen am Ende des letzten Kapitels lassen sich zustimmend beantworten. Entstehung und Differenzierung der Sprache war mit Sicherheit ein Wendepunkt im Geschehen. Sie liefern den plausibelsten Grund für den Niedergang der Neandertaler und sie stehen am Beginn einer Neuerung, die sich aus der rein biologischen Evolution heraushebt und den Übergang zur kulturellen markiert. Haben wir damit genug Begründung für die »Neolithische Revolution«? In der Kurzform würde das bedeuten, dass Sprache sesshaft macht. Eine solche Schlussfolgerung erscheint reichlich unwahrscheinlich. Aber die Sesshaftigkeit könnte eine Spätfolge von Entwicklungen sein, die mit dem Auftreten von Sprachen einsetzte. Ein kleiner sprachgeschichtlicher Befund mahnt zur Vorsicht: Unser Wort »Gesetz« gründet sich zwar auf etwas Festgelegtem, also »Gesetztem«, aber die griechisch-lateinische Entsprechung und fachliche Bezugsbasis stammt vom »nomos« und das bedeutete die übereinkunftsgemäße Form der Weidenutzung, also die Weiderechte. Denselben Ursprung hat die Bezeichnung Nomade. Vorsicht ist somit in der Tat geboten. Wörter und Sprache(n) genügen offensichtlich nicht, um das Sesshaftwerden durch Ackerbau zu erklären. Aber was dann?

Rückgriff auf den Anfang

Am Beginn der Menschwerdung stand der Wechsel von wenig ergiebiger Pflanzenkost hin zum Fleisch. Dieses hatte es im Überfluss gegeben, weil sich in der Spätzeit des Tertiärs unter den besonders günstigen Bedingungen in Ostafrika riesige Großtierherden mit großer Artenvielfalt gebildet hatten. Sie stellten ein attraktives »Angebot« dar, das von Anfang an lohnte und mit zunehmender Verbesserung von Sprintfähigkeit und Ausdauer auch immer wirkungsvoller genutzt werden konnte. Das war in stark gedrängter Fassung der Kern der Theorie: Anfangsvorteile und Dauerhaftigkeit waren gegeben und lassen sich nachweisen. Der Fortschritt kam nicht durch Mangel zustande, sondern durch Nutzung von Überfluss.

Versuchen wir nun, dieses Modell auf die Situation gegen Ende der letzten Eiszeit anzuwenden. Die Entwicklung der Sprache dient als Hilfe, das ziemlich wahrscheinlich sehr einseitige Ergebnis der erfolgreichen Konkurrenz mit dem Neandertaler sowie den raschen Fortschritt zu erklären, den einzelne Gruppen gemacht hatten. Denn eines ist und war von Anfang an klar: Der Ackerbau ist nicht auf breiter Front in der gesamten, damals existierenden Menschheit erfunden worden, sondern zuerst in einem sogar ziemlich kleinen Gebiet, dem »Fruchtbaren Halbmond« im Übergangsbereich zwischen Afrika und Asien. Weiterhin kann als sehr wahrscheinlich gelten, dass die Erfindung des Ackerbaus der

168 *Steinzeitjäger*

Kultur zu verdanken ist und nicht einer rein biologischen Anpassung an eine vorhandene mögliche Nahrungsquelle. Doch ohne die Natur funktioniert Ackerbau nicht. Dem Anfangsmodell der Menschwerdung zufolge sollte zumindest das Gebiet, in dem die Menschen den Ackerbau erfunden hatten, die Anfangsbedingungen »im Überfluss« geboten haben. Überfluss an Gräsern mit essbaren Samen, von denen es so viele gab, dass die auf schnellen Schwingen von überall her anfliegende Konkurrenz der Vögel diese Überfülle im Angebot ebenso wenig ausschöpfen konnte wie das Heer der kleinen Nagetiere (Mäuse, Hamster und dergleichen). Das war der entscheidende Punkt in den Erörterungen des Wechsels zur Fleischnahrung und dieser hatte sich durch die weitgehend zeitgleiche Evolution der Geier und anderer Nutzer von Großtierkadavern belegen lassen. Doch wie schon eingangs in den skeptischen Anmerkungen zum gängigen Modell ausgeführt, reichen die Hinweise oder gar nur die Annahmen von größerflächig gleichzeitiger Massenproduktion von Gräsersamen im Bereich des »Fruchtbaren Halbmondes« nicht aus, um die tatsächlichen Bedürfnisse überlebensfähiger Gruppen von Menschen zu sichern. Eigentlich verhält es sich genau umgekehrt wie im Fall des Weges zu Fleisch und Markknochen der Großtiere. Anstelle einer konzentrierten, ergiebigen Proteinmasse tritt eine sandkornartige Verteilung kleiner, eigentlich winzig zu nennender Samen von Gräsern, die zudem fast steinhart verpackt sind.

Zwangsläufig kommt der Schluss zustande, dass Verknappung des Wildes der Grund gewesen ist und die treibende Kraft war, auf Körnernahrung »umzusteigen«. Womit wir wieder beim Ausgangsmodell angelangt sind. Stand am Anfang des Ackerbaus also doch die große Hungersnot, die dazu gezwungen hatte, alles auszuprobieren, was irgendwie verwertbar erschien, auch wenn man es vorher noch nie zu essen versucht hatte? Wer schlimmen Hunger kennt und seine eigene Befindlichkeit dabei (noch) beschreiben kann, wird dieser Sicht zuneigen. Ganz im Sinne Darwins fügt sich diese Sicht in die Vorstellung vom Druck der Umwelt, die zu Änderungen zwingt, die Neues ergeben. Es überleben die Fittesten, die am besten mit der harten Körnernahrung zurechtkommen. Wer zu sehr am zu rar gewordenen (Wild) Fleisch hängt, wird mehr hungern und schließlich keine ausreichende Anzahl von Nachkommen hinterlassen. Das Aussterben seiner Linie ist die Folge. Die andere, die genügsamere, wird weiterkommen. Sie wird durch Zuchtwahl ertragreichere Sorten kultivieren, ihr Überleben sichern und schließlich sogar Überschüsse produzieren, die ein Anwachsen der Bevölkerung ermöglichen. Die Argumentation ist in sich logisch. Doch die Wirklichkeit zieht sie in Zweifel. Denn warum sollten ausgerechnet die Menschen im Bereich des »Fruchtbaren Halbmondes« so viel mehr Hunger gehabt haben als im großen Rest des schon besiedelten Globus, wo die alte Form des Jäger- und Sammlerlebens weiter funktionierte und gebietsweise bis in unsere Zeit überlebte? Auch diesen Einwand hatte ich bereits vorgebracht. Kann, um die Frage schärfer zu formulieren, die Region des »Fruchtbaren Halbmondes« jahrhundertelang eine »Hungersenke« gewesen sein? »Fruchtbarer Halbmond« bedeutet fruchtbare Böden oder Landstriche und nicht Halb- oder Vollwüste. Doch selbst in Wüsten und Tundren überlebten die althergebrachten Formen des Jagens und Sammelns, während im »Fruchtbaren Halbmond« Neues entstand. Weder die übliche Sicht zur Entstehung des Ackerbaus noch der Rückgriff auf den Anfang der Menschwerdung und die Besonderheit der Sprache vermitteln uns somit ein schlüssiges Bild für das, was geschehen und nicht etwa bloßen Vermutungen entsprungen ist.

Dennoch war der so weit ausholende Rückgriff auf den Anfang nicht umsonst, wie ich meine, sondern sehr aufschluss-

170 *Steinzeitjäger*

reich für das, was ein ganz neuer Ansatz zur Diskussion stellen soll. Die Argumentationsbasis soll dabei die Evolution bleiben. Biologie und Ökologie des heutigen Menschen werden uns noch mehr und vor allem ganz andere Befunde bereitstellen müssen. Das neue Szenario wird nicht vom Mangel ausgehen, sondern von Überfluss. Mangel stabilisiert eher, als dass er Neues schafft. Die natürliche Selektion im Sinne Darwins wirkt weitestgehend so. Sie verschärft bei Mangel die ökologische Einnischung der Arten. Damit fördert sie die Spezialisierung. Oder sie bewirkt ganz einfach, dass sich nahezu nichts verändert, weil der herrschende Mangel das gar nicht zulässt. Versuchen wir daher, die Vorstellung vom Fortschritt durch Mangel vollends zu überwinden und setzen wir ihr die Möglichkeit(en) von Überfluss entgegen. So wie es am Beginn der Menschwerdung gewesen war. Welche Formen von Überfluss könnten dafür in Frage kommen?

Pflanzliche Nahrung im Eiszeitland

Knochen sind harte, beständige Gebilde. Vor allem große Knochen bleiben über lange Zeiträume erhalten, wenn an Ort und Stelle die Bedingungen dafür einigermaßen günstig sind. Am widerstandsfähigsten sind Schädel von Säugetieren und vor allem die Zähne. Als zudem sehr charakteristische Gebilde ermöglichen sie in späteren Zeiten recht genaue Bestimmungen, welcher Art der Träger der Zähne war. Verletzungen von Schädeln und anderen Knochen, wie sie etwa zustande kommen, wenn das Tier getötet und das Fleisch von den Knochen geschält wird, verraten viel über die Todesursache. Tierische Beute, zumal wenn es sich um größere oder große Tiere handelt, wird nicht einfach irgendwo, sondern in aller Regel am Lagerplatz oder am festen Wohnort verzehrt. Häufig finden sich dabei auch abgesplitterte Stücke von Steinwerkzeugen oder diese selbst. Hieraus lässt sich einiges zur Lebens- und vor allem zur Ernährungsweise der Steinzeitmenschen entnehmen. Einiges, aber nicht alles! Denn Pflanzenkost hinterlässt, wenn überhaupt etwas von ihr erhalten bleibt, weit weniger. Ihr Anteil geht aus den spärlichen Funden nicht hervor. Ihre Bedeutung für die Ernährung noch weniger. Wir sind beim Versuch, die Lebensverhältnisse von Menschen, die im Eiszeitland lebten, zu rekonstruieren, weit mehr auf indirekte Informationen und Schlussfolgerungen angewiesen als bei der Auswertung von erjagten Beutetieren oder – später – den Haustieren.

172 *Steinzeitjäger*

Grundsätzlich ist der Mensch weder reiner Fleischverwer-
ter, noch Vegetarier. Das geht aus unserem Verdauungssystem
hervor. Angefangen vom Gebiss und der Speichelbehandlung
der Nahrung über die Bekömmlichkeit der unterschiedlichen
Formen davon bis hin zu den Mangelerscheinungen, die auftreten, wenn die Ernährung zu einseitig wird, weist dieses
den Menschen als »Mischköstler« aus. Das Spektrum von
alle dem, was wir als Nahrung verwerten können, ist so
groß, dass wir damit sogar so typische Allesfresser wie das
Schwein übertreffen, auch wenn uns dieses mit seiner Art der
Ernährung am ehesten gleichkommt. Dieser Befund bedeutet,
dass der Mensch fast immer einen mehr oder minder großen
Anteil an pflanzlicher Nahrung benötigt. Ausnahmen, wie
etwa die Eskimos, die in einer nahezu pflanzenfreien Umwelt
leben, bestätigen die Regel, weil sie die üblicherweise von
Pflanzen stammenden Vitamine und Kohlenhydrate über eine
Ernährung beziehen, die aus dem Meer stammt. Ohne auf die
Einzelheiten einzugehen, sei hier nur auf die Leber von Fischen (»Lebertran«) und das Fett von Robben hingewiesen.
Betrachten wir die Nahrung etwas genauer, so gliedert sie
sich in zwei Hauptgruppen und eine zumeist unentbehrliche
Ergänzung. Die eine Hauptgruppe bilden die Proteine, also
die Eiweißstoffe in ihren tierischen und pflanzlichen Formen,
die andere die Zucker und Fette, die »Kohlenwasserstoffe«.
Ergänzt werden beide Hauptteile durch die Vitamine und
durch lebenswichtige Mineralstoffe wie das für die Bildung
des roten Blutfarbstoffes so unentbehrliche »Spurenelement«
Eisen. Auch Kalzium gehört zu den lebenswichtigen Mineralstoffen. Mangel an diesem Element führt zu Knochen,
die nicht fest genug sind. Von besonderer Bedeutung ist der
Phosphor in seiner energiereichen Verbindung mit Sauerstoff
als Phosphat. Diese gedrängte Übersicht muss genügen, um
das Wesentliche darzulegen: Die Proteine benötigt der Körper
allgemein für das Wachstum, der weibliche speziell für die

Pflanzliche Nahrung im Eiszeitland   173

Versorgung des Kindes im Mutterleib und nach der Geburt, wenn der Säugling Milch braucht. Mit Proteinen aus der Nahrung muss ersetzt werden, was im Körper abgebaut und ausgeschieden wird. Sie stellen damit den weitaus größten Teil des Aufbau- und Erhaltungsstoffwechsels. Zucker und Fette hingegen liefern Energie. Sie »befeuern« die Aktivität des Körpers. Proteine können dafür zwar auch abgebaut und »verbrannt« werden, aber dadurch entstehen Rückstände, deren Entsorgung mehr Aufwand verursacht als die Abgabe von Kohlendioxid und Wasser, die bei der energetischen Verwertung von Zucker im Stoffwechsel freiwerden. Je größer die körperliche Aktivität, etwa beim Laufen, anhaltendem Wandern oder bei der Arbeit, desto mehr Kohlendioxid atmen wir aus. Die besten Energiequellen sind hierfür Zucker, speziell der Traubenzucker, und Fett. Letzteres verhilft in kalten Regionen zu erhöhten körperlichen Leistungen, während die Zucker vor allem in der Wärme am schnellsten Energie liefern oder wenn der Körper schon auf Hochtouren läuft. Der Hang der Kinder zu Süßigkeiten spiegelt diese Bedürfnisse ebenso wie die Intensität, mit der besonders aktive Tiere wie die meisten Affen oder viele Vögel nach süßen Früchten suchen. Mit dieser Feststellung können wir auf Abb. 10 zurückgreifen. Sie enthält nämlich nicht nur den Vergleich zur Verfügbarkeit von Protein im tropischen Wald, in den Saisonwäldern und in der Savanne Afrikas, sondern auch die relative Verfügbarkeit von Früchten. Davon gibt es in der Savanne kaum noch etwas, aber ziemlich viel in den von Regen- und Trockenzeiten geprägten Übergangsgebieten. Feigen (*Ficus*-Arten) nehmen dabei eine besondere Stellung ein. Wir pflegen mit süßen Tropenfrüchten Bananen, Mangos oder Papayas zu verbinden. Diese und all die anderen, vergleichbaren Früchte schätzen nicht nur sehr viele Vögel, Affen und Menschenaffen, sondern auch solche Tiere wie die Elefanten oder Antilopen und Gazellen. Die leicht verdaulichen Zucker liefern Energie für schnelle oder anstrengende Bewegungen. Sie bilden gleichsam die Fortsetzung des Milchzuckers, der etwa den Bewegungsdrang bei Säuglingen und Kleinkindern mit Energie versorgt und die zunehmend wichtigere spielerische Betätigung ermöglicht. Der für Erwachsene mitunter übertrieben erscheinende Bewegungsdrang der Kinder hängt nicht allein damit zusammen, dass auf diese spielerische Weise Bewegungsformen trainiert und automatisiert werden, die später Bedeutung erlangen, sondern er bewirkt auch das Abarbeiten von Überschüssen, die bei Wachstum und Entwicklung der Kinder entstehen. Wo, wie bei den Nestlingen von Tauben, Bewegungsdrang gefährlich wäre, enthält die Kropfmilch, mit der speziell diese Vögel ihre Jungen füttern, keinen Milchzucker, während sie ansonsten ganz ähnlich wie die Milch von Säugetieren zusammengesetzt ist.

Wird sehr viel Protein für das körperliche Wachstum verbraucht, bleiben Kohlenhydrate als Energieträger zurück. Werden diese nicht entsprechend abgebaut, kommt es zu verfrühter und für die spätere Entwicklung gefährlicher Fettbildung. Das habe ich viel ausführlicher an anderer Stelle ausgeführt (Reichholf 2001). Unsere Neigung zum Süßen hat zweifellos einen evolutionären Hintergrund. Gab es dazu Entsprechendes im Eiszeitland? Dass höchstwahrscheinlich solche Früchte auch während der langen Kaltzeiten vorhanden gewesen sein müssen, geht aus angeborenen Reaktionen hervor, die wir von klein an mitbringen, ohne erst lernen zu müssen, dass im Allgemeinen »rot« =»reif« bedeutet. Zu lernen sind nur die Ausnahmen von dieser Regel, nämlich dass nicht alle roten Beeren und Früchte auch bekömmlich und manche sogar hochgradig giftig sind. Bei den nicht bekömmlichen warnt der bittere Geschmack. Was giftig ist, muss erlernt werden. Die Erwachsenen geben ihre Erfahrung an die nachkommenden Generationen weiter. Wo sie das nicht mehr tun, schwindet das Wissen. Die Unsicherheit nimmt

Pflanzliche Nahrung im Eiszeitland   175

zu und mit ihr die Gefährdung der Kinder, weil diese dazu neigen, spontan rote Beeren zu essen. Um diese Spontaneität geht es. Denn sie drückt tiefer Sitzendes aus. Warum sollten Kinder ohne Anleitung durch Erwachsene dazu neigen, rote Beeren zu probieren, nicht aber grüne? Warum können wir überhaupt Rot und Grün so klar unterscheiden? Nicht immer bekanntlich, denn es gibt beim Menschen die spezielle Rot-Grün-Blindheit. Sie stellt keine Farbenblindheit im allgemeinen Sinn dar, sondern eine spezielle. Doch dies ist der Normalzustand bei den allermeisten anderen Säugetieren; so auch bei Hund und Katze, Pferd und Kuh, um nur einige zu nennen, mit denen wir vertrauter sind. Für diese bedeutet die Unterscheidung von Rot und Grün offenbar bei weitem nicht so viel wie bei uns Menschen und den Primaten, zu denen wir gehören. Die immense, viele Jahrmillionen währende Bedeutung, die der Unterscheidung von reifen und unreifen Früchten in der Ernährung zukommt, geht daraus hervor. Nicht einmal für Wolf und Hund war es wichtig genug, das im Sommerfell »rote« Reh vom Grün der Vegetation unterscheiden zu können. Bei Rot-Grün-Blindheit entsprechen sie in der Tönung einander. Für unsere Augen sticht das Reh mit seinem Braunrot vom grünen Hintergrund klar ab. Für die Augen des Hundes oder des Wolfes jedoch nicht. Sie verlassen sich auf das Erfassen von Bewegung bei der Jagd nach solcher Beute. Verharrt das Reh unbeweglich, erkennt es der Hund nicht, außer er kann es riechen. Um wie viel bedeutender muss daher die Rot-Grün-Unterscheidung für die Primaten und für uns Menschen gewesen sein, dass der größte Teil der Menschheit beide Farben so klar voneinander zu unterscheiden vermag! Der Rückfall in den Normalzustand der meisten Säugetiere wird bei uns als Defekt empfunden.

Die Farbe Rot

Somit können wir annehmen, dass die Suche nach reifen Früchten stets eine bedeutende Rolle in der Ernährung der Menschen gespielt hat. Gelb von Grün unterscheiden zu können, war nicht gut genug. Gelbe, also reife Birnen oder Äpfel erlangten bei weitem nicht die Bedeutung wie rote Beeren. Diese Schlussfolgerung ergibt sich daraus. Aber warum sollte das so gewesen sein, wenn die reifen Feigen in den tropischen Regionen gar nicht durch Rot auffallen? Bläulicher Schimmer, wie wir ihn auch von Pflaumen oder Heidelbeeren kennen, hätte genügt, wenn wir uns an den Feigen orientieren.

Hat Rot vielleicht mehr mit Blut zu tun? Natürlich ist Rot auch die Farbe des Blutes. Dennoch ist es fraglich, ob die Unterscheidung von Rot und Grün ursprünglich damit zu tun gehabt hatte, weil Blut dann für all die anderen Säugetiere nicht so wichtig gewesen wäre. Das ist doch ziemlich unwahrscheinlich. Umgekehrt entsteht jedoch kein Widerspruch, wenn mit der erlangten Farbtüchtigkeit für Rot auch das Blut leichter erkannt werden konnte. Wofür das gut ist, mag dahingestellt bleiben. Sicher ist, dass wir in unserem Farbempfinden emotional dem Rot weit mehr zuordnen als den anderen Farben. Rot ist die Liebe, doch auch das Signal für Gefahr und manch Anderes mehr. Was später hinzukommt, wenn die Unterscheidung erst einmal gelungen ist, muss mit den Anfangsvorteilen nichts zu tun haben.

Wenden wir diese Betrachtungsweise nun konsequent auf

das Phänomen Rot an, so gibt es wieder die beiden bekannten Möglichkeiten. Die erste besagt, dass die Unterscheidung aus der Notwendigkeit zustande kam, Rot als etwas Gefährliches zu erkennen. Der Zwang der Umwelt hätte die Unterscheidung von rot und grün als Selektionsdruck bewirkt. Allerdings ist kein Raubtier rot, das einzelnen Menschen oder gar einer Gruppe gefährlich werden könnte. Rotes Blut haben alle Säugetiere und Vögel. Die zweite Möglichkeit betrachtet die Verhältnisse genau umgekehrt und gleichsam von der positiven Seite. Es lohnte, Rot zu erkennen, weil davon zumeist Süßes signalisiert wurde. Dann aber sollte rot Gefärbtes erstrebenswert sein und einen bedeutenden Anteil an der Versorgung ausmachen. Werden reife Früchte für die Ernährung verwertet, ist das der Fall. Die zum Erkennen von Rot Befähigten können gezielt danach suchen; zum Beispiel auch nach kleinen, zu bestimmten Zeiten massenhaft reifenden roten Beeren. Mit diesen Beeren sind wir nun vollends im Eiszeitland angelangt. Es gibt sie auch heute noch, die süßen roten Erd- und Himbeeren, die roten Wildkirschen und andere rote Früchte. Vor allem aber gab es unter den eiszeitlichen Klima- und Bodenbedingungen massenhaft Vorkommen von Zwergsträuchern mit Beeren, die sich bei der Reife rot färben.

Am bedeutendsten waren – und sind auch gegenwärtig – die bezeichnenderweise als Zusatz zu Wildfleisch besonders geschätzten Preiselbeeren (*Vaccinium vitis-idaea*). Diese enthalten reichlich Vitamin C und etwas Provitamin A. Sie gedeihen stellenweise in großen Beständen. Im Eiszeitland waren sie viel häufiger als in unserer Zeit, weil saure Lehmböden und Hochmoore in den Landschaften vorherrschten. Viel häufiger als in der Gegenwart kamen während der Kaltzeiten zudem die kleinen Moosbeeren (*Vaccinium oxycoccus*) vor, deren Beeren ebenfalls viel Vitamin C enthalten, aber erst dann genießbar werden, wenn es kräftige Fröste gegeben

178 *Steinzeitjäger*

hat – unter den Eiszeitbedingungen also! Weitere Beeren ließen sich anschließen. Zu ihnen gehören die von bestimmten, in vielen Blüten vorkommenden Farbstoffen (Anthoycane) blau gefärbten und wie »bereift« aussehenden Heidelbeeren, die gleichfalls Massenbestände ausbilden. Von diesen wurden in der zweiten Hälfte des 20. Jahrhunderts allein in Deutschland bis zu 10 000 Tonnen jährlich gesammelt. Zuckerhaltige, leicht verdauliche Beeren gibt es sogar in den modernen Wirtschaftswäldern noch reichlich. In den natürlichen Wäldern und den waldarmen eiszeitlichen Landschaften mit Zwergsträuchern und Mooren müssen sie sehr häufig gewesen sein. Ihre Vorkommen reichten hoch in die eurasiatischen Gebirge hinauf. Die Reife trat mit breiter zeitlicher Verteilung zwischen Hochsommer und dem frühen Winter ein, also rechtzeitig vor Beginn der kalten, für die Menschen kritischen Jahreszeit.

In welchen Mengen sie in den Regionen der Subarktis und der nördlichen (borealen) Nadelwälder mit ihren lichten Baumbeständen auch in unserer Zeit noch vorkommen, zeigt das Verhalten der eurasiatischen Braunbären (*Ursus arctos*) und ihrer nordamerikanische Unterart, der Grizzly. Vom Hoch- bis zum Spätsommer oder Herbst verzehren die Bären diese Beeren in so großen Mengen, dass sie damit umfangreiche Vorräte an Winterfett im Körper aufbauen, von dem sie während der monatelangen Winterruhe leben. Reife, zuckerhaltige Beeren bilden daher nicht bloß eine wohlschmeckende Zukost, sondern durchaus einen ganz wesentlichen, für die erfolgreiche Überwinterung höchst wichtigen Hauptbestandteil der Nahrung. Warum sollte dies bei den Eiszeitmenschen nicht ähnlich gewesen sein? Sie konnten mit Sicherheit wie wir auch die reifen Beeren erkennen. Sie hatten die Erfahrungen gemacht, wie man sie sammelt, und sie versuchten vielleicht auch, größere Mengen von festeren Beeren, wie den Preiselbeeren, als Vorrat aufzubewahren. Nur Nüsse

eignen sich dafür noch besser. Zwar sind sie ölreich, wie
die natürlicherweise in den Regionen auch vorkommenden
Haselnüsse (*Corylus avellana*), die sich sehr gut sammeln
und aufheben lassen, aber sie schmecken nicht so attraktiv
süß wie die reifen Beeren. Dem Ölgehalt nach übertreffen
die Haselnüsse übrigens sogar fettes Schweinefleisch. Als
Dauervorrat sind sie gut geeignet, für die unmittelbare Verwertung zur Reifezeit dürften die süßen Beeren aber attraktiver gewesen sein. Wir können beide zusammenfassen als
einen aller Wahrscheinlichkeit nach wesentlichen Bestandteil
der pflanzlichen Nahrung der späteiszeitlichen Menschen in
Europa und Nordasien. Die Haselnuss breitete sich jedoch
erst nacheiszeitlich stärker aus und wurde für Jahrhunderte
in Europa kennzeichnend. Während der letzten Eiszeit war
sie seltener und auf die südlichen Randgebiete beschränkt,
wo im Südosten auch eine zweite Art, die Baumhasel (*Corlyus colurna*) vorkommt. Bei dieser wachsen die Nüsse in
merkwürdig kugelartigen Gebilden heran.

Beeren und Nüsse, so können wir zusammenfassen, gehörten im Eiszeitland zur Nahrung der Menschen. Die Beeren
hinterlassen so gut wie nichts an den Stellen, an denen die
Menschen damals gelebt hatten. Haselnussschalen halten
besser, können aber nur dann von natürlichen Vorkommen
unterschieden werden, wenn sie von den Menschen mit spezi-
fischen Techniken aufgeschlagen wurden. Denn solche Nüsse
sind auch bei zahlreichen Tieren wie Eichhörnchen, Spechten
und Mäusen begehrt.

Mit diesen Betrachtungen lassen sich den beiden Hauptgruppen von Nahrungsstoffen konkrete Formen von Nahrung zuordnen. Die zweifellos mit Abstand wichtigste Pro-
teinquelle in der eiszeitlichen Nahrung der Menschen war
Fleisch von (größeren und großen) Tieren, von Jagdwild.
Fische können nur örtlich eine Rolle gespielt haben, weil die
Flüsse wenig Wasser führten, oft monatelang vereist waren

180   *Steinzeitjäger*

und die meisten Seen erst nacheiszeitlich entstanden sind. Energie lieferten das Fett, das Großtiere im Herbst ansetzten, die ölreichen Nüsse, wo es sie gab, aber insbesondere und vom Jagderfolg unabhängig die Massen von Beeren in den lichten Wäldern und großflächigen Sumpfgebieten. Mineral- und Spurenstoffe enthalten die damals sicherlich sehr reichlich vorhandenen Pilze. Auf die Bedeutung der Pilze komme ich zurück.

Von reifen Beeren zu reifen Körnern?

Dass Beeren und andere genießbare Früchte in guten wie in schlechten Zeiten zur Ergänzung und Aufbesserung der Nahrung in Frage kommen, wird kaum in Abrede zu stellen sein. Für bedeutend wird man diese Feststellung jedoch auch nicht gerade halten. In den größeren, greifbareren Formen von Äpfeln und Birnen, Pflaumen und Kirschen sind Obst tragende Bäume auch umfangreich kultiviert und zu vielen Formen weitergezüchtet worden. Obstgärten gehörten früher zum typischen Ensemble eines Bauernhofes. Die Zuchtsorten sind allerdings erst in geschichtlicher Zeit entstanden. Sie stammen wohl mit Sicherheit nicht aus der Eiszeit. Beeren und Obst bilden auch dort, wo sie umfangreich kultiviert werden, Zusätze zur Ernährung der Menschen. Die Nahrungsgrundlage bilden sie nicht. Am meisten entsprechen tropische Bananenkulturen der Vorstellung von einer vegetarischen Vollernährung. Weil sie bei entsprechender Anpflanzung das ganze Jahr über Bananen tragen können.

Zwischen Beeren und Körnern klafft sozusagen eine Lücke, die sich weder in der Gegenwart durch geeignete Pflanzen überbrücken lässt, noch sind solche für die Eiszeitverhältnisse bekannt oder auch nur einigermaßen denkbar. Preiselbeeren oder auch Haselnüsse können so gegessen werden, wie sie von Natur aus sind. Züchtungen waren nicht nötig. Sie sind auch nicht durchgeführt worden. Durch gezielte Züchtungen vergrößerte und verbesserte Fruchtsorten finden wir erst bei den

182 *Steinzeitjäger*

Obstbäumen und in vergleichsweise junger Vergangenheit aus
den letzten Jahrhunderten bei den Erdbeeren. Die Züchtung
von Haustieren reicht ungleich tiefer in die Vergangenheit
zurück. Auf Beeren und Obst bezogen, schließen wir daraus,
dass vorher offenbar keine Notwendigkeit bestand, Sorten
und Erträge wesentlich zu verbessern. Bei den Wildgräsern,
aus denen das Getreide entstand, war das anders. Warum
kommen sie im Spektrum der Pflanzenkost der Jungsteinzeit,
also in den späteiszeitlichen Jahrtausenden nicht vor? Die
einfachste und zugleich wahrscheinlichste Antwort darauf
lautet: Es gab sie nicht. Vielleicht waren solche einjährigen
Gräser, die stärkereiche Samen ausbilden, zwar vorhanden,
aber viel zu selten, um genutzt zu werden? Wildgräser gab
es in der Eiszeit genug. Der Typ, der nur einen Sommer über
wächst und große Samen entwickelt, kommt allerdings vornehmlich in halbtrockenen, semi-ariden Regionen vor. Wahrscheinlich decken sich die natürlichen Vorkommen von Wildgerste und den Wildformen des späteren Weizens ziemlich
gut mit dem Bereich des »Fruchtbaren Halbmondes«, in dem
diese Gräser zu Getreide gezüchtet und die ersten Anfänge
des Ackerbaus entwickelt worden sind. Preisel- und Moosbeeren gediehen dort nicht. Somit kommt zur »biologischen
Lücke« zwischen den süßen Beeren und den stärkereichen
Getreidekörnern auch noch eine geographische. Erstere waren in der eiszeitlichen Kälte- oder – besser – Mammutsteppe
verbreitet, letztere weit südlich davon zwischen Asien und
Afrika. Das macht es noch schwieriger, so etwas wie einen
allmählichen und kontinuierlichen Übergang von Beeren zu
Körnern zu konstruieren.

Wiederum stellen sich beim Fleisch solche Probleme gar
nicht. Das Jagdwild des Eiszeitlandes war nicht so wesentlich verschieden von den mediterranen und nordafrikanischen Arten. Den Mammuts entsprachen die Elefanten, den
Wollnashörnern die Nashörner der Tropen und Subtropen

Südasiens und Afrikas, den Urrindern die Büffel, Gnus und das dicht gestaffelte Spektrum der Antilopen und Gazellen. Solche gab es auch in Asien bis an den Rand der Kältesteppen und auf diesen zogen Herden der merkwürdigen Saigas (*Saiga tatarica*) umher. Für die Raubtiere ist bereits die große Ähnlichkeit betont worden. Lediglich den Hirschen, zumal den west- und mitteleuropäischen Riesenhirschen, entsprach (und entspricht) nichts in Afrika direkt, wohl aber in Südasien. Wildschafe und Wildziegen reihen sich ganz von selbst in das Spektrum der wiederkäuenden Säugetiere mittlerer Körpergrößen. Das Urrind (*Bos primigenius*) war in zahlreichen Formen über die nicht zu hoch gelegenen Regionen Eurasiens bis in die subtropischen und mediterranen Gebiete verbreitet. Ähnliches gilt für den Wolf und für das Wildschwein. Nach Wild jagen konnten die Eiszeitmenschen also, ohne größere Unterschiede machen zu müssen, vom Eisrand im Norden bis zu den afrikanischen und asiatischen Tropen. Beeren in großen Mengen standen aber nur jenseits der warmen Regionen im Sommer und Herbst zur Verfügung. Die meisten Obstbaumarten hatten, den sauren und bitteren Wildapfel (*Malus sylvestris*) ausgenommen, ihre Hauptvorkommen außerhalb der Kältegebiete des Eiszeitlandes im vorderasiatischen Bereich um den Kaukasus und im Vorderen Orient, speziell in Persien, wo sehr früh Obstsorten gezüchtet wurden. Der Name Pfirsich (*Prunus persica*) nimmt darauf Bezug, auch wenn diese Steinobstart aus Ostasien stammt. Die nacheiszeitlichen Verschiebungen in den natürlichen und vom Menschen verursachten Verbreitungsgebieten verschleiern die früheren Gegebenheiten während und zum Ende der letzten Eiszeit.

Die Ausbreitung der Obstsorten folgte im Wesentlichen den Wegen des Getreides und damit dem Ackerbau. Folglich liefern sie uns keine neuen Hinweise auf das Geschehen, das zum Entstehen der Agrikultur geführt hat. Wie groß die

184 *Steinzeitjäger*

nacheiszeitliche Dynamik tatsächlich war, hat Hansjörg Küster (1996 & 1998) für die Entstehung der Landschaften in Mitteleuropa und für die Waldgeschichte im selben Raum eindrucksvoll dargelegt.

Der klimatische Übergang von den Kaltzeit-Verhältnissen der letzten Eiszeit in die nachfolgend warme Zwischeneiszeit vollzog sich, wie in Abb. 5 dargestellt, vor rund 10 000 Jahren sehr schnell. Besonders viel Zeit stand somit für einen ganz langsamen, allmählichen Übergang von einer geringfügigen, dann stärkeren und schließlich ertragreichere Sorten bewirkenden Nutzung von Wildgetreide nicht zur Verfügung. Jahrtausende erscheinen uns lang, auch wenn ein solches nur rund 15 aneinander gereihte Menschengenerationen ausmacht. 1000 Wildgetreide-Generationen sind es trotzdem. In dieser Zeitspanne kann viel gezüchtet werden – wenn man eine Vorstellung vom Züchtungsziel hat! Mit Zufallstreffern, wechselnden Witterungsbedingungen günstiger und ungünstiger Jahre sowie den sicherlich auch häufigen Wechsel von Aufenthaltsorten der Menschen schrumpfen 1000 Generationen jedoch gleich wieder auf überschaubare und damit problematische Größenordnungen.

Ein anderes Problem kommt hinzu. Eingangs ist es schon kurz behandelt worden: Kann es jemals von Natur aus so große und so einheitlich mit einer Wildgetreideart bewachsene Flächen gegeben haben, dass sich auch nur eine kleine Gruppe von Menschen, eine Großfamilie etwa, vom Körnerertrag hätte ernähren können. Der kalorische Wert von heutigem Weizenmehl beträgt knapp 14 Kilojoule (kJ) pro Gramm; Roggenbrot hat etwa 2,5 kJ weniger, Äpfel überhaupt nur rund 2 kJ, aber Nüsse 25–30 kJ. Sie übertreffen damit, wie schon ausgeführt, sogar Schweinespeck (24 kJ), ganz erheblich aber Rindfleisch (18 kJ) und getrocknete Bohnen (15 kJ). Weit zurück fallen in diesem Vergleich des »Brennwertes« (Energiegehaltes) Eier (6,3 kJ), Kuhmilch

Von reifen Beeren zu reifen Körnern? 185

(3 kJ) und Muschelfleisch (Austern 2,2 kJ), von Gemüse ganz zu schweigen (Kohl 0,3 kJ). Der tägliche Energieverbrauch schwankt innerhalb ziemlich weiter Grenzen, je nach Beanspruchung des Körpers durch Aktivität und Außentemperaturen. Gehen wir von einem Grundwert von 9200 kJ/ Tag aus (Grundumsatz), so sind realistische Bedarfsgrößen für die späteiszeitlichen Verhältnisse sicher bei 15 000 kJ anzusetzen, in Kältephasen auch mehr. Wenn reife Körner von Wildgetreide 5 kJ pro Gramm geliefert haben, womit man vielleicht überschlagsmäßig rechnen kann, wären 3 Kilogramm davon pro Tag und Mensch nötig gewesen, um den Bedarf zu decken. Bei einer nur zehnköpfigen Großfamilie steigt der Bedarf auf 30 kg/Tag und für eine Jahresversorgung auf über 10 Tonnen. Selbst wenn Wildgetreidekörner anfangs nur die Hälfte des Bedarfs hätten decken sollen, verbleiben für diese kleine Großfamilie noch 5 Tonnen. Für ein Dorf mit 100 Einwohnern kämen 50 Tonnen bei halber Versorgung und 100 bei voller zustande. Wer sollte solche Mengen wo gesammelt haben? Mit der Hand und unter Berücksichtigung der Probleme, die beim Lagern solcher Vorräte entstehen? Verluste, ganz erhebliche Verluste waren gewiss unvermeidlich. Aus gutem Grund domestizierten die Alten Ägypter in historischen Zeiten, in denen längst leistungsstarke Getreidesorten, vor allem Weizen, zur Verfügung standen, Falbkatzen (*Felis silvestris lybica*) aus den nordafrikanischen Bergen zur Bekämpfung der Mäuse und Ratten. Sie waren so wichtig, dass sie mit der katzenköpfig dargestellten Göttin Bastet identifiziert und verehrt worden sind.

In die Überlegungen mit einbezogen werden muss zudem, dass das mühevolle Sammeln so kleiner Körner, wie sie Wildgetreideformen entwickeln, vorab schon Energie kostet, nämlich das Vier- bis Achtfache des Verbrauchs eines ruhenden Körpers. Die vielen Stunden der Ernte, die nötig gewesen wären, solche Mengen an winzigen Körnern zu sammeln, müs-

186 *Steinzeitjäger*

sen deshalb vom »Gewinn« abgezogen werden, um zu einer realistischen Beurteilung zu kommen. Höchstens lokal und ausnahmsweise erscheint es möglich, dass sich das Sammeln von Wildgetreide-Körnern in Bezug zum Aufwand gelohnt haben könnte. Bei Beeren (und Obst) ist das bekanntlich anders. Diese können von der Hand in den Mund kommen oder in etwas zum Sammeln Geeignetes. Beeren lassen sich reif leicht abzupfen. Sie sind bestens sichtbar (Farbe!) und sogleich auf Geschmack und Qualität zu überprüfen. Das Problem der Lagerung stellt sich nicht, wenn sie gleich oder alsbald gegessen werden. Getrocknet und luftig aufbewahrt, halten sie, wie auch manche Obstsorten, durchaus den Winter über, zumal wenn dieser kalt und trocken ist.

Auf die Reife des Wildgetreides im Spätsommer oder Frühherbst folgt aber in den südlicheren Gebieten des östlichen Mittelmeerraumes und des Vorderen Orients zumeist die Zeit der Winterregen. Wenn die Wildgetreidekörner gelagert werden sollen, wird es somit feucht und nicht, wie im kalten Eiszeitland, durch winterlichen Frost besonders trocken. Das Verschimmeln müsste demnach eine stete Gefahr für gelagertes Getreide gewesen sein. Trockengebiete, wie die Flussoasenkultur am Nil mit der angrenzenden Wüste, bieten bessere Voraussetzungen für die Lagerung von Getreidevorräten. Das Besondere der Wildformen des Getreides liegt in ihrer Einjährigkeit. Die verhältnismäßig großen Körner enthalten die Vorräte, die der Keimling im nächsten Frühjahr braucht, um aufzuwachsen, Wurzeln zu bilden und versorgt zu sein, bis diese selbst Nährstoffe aus dem Boden aufnehmen können. Dauerhaft mit Vegetation bedeckte Böden eignen sich daher gerade nicht für natürliche Massenvorkommen von Wildgetreide oder deren Kultivierung. Je mehr man sich in die Bedürfnisse hineinvertieft, desto unwahrscheinlicher erscheint die Kultivierung und umso erstaunlicher, was dennoch zustande gekommen ist. Musste doch auch der Ertrag dieser Körner ganz wesentlich gesteigert werden, bis lohnende Ernten entstanden. Bei allen, hinsichtlich ihres kalorischen Wertes oben zusammengestellten Nahrungsmitteln bedurfte es, bezogen auf die Wildformen, keiner besonderen Züchtungen, um die Leistungen zu erreichen (die Getreidesorten ausgenommen). Am ergiebigsten ist das Öl der Oliven mit knapp 40 kJ pro Gramm; das rund Zehnfache des Wildgetreides.

Damit überzeugen weder die »Anfangsvorteile« des Wildgetreides, noch ihre anhaltende Wirkung. Mit Nussgärten und Olivenhainen sollte unter den ostmediterranen Lebensbedingungen mehr zu erwirtschaften gewesen sein. Die Olive hat sich auch als ausgesprochen bedeutungsvolle Kulturpflanze erwiesen; Nüsse in geringerem Umfang, wie auch getrocknetes Obst. Die Kultivierung von Bohnen lag noch in ferner Zukunft, als Getreide gezüchtet wurde, und von den Kartoffeln in Südamerika wussten damals vor 7000 bis 15 000 Jahren wohl auch die dorthin eingewanderten, sich zu den »Indios« entwickelnden Nordostasiaten nichts. Auch gegenwärtig liegt der kalorische Gehalt von Getreide mit 12–15 kJ pro Gramm unter dem von Fleisch und vor allem weit unter den Werten für öl- und fetthaltige pflanzliche Nahrung. Gemüse, die Hülsenfrüchte ausgenommen, übertreffen die Getreidekörner allerdings beträchtlich.

Zusammengefasst bedeutet dies alles: Das Wildgetreide bot anfangs weder der Menge, noch der Qualität nach eine entsprechend attraktive Alternative zur bis dahin üblichen Ernährung. Um nur kleine Gemeinschaften zu ernähren, wären Mengen erforderlich gewesen, die unrealistisch erscheinen, und ein Aufwand zu tätigen gewesen, der den zu erwartenden energetischen Gewinn mit an Sicherheit grenzender Wahrscheinlichkeit übertroffen hätte. In Regionen mit unsicheren, von Jahr zu Jahr und über längere Zeiträume stark schwankenden Niederschlägen ist auch die Garantie für eine ausreichende, mit einer beginnenden Feldbewirtschaftung

188 *Steinzeitjäger*

eigentlich auch vorauszusetzenden Dauerhaftigkeit der Körnerproduktion nicht ersichtlich. Flussoasenkulturen sollten jedoch erst dann funktionieren, wenn das angebaute Getreide bereits ertragreich genug ist. Bei strikter Anwendung der beiden Prinzipien Anfangsvorteile und Dauerhaftigkeit (Nachhaltigkeit) wird die Kultivierung von Wildgetreide zum Zweck der Verbesserung der Nahrungsversorgung ziemlich unwahrscheinlich. Der Bezug auf die Beeren und Früchte hat sich nicht als hilfreich erwiesen – noch nicht!

Teil IV

Die Domestikation von Haustieren

Vorbemerkungen zum Hund

Der Hund (*Canis familiaris*) ist aller Wahrscheinlichkeit nach das älteste Haustier der Menschen. Die Anfänge seiner Domestikation reichen weit tiefer zurück in die Vergangenheit als die ersten Versuche, Wildschafe und Wildziegen oder Wildrinder zu Haustieren zu machen. Anzunehmen ist, dass bereits in der Steinzeit immer wieder Junge von Wölfen gehalten wurden. Eiszeitklima herrschte damals noch und die Menschen ernährten sich weitgehend von der Jagd. Wie es zu den ersten Annäherungen gekommen sein könnte, ist vielfach beschrieben worden. Wohl die meisten Hundeforscher (Kynologen) machten sich zur Herkunft des Hundes Gedanken oder hängen einer der zahlreichen Theorien an. Prägnant und sehr lebendig hat zum Beispiel auch Konrad Lorenz (1983) seine Vorstellungen dazu geschildert. Dass er nicht den Wolf oder nicht diesen allein, sondern den Goldschakal (*Canis aureus*) als Ursprungsart des Haushundes angenommen hat, hängt vielleicht damit zusammen, dass damals nur das Verhalten der Unterarten von Wölfen näher bekannt war, die in arktischen oder borealen Gebieten leben. Ein sozial in Gruppen lebendes Raubtier, wie der Wolf, reagiert aber, wie wir inzwischen wissen, recht flexibel auf die jeweiligen Lebensbedingungen. Vermutlich waren es Vorkommen von Wölfen in Zentralasien gewesen, von denen die frühesten Vorfahren der Haushunde abstammen. Mit den Methoden der Molekulargenetik wird sich das sicherlich zunehmend

192 *Die Domestikation von Haustieren*

genauer fassen lassen. Da es »den Hund« gar nicht gibt, sondern eine Vielzahl von Zuchtformen, bei deren Züchtung die unterschiedlichsten Zuchtziele vorgegeben waren, kann »das typische Hundeverhalten« auch keinem solchen »des Wolfes« gegenübergestellt werden. Von allen Haustierzüchtungen verdient der Hund am meisten eine eigenständige zoologische Bezeichnung als Art. Der Unterschied zu Wölfen ist so weit gediehen, dass trotz grundsätzlicher Möglichkeit der Verbastardierung beider diese bei den meisten Hunderassen in nur noch geringfügigem Umfang auftreten würde, hätten Hunde dieser Rassen und Wölfe freiere Möglichkeiten zusammenzutreffen. Das weist auf ein hohes Alter der Trennung von Wolf und Hund hin. Sie dürfte viel weiter als die verbreitete Annahme, die Domestikation sei erst gegen Ende der letzten Eiszeit geschehen, zurückreichen. Genetische Untersuchungen aus den letzten Jahren des 20. Jahrhunderts deuten die Möglichkeit an, dass der Hund schon viel früher, möglicherweise bereits zu Beginn der Besiedlung Eurasiens durch *Homo sapiens*, zum Begleiter des Menschen geworden ist. Dies näher zu diskutieren, würde vom Thema zu weit abführen. Ein langsamer, allmählich verlaufender Prozess hat auch keinen Anfang im landläufigen Sinne. Tausendmal und mehr können Welpen in Menschengruppen aufgezogen worden sein, ohne dass sich irgendein Domestikationseffekt ergeben hat. Eine lange, aber lose Begleitung ergibt kein Haustier. Dazu gehören gezielte, kontrollierte, das Aussehen und das Verhalten verändernde Züchtungen. Diese fingen irgendwann während der letzten Zehntausende von Jahren an. Selbst dann bleiben manche, vielleicht die meisten Episoden, ohne Nachwirkung. Biologisch betrachtet geht es daher bei der Entwicklung von Wolfsvorfahren zum Haustier Hund um zwei Kernfragen. Erstens: Wie kamen die Wölfe zu den Menschen? Aktiv von selbst durch Annäherung an die Menschengruppen oder passiv, weil Jungtiere von Menschen großgezogen worden waren? Und zweitens: Warum änderte sich das anfänglich sicherlich nur lockere Verhalten, das man als Kommensalismus bezeichnet, zu einer festen Beziehung nach Art einer Symbiose?

Kommensalen sind, wie es der lateinisch-wissenschaftliche Wortstamm besagt, (passive) Mit-Esser. »Sym«-Bionten leben hingegen fest und dauerhaft zusammen. Die Symbiose mit den Menschen fällt zwar, was die gegenseitigen Abhängigkeiten betrifft, eindeutig zu Ungunsten des Hundes aus, weil so gut wie alle Hunde entweder direkt auf die Menschen angewiesen sind, bei denen sie leben, oder aber davon abhängig sind, was ihnen die Menschenwelt übrig lässt (Straßenhunde, Paria). Die Dingos in Australien bilden die einzige echte Ausnahme. Ob sie aber tatsächlich eine Art von Übergangszustand vom Wild- zum Haustier bewahrt haben, ist fraglich. Sie können auch eine stark verwilderte Form eines früheren Haustieres repräsentieren. Sicher beeinflusste die besondere Natur Australiens auch ihr Verhalten und ihre weitere Entwicklung, nachdem sie von Menschen auf diesen Inselkontinent gebracht worden waren.

Sehen wir uns nun die beiden Fragen zum Hund etwas genauer an. Die erste dreht sich um das Problem »aktiv« oder »passiv«. Für die Vorstellung einer aktiven Annäherung der Vorfahren der Hunde an die Menschen gibt es eine Reihe vergleichbarer Fälle in der Tierwelt. Fast alle »großen Räuber« haben Begleiter, die danach trachten, etwas von dem abzubekommen, was die Großen verzehren. Das ist genau der Kommensalismus: das für den Betroffenen nicht (nennenswert) schädliche Schmarotzertum anderer. Hungrige Wölfe könnten zu den Menschen gekommen sein, weil diese große Beute gemacht hatten, von der immer auch genug für sie übrig blieb. Vorstellbar ist sogar ein weiterer aktiver Schritt von Seiten der Wölfe. Sie könnten bei der Jagd auf Groß-

194 *Die Domestikation von Haustieren*

wild mitgewirkt und ihren Teil von der Beute abbekommen haben. Bei der Klugheit von Hunden und Wölfen ist so eine Möglichkeit keineswegs von vornherein auszuschließen. Zusätzlich verstärkend könnte sodann gewirkt haben, wenn die Wölfe, die sich einer Menschengruppe genähert und locker angeschlossen hatten, diese auch gegen Rudel konkurrierender Artgenossen mit verteidigt hätten. Wolfsrudel behaupten Jagdterritorien und vertreiben andere Wölfe, auch fremde Rudel, wenn sie stark genug sind, daraus. Weitere Möglichkeiten und Vorteile können diesem Modell im Detail hinzugefügt werden. Als Ganzes ist es sicherlich nicht unrealistisch. Es enthält auch keine wesentlichen Widersprüche in Bezug auf das Verhalten von Wölfen.

Ähnlich plausibel ist das »passive« Modell. Vielfach nehmen Menschen sogenannter Naturvölker kleine Jungtiere, auch Jungvögel, in ihre Obhut, ziehen sie auf und ernähren sie, bis diese groß genug sind, sich davonzumachen. Schweinchen wurden an Brüsten von Frauen gesäugt, die Milchüberschuss hatten. Mund zu Mund-Fütterung, wie beim eigenen Baby, ist auch in Bezug auf Tiere beobachtet worden. Die Vergleichende Verhaltensforschung hat dazu im letzten halben Jahrhundert umfangreiches Material zusammengetragen (Eibl-Eibesfeldt 1984 und andere). Der Vorzug dieser Theorie liegt auf der Hand. Das Jungtier wird, wenn es jung genug ist, in einer Art Prägung auf die Menschen bezogen und bleibt daher von selbst mehr oder weniger lange oder sogar dauerhaft bei den Menschen. Es kann, wie viele der echten Haustiere späterer Zeiten, als lebende Fleischreserve angesehen und behandelt werden. Werden bei der Jagd kleine Junge führende Muttertiere getötet, sind die hilflosen Jungen auch leicht einzufangen. Herangewachsen können sie, weil unverändert aussehend, als lebende Lockmittel bei der Jagd nach den wildlebenden Verwandten eingesetzt werden. Zahlreiche Möglichkeiten sind denkbar und in der Natur auch beobachtet worden, die dies belegen. Bei von klein an aufgezogenen Wölfen könnte gerade die starke Rudelbindung solcher Tiere dazu geführt haben, dass sie vor den gefährlichen wilden Verwandten rechtzeitig warnten, wenn die Menschen des Nachts schliefen. Weibchen werden, wie bei den allermeisten Raubtieren, merklich weniger aggressiv als heranwachsende, nach Aufstieg in der sozialen Rangordnung strebende Männchen. Früh schon dürfte auch entdeckt worden sein, dass Kastration der Rüden deren spontane Aggressivität stark vermindert.

Beide Modellvorstellungen haben also viel für sich. Vielleicht schließen sie einander auch gar nicht aus, sondern ergänzen sich, weil es über die vielen Jahrtausende der Anfänge der Mensch-Wolf-Beziehung immer wieder beide Fälle gegeben hat. Eines setzen sie jedoch grundsätzlich voraus. Die Beziehung von Wölfen zu den Menschen konnte nur wirksam werden, wenn diese genug Futter in Form von Abfällen oder entbehrlichen Überschüssen zu bieten hatten. Wer selbst am Rande des Verhungerns lebt, kann nichts mehr abgeben. Wer aber reichlich hat, kann sich leisten, mit dem Überfluss großzügig umzugehen und zu experimentieren.

Die Haustierwerdung des Wolfes und seine Entwicklung zum Hund dürfte somit keine Notgemeinschaft gewesen sein; zumindest nicht auf der Seite der Menschen. Diese hatten sich offenbar solche Mitesser leisten können. Das schließt nicht aus, dass die zum Menschen gekommenen Wölfe und ihre Nachfahren, die Hunde, immer wieder auch als lebende Nahrungsreserve behandelt worden sind. Entscheidend ist der Anfangsbedarf: Wölfe leben von recht ähnlicher Beute wie die jagenden Menschen. Sie hätten also Konkurrenten sein müssen. Wenn aus Konkurrenten Partner werden, haben in aller Regel beide etwas davon. An Wild sollte es also nicht allzu sehr gemangelt haben, als der Wolf zum Hund wurde.

Die Domestikation von Haustieren

Wo das Wild rar und mit den einfachen Mitteln eines Wurf-
holzes (Bumerang) nicht leicht zu erlegen war, wie in Australien, entwickelte sich die Beziehung zu den Hunden, den
Dingos, auch ziemlich anders als in Europa und Asien. Mit
dieser »Vorschau« auf den Hund können wir uns nun an das
für die Entstehung der Landwirtschaft ungleich wichtigere
Thema der Haustiere machen; von Tieren, die als Ersatz für
das Wild Fleisch und Anderes zu liefern haben, bis hin zur
Arbeitskraft als Zug- und Reittiere.

Das Jagdwild wird gezähmt

Der Hund war schon lange Gefährte der Menschen, als erste Versuche unternommen wurden, gejagte Tiere zu domestizieren. Es klafft eine sehr große »Zeitlücke« zwischen dem ersten Haustier und den nachfolgenden (Tab. 1).

Tabelle 1: *Beginn der Domestikation von Haustieren*

Art	~ Jahre vor heute	Gebiet
Hund	30 000–40 000 (oder noch früher)	
Schaf	10 000	Südwestasien
Ziege	10 000	Südwestasien
Schwein	9000	Vorderasien/China
Rind	8500	Vorderasien
Dromedar	6000	Südarabien
Esel	6000	Nordostafrika
Pferd	5500	Zentralasien/Vorderasien
Versuche*	4000	Ägypten (* mit Antilopen)
Katze	3500	Ägypten

Während die Domestikation weiterer Wildtierarten nach Schaf und Ziege gleichsam zügig weiterging und vor 4500 bis 3000 Jahren auch Vögel (Gans, Huhn, Ente) erfasste, hatte es

198 *Die Domestikation von Haustieren*

wahrscheinlich viele Jahrtausende gedauert, bis auf den Anfang mit dem Hund die eigentlichen »Fleischtiere« mit Schaf
und Ziege folgten. Diese Haustiere stammen von Wildformen ab, die ihres Fleisches wegen gejagt worden waren. Lediglich die Katze macht eine besondere Ausnahme – aus den
bekannten Gründen. Ihre Bindung an die Menschen ist nach
wie vor vergleichsweise gering, auch wenn in neuerer Zeit
Rassen gezüchtet worden sind, die in der Natur nicht mehr
leben könnten. Pferde, Esel und Kamele wurden ursprünglich
sicher auch ihres Fleisches wegen gejagt, aber offenbar schon
zu Beginn ihrer Domestikation stand ihre Eignung als Trans-
portmittel im Vordergrund. Damals herrschte bereits Hirtennomadentum vor. Pferde und Kamele (Dromedare, in Inner-
asien dann auch das Zweihöckrige oder Baktrische Kamel)
hatten wohl anfangs auch vornehmlich Lasten zu tragen, bis
sie zu Reittieren weitergezüchtet wurden. Bei den Kamelen
nimmt das Lastentragen bis in die Gegenwart den Hauptteil
ihrer Tätigkeiten für die Menschen ein. Und so ist es auch
bei den südamerikanischen Kleinkamelen, die unmittelbar
als Lastträger (Lama) und später als Lieferant von feiner,
wärmender Wolle (Alpaka) aus dem wild lebenden Guanako
(*Lama guanacoe*) gezüchtet worden sind. Auf die unmittelbaren Lebensbedürfnisse der Menschen bezogen bedeuten
diese Befunde, dass zwei grundsätzlich verschiedene Formen
von Haustieren zu betrachten sind. Die zur Jagd gehörigen
und die direkt Nahrung liefernden Arten. Jagdgefährte und
zusätzlich auch Beschützer war als Abkömmling des Wolfes
als Erster der Hund. Als Adler und Falken zu einem ähnlichen Zweck falknerischer Jagd hinzukamen, waren alle
wesentlichen Haustiere längst vorhanden. Die Bedeutung
des Hundes hätten die gezähmten Greifvögel ihrer Natur als
Vögel nach gewiss nie erreichen können. Die zweite Gruppe
von Haustieren bilden die Nutztiere im engeren Sinne. Sie
ersetzen die Jagdbeute. Bedeutung erlangten sie erst, als die

letzte Eiszeit zu Ende gegangen war. Bezeichnenderweise stammen sie fast alle aus einem geographischen Großraum, der vom östlichen Rand des Mittelmeeres über Zentralasien bis China reicht. Dabei handelt es sich um die außertropische Anschlusszone an die frühere Kältesteppe, die sich während der Kaltzeiten vom Eisrand bis in die subtropischen Randzonen in Eurasien ausgebreitet hatte. Da die Domestikation amerikanischer Tiere erst viel später erfolgte und abgesehen von einem großen Hühnervogel, dem Wildtruthuhn (*Meleagris gallopavo*), und dem eher den südwesteuropäischen Kaninchen an Größe und Fleischertrag vergleichbaren Meerschweinchen (*Cavia porcellus*) keinen wesentlichen Anteil an den Haustieren insgesamt beisteuerte (im Gegensatz zu zwei domestizierten Nutzpflanzen, dem Mais und der Kartoffel), ist das geographische Muster klar. Die für die Ernährung der Menschen bedeutendsten Haustiere entstanden in jenem Großraum, in dem auch der Ackerbau erfunden worden ist. Das so tierreiche Afrika südlich der Sahara steuerte, wie auch Australien, keine Haustiere bei. Diese Feststellung gilt auch für Nordamerika, denn das Truthuhn wurde nicht in den dortigen Wäldern, sondern im mittelamerikanischen Bereich domestiziert. Die beiden südamerikanischen Haustiere, die vom Guanako abstammenden Kleinkamele Lama und Alpaka sowie die Meerschweinchen, wurden Jahrtausende später als in Vorderasien im recht kalten Hochland der Anden gezüchtet und nicht etwa in den weiten Wäldern und Savannen des klimatisch angenehmen südamerikanischen Tieflandes.

Die Qualitäten der wichtigsten Haustiere

Dass man wilde Tiere zähmen kann, war somit zwar seit Jahrtausenden bekannt. Angewandt wurde diese Kenntnis jedoch keineswegs überall dort, wo Menschen lebten, und

200 Die Domestikation von Haustieren

auch nicht überall, wo es ähnliche Lebensbedingungen gab. Dem Kaukasus mit den angrenzenden Landschaften und Gebirgen sind durchaus Regionen in den Rocky Mountains oder den Appalachen in Nordamerika vergleichbar, zumal es dort Dickhornschafe (*Ovis canadensis*) gibt, die gar nicht so verschieden sind vom europäisch-asiatischen Wildschaf (*Ovis ammon*). Die mittel- und südamerikanischen Nabelschweine oder Pekaris können auch nicht von vornherein als Möglichkeit ausgeschlossen werden, sie ähnlich wie die europäisch-asiatischen Wildschweine zu züchten. Es gibt viele Berichte, dass Indiofrauen Pekari-Frischlinge an die Brust genommen und großgezogen hatten, bis sie zur Schlachtung groß genug waren. Jared Diamond (1998) hat zwar recht, dass die Wildformen von Schaf und Ziege in Körpergröße und Lebensweise besonders günstige Voraussetzungen für die Domestizierung boten, aber das Größen- und Typenspektrum der Haustiere beweist, dass man die Möglichkeiten nicht so eng sehen darf. Es reicht von Elefanten, Kamelen und Wasserbüffeln, großen Rinderformen und weiteren Arten von Wiederkäuern mittlerer Körpergröße sowie Pferden bis zu den diversen kleinen Haustieren, das Geflügel mit eingeschlossen. Letztlich kann man auch die Haltung von Jagdgeparden (*Acinonyx jubatus*) und Adlern mit einschließen, auch wenn diese im Vergleich zu ihren frei lebenden Formen züchterisch nicht verändert worden sind. An den Tieren selbst lag es somit nicht allein, ob es überhaupt und wenn ja, mit welchen Arten, zur Zähmung und Domestikation kam. Die »Umstände« spielten wahrscheinlich eine größere Rolle. Das ist die Schlussfolgerung, die sich hieraus ergibt. Immerhin brauchte die Domestikation nicht nur lange Zeit, sondern diese stand mit rund zehn Jahrtausenden seit Ende der letzten Eiszeit auch zur Verfügung.

Betrachten wir nun die beiden ersten Haustiere (nach dem Hund) etwas genauer. Schaf und Ziege sind kleinere Verwandte der Rinder und wie dieses gehören sie in die Untergruppe der Hornträger unter den Wiederkäuern. Die Wildformen, aus denen sie gezüchtet worden sind, gibt es noch. Es sind dies das Wildschaf (*Ovis ammon*) aus dem östlichen Mittelmeerraum, dessen westliche Unterart das auch stellenweise in Mitteleuropa (ausgewildert) frei lebende Mufflon ist, und die Bezoarziege (*Capra aegagrus*), die gleichfalls im östlichen Mittelmeergebiet (Kreta, einige weitere griechische Inseln) und in Vorderasien vorkommt. Beide leben in Gruppen oder kleineren Herden und sind im Hinblick auf die Nahrung sehr genügsam. »Genügsam« wertet jedoch aus menschlicher Sicht. Zutreffender ist es, sie als außerordentlich effizient in der Nutzung unergiebiger, dürrer Pflanzennahrung zu bezeichnen. Ziegen können sogar zeitweise von Zeitungspapier leben, weil ihre Verdauung in der Lage ist, die darin enthaltene Zellulose aufzuschließen und zu verwerten. Diese Leistung vollbringen Mikroben, die im Pansen des kompliziert gebauten, mehrkammrigen Magens leben. Ähnlich wirkungsvoll verwerten Schafe Pflanzenstoffe, die ansonsten zu dürftig wären, um Tiere zu ernähren. Die mit einem ähnlichen Verdauungssystem ausgestatteten Rinder brauchen mehr Wasser und deutlich höherwertige Pflanzenkost, aber auch sie gehören als Wiederkäuer zu den Weidetieren mit sehr wirkungsvoller Verwertung der Nahrungsstoffe. Bei Ziegen und Schafen fällt der Wasserbedarf geringer als bei Kühen aus. Bei der Bearbeitung des Nahrungsbreis im Pansen entsteht Mikroben-Eiweiß, und zwar auf grundsätzlich ähnliche Weise wie Joghurt entsteht. Doch dieser hat bereits Eiweiß, Milcheiweiß, als Grundlage, während bei den Wiederkäuern aus äußerst proteinarmen, oft dürren Pflanzen ein an Eiweiß und bestimmten Fettsäuren reicher Brei entsteht. Von diesem erst leben die Wiederkäuer (Abb. 12).

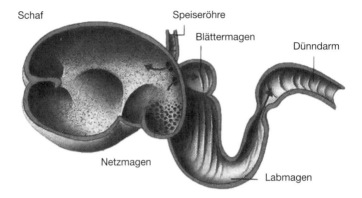

Abb. 13: *Bau des in Kammern gegliederten Wiederkäuermagens. Im großen Pansen wird die aufgenommene Nahrung fermentiert. Dabei entsteht Mikrobeneiweiß, welches ungleich gehaltvoller als die ursprünglich dürftige Pflanzenkost ist.*

Funktioniert die Mikrobenverdauung gut, entstehen sogar so große Überschüsse, dass die (aus Proteinen aufgebauten) Haare zu einem langen, dichten Fell auswachsen. Die weiblichen Tiere erzeugen eine protein- und fettreiche, sehr nahrhafte Milch. Auf die Erzeugung von Protein bezogen, eignen sich die genügsamen Ziegen und Schafe am besten, gefolgt von den Rindern. Die Leistung der Pferde bleibt im Vergleich dazu weit zurück. Sie haben eine ganz andere Verdauung mit sogenannter Enddarmfermentierung. Bei dieser erzeugen Bakterien aus den Pflanzenstoffen im Verdauungsbrei des Enddarms flüchtige Fettsäuren in großem Umfang. Diese liefern rasch und anhaltend Energie für Bewegung und Leistung, aber kein »Fleisch«. Pferde sind deshalb ausdauernde Läufer und zudem geeignet, Lasten, wie einen Reiter, zu tragen. Rinder benötigen die ausgedehnten Ruhepausen für das Wiederkäuen. Als Reittiere taugen sie weniger. Sie schreiten langsam voran. Selbst Reitochsen bleiben mit ihren Laufleistungen weit hinter denen von Pferden zurück. Da aber Pferde das Protein, das sie für den Stoffwechsel oder das die Stuten für die Versorgung der im Mutterleib heranwachsenden Füllen und die spätere Milch benötigen, nicht von Mikroben geliefert bekommen, müssen sie mehr Nahrung aufnehmen. Ihre Verdauung wirkt wie ein schnelles Durchlaufsystem, verglichen mit der gemächlichen Art und dem Wiederkäuen der Rinder. In der Natur brauchen die Pferde deswegen mehr Zeit zum Grasen, viel mehr als Rinder gleicher Körpermasse. Ihr Fleischzuwachs kann nicht mit dem bei Rindern konkurrieren, von Schweinen ganz abgesehen. Diese stellen unter den großen Haustieren die höchsten Ansprüche an das Futter. In der Zusammensetzung kommt es menschlicher Nahrung durchaus gleich. Daher gelten in manchen Kulturkreisen Schweine zu Recht als Konkurrenten um menschliche Nahrung. Bei Rindern und Pferden ist das nicht der Fall und auch nicht bei Ziegen und Schafen.

Aus dieser Charakterisierung wird klar, dass ganz anders als beim Hund bei der Domestikation von Schafen, Ziegen und Rindern von Anfang an kein Kommensalismus oder gar eine Nahrungskonkurrenz zum Menschen gegeben war. Später änderte sich dies, als Nahrungsreste vom Menschen an Schweine und Körner (Getreide) an Hühner, Gänse und Enten verfüttert wurden. Schweine benötigen mangels einer Verdauung, die minderwertige Nahrung aufbessert, vor allem an Stärke reiches Futter. Da die gegenwärtig wichtigsten Lieferanten von Schweinenahrung, Kartoffeln, Mais und Sojaschrot aus Amerika, bei der Domestikation der Wildschweine nicht zur Verfügung standen, muss es vor 9000 Jahren schon entsprechende Mengen an Abfällen aus der menschlichen Nahrung gegeben haben. Ferkel können noch nicht mit nur im Herbst und in manchen Jahren in Mengen von den Bäumen abfallenden Eicheln oder Bucheckern

204 *Die Domestikation von Haustieren*

ernährt werden. Die halbwilde Haltung von Schweinen in Wäldern, in denen sie selbst herumwühlen und im Herbst dank der stärkereichen Eicheln oder Bucheckern fett werden, dürfte sehr lange Zeit als Übergang zur Pferch- und Stallhaltung praktiziert worden sein. Die heutige Massenhaltung von Schweinen sowie von Mastgeflügel nimmt Nahrungsmittel in riesigen Mengen in Anspruch, die der hungernden Menschheit fehlen.

In den großen Linien zeigt sich somit ein Anfang der Viehhaltung mit sehr anspruchslosen Formen, die mit den Menschen in keiner Weise um Nahrung konkurrieren. Diese schreiten fort zu anspruchsvolleren Arten (Schwein) und geht weiter zu Kamelen und Pferden, die Lasten tragen und Reittiere werden.

Schafe, Ziegen und Rinder stellen eine jederzeit verwertbare, lebende Fleischreserve dar. Sie werden bei Bedarf geschlachtet. Wenn die weiblichen Tiere Junge haben, geben sie Milch. Diese können die Menschen auch verwerten; auf jeden Fall für die Kinder, solange diese das Ferment zum Milchabbau noch erzeugen. Von Ziegen und Schafen sind auch die Felle ohne besondere Behandlung brauchbar. Sie lassen sich gerben, wie die Rinderhäute auch, und ergeben so Leder, das für vielfältige Zwecke dienlich ist. All das ist wohl bekannt und braucht nicht weiter ausgeführt werden. Wichtiger sind in unserem Zusammenhang andere Gesichtspunkte. Zunächst einmal geht es darum, dass die Tiere zusammenbleiben und eine Herde bilden. Anstelle eines Leittieres übernimmt nun der Mensch die Führung. Die Herde muss der Hirte immer wieder in neue, noch nicht beweidete Gebiete führen, weil auch die genügsamsten Ziegen über kurz oder lang den Ort kahl fressen, an dem sie eingesperrt werden. Die Lebensform der Hirtennomaden entsteht aus dieser Notwendigkeit heraus. Zudem muss Sorge getragen werden, dass die Böcke nicht zu dominant werden und die Hirten selbst mit ihren

Das Jagdwild wird gezähmt   205

Angriffen gefährden. Verzichtet kann auf die Böcke nicht werden, weil nur regelmäßiger Nachwuchs Dauerhaftigkeit und Ertragsfähigkeit der Herde garantiert. Eine der ersten unter den neuen Aufgaben, die den Hunden gestellt wurden, dürfte daher die Mitwirkung beim Zusammenhalten und Absichern der Schaf- und Ziegenherden gewesen sein. Zur Rolle des Jagdhundes kommt die des Hirtenhundes hinzu. Beides verträgt sich nicht so recht in einem Hund. Die Züchtung von »Rassen« beginnt. Hier ist und bleibt der Jagdhund, der aktiv mitwirkt. Dort entsteht der Hirtenhund, der die eigene Herde zu beschützen und Feinde, die Ahnen der Hunde, die Wölfe, abzuwehren hat. Seiner Natur entsprechend, ist es für den Hirtenhund kein Problem, die Herde auf den mehr oder weniger ausgedehnten Wanderungen zu begleiten. In Bezug auf das arteigene System der Wölfe zu jagen, geht es bei der Ausbildung zum Hirtenhund dazu, die Herde immer wieder einzukreisen, wenn sich die Tiere zu sehr zerstreuen. Damit überhaupt eine Herde zustande kommt, müssen genügend kleine Jungtiere aufgezogen worden sein. Selbst erhalten wird sie sich aber erst, wenn es in der nun in den Anfängen der Domestikation steckenden Herde zur Fortpflanzung kommt. Das ist klar und klingt so einfach.

Doch wenn Wildziegen oder -schafe rar sind, besteht nur gelegentlich die Möglichkeit, ein Jungtier in für die »Adoption« geeignet jungem Alter zu finden. Ein erfolgreich gehaltenes und groß gezogenes Zicklein ergibt noch keine Herde. Folglich müssen die Wildformen recht häufig gewesen sein, als die Domestikation anfing, und nicht selten, sodass Mangel an Jagdbeute herrschte. Das gilt im Prinzip für alle Tierarten in prähistorischen und historischen Zeiten, die in die Obhut des Menschen genommen worden sind. Die Römer hätten keine Gladiatorenkämpfe gegen Löwen inszenieren können, wären damals vor nur rund 2000 Jahren die Löwen nicht häufig genug im zum Römischen Reich gehörenden Nord-

206 *Die Domestikation von Haustieren*

rand von Afrika vorgekommen. Plakativ ausgedrückt heißt das: Geschöpft wurde aus der Fülle und nicht aus dem Mangel. Warum aber sollten die Menschen mit einer aufwändigen Haltung und Zucht solcher Tiere angefangen haben, wenn keine wirkliche Notwendigkeit bestand? Fleisch auf Vorrat ist die einfachste Antwort. Die aufgezogenen Tiere werden dann geschlachtet, wenn man sie braucht.

Fleisch auf Vorrat

Außerhalb der Tropen bestimmen die Jahreszeiten, was die Natur an Verwertbarem hervorbringt. Von dieser Gegebenheit entfernen wir uns immer stärker, weil wir in den Ländern mit Wohlstand inzwischen daran gewöhnt sind, fast alles zu allen Jahreszeiten im Supermarkt kaufen zu können. Niemals in der ganzen Geschichte der Menschheit war das so. Immer gab es Zeiten des Überflusses, auf denen solche des Mangels folgten. Weithin diktieren die Niederschläge und ihre Verteilung im Jahreslauf, was wann geerntet werden kann. Die landwirtschaftlichen Kulturen kopieren im Wesentlichen die natürlichen Abläufe. Im Frühjahr ist Aussaat, im Herbst Erntezeit. Im Frühjahr oder Frühsommer werden die Jungtiere geboren, im Herbst gibt es Früchte. Heiße, sehr trockene Sommer, in denen das Gras verdorrt, sind eine ähnliche Zeit des Mangels wie Winter mit Schnee und Kälte. Diese ungünstigen Zeiten müssen überbrückt werden. Mit der Anlage von Vorräten oder der weitgehenden Einstellung der Aktivitäten kommt die lebendige Natur über diese schwierigen Zeiten. Die Zugvögel wandern in geeignete Winter- oder Sommerquartiere ab. Wer an Ort und Stelle überleben muss, hat sich diesen Herausforderungen zu stellen. Das gilt für Mensch, Tier und Pflanze. Je größer die Unterschiede im Verlauf der Witterung eines Jahres ausfallen, desto stärker werden die Lebewesen davon gefordert. Sie stellen ihre Jahreszyklen darauf ein. Viele Arten reagieren wie gesagt mit der Anlage von

208 *Die Domestikation von Haustieren*

Fettdepots in ihrem Körper auf die herannahenden ungünstigen Monate. Andere stellen sich in der Ernährung um. Es gibt zahlreiche »Strategien«. Dass sie existieren, zeigt, dass sie erfolgreich sind und den Tauglichkeitstest der Umwelt bestanden haben.

Die Menschen außerhalb der Tropen sehen sich einer besonderen Herausforderung ausgesetzt. Ihr Stoffwechsel läuft, wie schon ausgeführt, »tropisch«. Dementsprechend braucht unser Körper mehr Energie, um die kalten Monate zu überstehen als im Sommer. Der am besten geeignete Lieferant von Energie ist Fett. Auch das ist bereits betont worden. Nahe kommt dem Fett eine Verbindung, die aus Zucker (Glukose) gebildet wird, die Stärke. Stärke- und fetthaltige Nahrungsmittel liefern »schnelle Energie«. Der Körper kann sie schadstofffrei »verbrennen«. Wird hingegen Eiweiß zur Wärmeerzeugung verwendet, entstehen als Rückstände Verbindungen, die Stickstoff und Schwefel enthalten. Säugetiere scheiden die überschüssigen Stickstoffverbindungen in Form von Harnstoff aus. Die Vögel wandeln sie in die schmierige, fast feste Harnsäure um. Aus den Schwefelverbindungen entstehen »Stinkstoffe« (Mercaptane) oder, wenn die Mengen gering genug bleiben, dass sie nicht giftig wirken, der nach faulen Eiern riechende Schwefelwasserstoff (H_2S). Die Verdauung von Eiweiß fällt dem Körper schwerer als die von Fetten und Zucker (aus Stärke). Für plötzlich erhöhte Leistungen eignen sich diese daher am besten. Das gilt für die Menschen wie für Säugetiere und Vögel; für warmblütige Lebewesen ganz allgemein. Denn ihr Stoffwechsel hält die Temperatur des Körpers normalerweise erheblich über der Außentemperatur. Bei den meisten Säugetieren liegt sie ähnlich wie beim Menschen bei 37 °C oder etwas darüber; bei den Vögeln um oder über 40 °C. Die Todesgrenze wird in der Regel bei 43 °C erreicht. Kühlung ist deswegen sehr wichtig. Das ist bereits bei der Erörterung der Rolle des Schwitzens ausgeführt worden. Sie verursacht bei den Säugetieren einen erheblichen zusätzlichen Wasserverlust zu dem, was mit dem Urin bei der Ausscheidung des Harnstoffs notwendigerweise an Wasser verlorengeht. Da die Vögel keinen wässrigen Harn erzeugen, können sie mit Wasser im Körper weit haushälterischer umgehen. Besonders viel verbrauchen wir Menschen, weil wir auf nahezu der ganzen Körperoberfläche Wasser verlieren. Am meisten geben wir beim Schwitzen ab. Die Verdunstungskühlung kann einem Wärmeentzug vom Dreifachen des normalen Grundumsatzes an Energie entsprechen. Wir Menschen brauchen daher Wasser; vergleichsweise viel Wasser sogar. Beim Schwitzen geht Salz verloren. Unser »Salzhunger« rührt davon. Wenn wir zu viel davon aufnehmen, merken wir es nicht, außer dass wir durstiger werden, bis sich eventuelle Schäden wie Bluthochdruck bemerkbar machen. Weil Salz so gut wie immer und überall rar gewesen ist. Mit Salz lassen sich fast alle Säugetiere an bestimmte Stellen, sogar in nächste Nähe zu den Aufenthaltsorten der Menschen anlocken. Salzlecken nutzen die Jäger, um »ihr Wild« in ihrem Revier zu halten. Mit Salz könnten die Menschen schon in der Steinzeit Wildtiere angelockt haben, um sie zu jagen und zu fangen. Weibliche Tiere, die geboren haben, brauchen besonders viel Salz. Fleisch enthält umgekehrt auch viel davon; weitaus mehr als die allermeisten Pflanzen. Wo natürliche Salzquellen fehlen, wird dem Fleisch von Säugetieren die Hauptmenge des Salzgehaltes entnommen. Ergänzt werden kann die Verfügbarkeit von Salz durch das Verbrennen von Pflanzen. In der Asche befinden sich die Salze, die auch Menschen und größere Säugetiere brauchen. Deshalb ist es durchaus vorstellbar, dass die Anlage von Feuerstellen in dieser Hinsicht weitaus wichtiger gewesen ist als zur Erzeugung von stets flüchtiger Wärme. Die Eskimos kommen (wie auch andere Völker der baumfreien Tundren des Hohen Nordens) ohne Feuer zurecht, weil sie ihrer Jagdbeute, die überwiegend aus dem Meer kommt, das

210 *Die Domestikation von Haustieren*

notwendige Salz entnehmen. Reicht es nicht, wird der Harn von Tieren, wie der Karibus in Nordamerika und der Rentiere im Norden Eurasiens, getrunken. Oder auch der Harn von Rindern in subtropischen und tropischen Gebieten ohne Zugang zu Salzquellen.

Wir müssen uns also auch mit anderen Aspekten näher befassen, wenn wir ergründen wollen, warum Menschen angefangen haben, Tiere zu halten, aus denen schließlich nach vielen vielen Jahren Haustiere geworden sind. Das Fleisch allein ist es nicht, worauf es ankommt. Gerade deshalb bietet dieser lebende Fleischvorrat die Möglichkeit der Nutzung, wenn wirklicher Bedarf zustande gekommen ist.

Wann kann diese Situation eintreten? Zunächst natürlich bei echtem Mangel, weil die übliche Jagdbeute zu selten geworden oder aus dem Gebiet verschwunden ist. Jungtiere gibt es im Frühjahr reichlich. Im Spätherbst und Winter kann sich Mangel einstellen, vor allem auch, wenn die zu feuchte Witterung das Aufbewahren von getrocknetem Fleisch verhindert. Die Reihung von »kann« stellt dabei kein bloßes Herumspielen mit Möglichkeiten dar, sondern sie nimmt Bezug auf die Unzuverlässigkeit der Witterung. Von ihr verursacht, kann es eben so oder ganz anders kommen.

Zahme Tiere eignen sich stets dazu, scheue Artgenossen anzulocken oder in Sicherheit zu wiegen. Der auf Jagd eingestellte Mensch tarnt sich gleichsam mit ihnen, obgleich er ungetarnt sichtbar bleibt. Tiere, die von Natur aus häufig vor Feinden flüchten müssen, vermeiden unnötige, Energie verzehrende Fluchten. Reiter kennen diesen Effekt. An scheues Wild kommen sie dank des Pferdes weit näher heran als gleich harmlose Spaziergänger. Die Aufzucht und Haltung einzelner Tiere der späteren Haustierarten bringen daher durchaus in verschiedener Weise nachvollziehbare Vorteile. Die Forderung nach den »Anfangsvorteilen« für eine evolutionäre Entwicklung ist somit auch hier erfüllt.

Ist es erst einmal geschafft, mit bisher nur bejagten und davon scheu gewordenen Tieren einen derartigen Kontakt herzustellen, kommt ganz von selbst die weitere Entwicklung in Schwung. Je mehr Tiere in der Gruppe oder in der Herde, umso sicherer kann der Bestand bei Bedarf genutzt werden. Wichtig bleibt jedoch der Zugang zu Wasser. Die Tiere brauchen Tränken, wie auch die Menschen hinreichend sauberes Wasser benötigen. Diese Anforderung schränkt die Möglichkeiten ein, mit den Herden herumzuziehen. Nicht alle Weidegründe können genutzt werden, weil Wasserstellen zu weit entfernt sind oder fehlen. Auch dieser Umstand braucht nicht weiter vertieft zu werden, so klar liegen die Verhältnisse. Oder doch?

Wasser begrenzt wohl überall, wo Hirtennomaden ihre Herden noch einigermaßen traditionell auf die Weiden führen, die Größe der Bestände und ihren Aktionsradius. Nicht der Sand und die Hitze schränken die Nutzung der Wüsten so stark ein wie die Oasen und die Ergiebigkeit ihrer Quellen. Wo die unregelmäßig fallenden Niederschläge für kurze Zeit üppiges Wachstum aus dem Wüstenboden hervorzaubern, finden sich Antilopen, Gazellen und viele Vögel ein, um in der momentanen Fülle zu schwelgen. Teilhaben können die Wanderhirten mit ihren Herden nur, wenn Wasserstellen in der Nähe sind. Dass dies keine Spekulationen sind, geht aus altägyptischen Bildern hervor. Diese zeigen, dass noch bis ins 2. vorchristliche Jahrtausend die Ägypter mit der Domestikation von Gazellen und Antilopen experimentiert hatten. Diese benötigen noch erheblich weniger Wasser als Ziegen. Sie können daher auch Weidegründe nutzen, die fern von Wasserstellen liegen. Eine Antilopenart wäre in dieser Hinsicht die beste gewesen; vielleicht das beste Herdentier überhaupt, das in Nordafrika und im Vorderen Orient vorstellbar gewesen wäre: die Oryx-Antilope. Wahrscheinlich war sie, speziell die Arabische Oryx (*Oryx leucoryx*), das

Vorbild für ein Fabeltier, das bis in die Gegenwart auf höchst merkwürdige Weise nachwirkt: das Einhorn.

Wesentliche, bislang kaum berücksichtige Aspekte der Domestikation von Weidetieren lassen sich an seinem Beispiel aufzeigen.

Das Einhorn und die Domestikation

Das Tier, das nicht domestiziert werden konnte, eignet sich vielleicht am besten dafür, nachzuforschen, worum es den Menschen ging als sie sich daranmachten, Wildtiere zu zähmen. Als Fabelwesen ist das Einhorn in unsere Zeit gelangt. Gegeben hatte es dieses Tier wirklich. Seine vertiefte Behandlung zeigt vielfältige Querverbindungen auf, die weit über den rein ökonomischen Bereich hinausgehen.

Um 400 v. Chr. beschrieb Ktesias, Leibarzt am Persischen Hof, das Einhorn: »So groß wie ein Pferd oder größer mit weißem Körper, rotem Kopf und blauen Augen. Das lange Horn sei an der Wurzel weiß. Das Einhorn sei sehr schnell und kräftig und man könne es nicht lebend fangen.« Der Römer Aelianus Claudius (170–235 n. Chr.) präzisierte etwa 600 Jahre später: »Das Horn sei spiralig gedreht und in der Mitte schwarz. Die Wildheit des Einhorns könne durch weiblichen Einfluss gezähmt werden. In der Paarungszeit wird es gesellig.« Immer wieder kommt das Einhorn in der Bibel vor, so in den Büchern Mosis und in den Psalmen. Ein Tier, das es nicht gibt, kann das Einhorn also schwerlich (gewesen) sein. Zu präzise wirken zumal die alten Beschreibungen in der Naturgeschichte des Aristoteles. Erst im Mittelalter verwandelt es sich in ein mythisches Wesen, das sein Horn friedlich in den Schoß der Gottesmutter legt. Konrad Gesner kehrte in der Frühen Neuzeit zu den Quellen zurück. In seinem *Thierbuch* bildete er 1669 ein Pferd mit gespaltenen Hufen ab, das auf der Stirn ein gedrehtes Horn trägt. Nun gewann die zoologische Betrachtung die Oberhand. Sie gipfelte in der Mitte des 19. Jahrhunderts in Zuordnungen, wie sie etwa Johannes Lennis, Professor am Josephinum in Hildesheim, in seiner *Synopsis der drei Naturreiche*, einem »Handbuch für höhere Lehranstalten und für Alle, welche sich wissenschaftlich mit Naturgeschichte beschäftigen wollen«, von 1844 vorgenommen hatte. Er schreibt darin: »Dem Residenten der ostindischen Compagnie zu Nepaul, Herrn Hogdsen, gelang es von einem gestorbenen Einhorn aus der Menagerie des Rajah von Nepaul die vollständige Haut mit dem noch auf dem Schädel sitzenden Horne zu erhalten, welche er an die wissenschaftliche Gesellschaft von Calcutta einsandte und dadurch alle Zweifel löste. Das Einhorn lebt in der Provinz Dzeng in Tibet, ist scheu u. wild, röthlich, unten weißlich u. hat nur e i n sehr spitzes, schwarzes, aufrechtes Horn auf der Stirn (wie es im Wappen der Engländer abgebildet wird) u. den schlanken Bau der Antilopen, weshalb man es *Antilope monoceros* nannte.«

Doch so präzise das auch klingen mag, man wird das Einhorn heute nirgendwo mehr in der Fachliteratur über Säugetiere finden. Längst ist es wieder zum Fabeltier zurückgestuft worden!

Umso munterer feiert es Urständ in Filmen wie »Das letzte Einhorn«, in zahllosen Abbildungen und Nachbildungen. Man könnte es geradezu als Indikator für die so wechselvolle Zuwendung der Menschen zum Mystischen betrachten: Nach der anfänglich natürlichen Einstufung im Altertum verlor das Einhorn nach und nach seine Realität und mutierte im Mittelalter vollends zum Fabelwesen. Mit der Aufklärung setzte seine Profanisierung ein und die Zoologie des 18. und 19. Jahrhunderts machte aus dem Tier eine Antilope aus Tibet. Als sich herausstellte, dass dem nicht so ist, büßte das

Einhorn seine reale Existenz wieder ein. Rainer Maria Rilke widmet ihm ein Gedicht, das wie ein Nachruf darauf klingt. Und so wurde es im 20. Jahrhundert wiederum zum Fabeltier. Für eine ernsthafte naturwissenschaftliche Fragestellung eignet es sich nicht mehr. Oder vielleicht doch? Was war das Einhorn wirklich?

Das Einhorn existiert(e). Daran lässt sich schwerlich zweifeln. Eine einfache zoologische Diagnose führt ebenso zum richtigen Tier, wie der Raum, in dem es lebte, dazu passt. Dieser lässt sich geographisch mit dem östlichen Nordafrika, Arabien und dem Vorderen Orient umfassen; einer Zone also, in der bis in die Zeit der Griechen und Römer auch noch Löwen vorkamen. Die in den wesentlichen Beschreibungen der Antike enthaltenen Kennzeichen führen wie ein zoologischer Bestimmungsschlüssel auf die richtige Spur. Beim Einhorn handelte es sich zweifellos um ein Huftier. Aber weil die Hufe gespalten waren, gehörte es nicht zu den Pferden, den Einhufern, sondern zu den Paarhufern und als Hornträger zur Familie der Rinderartigen. Das lange, spießartige Horn mit auffällig ringelartigen Querwülsten verweist auf die Großantilopen und darin auf die Gruppe der sogenannten Pferdeböcke. Größe, Fellfarbe und die Form der Hufe ordnen das Einhorn der Gattung der Oryx-Antilopen (Abb. 14) zu.

Zu diesen hatte es Johannes Lennis Mitte des 19. Jahrhunderts also ganz folgerichtig gestellt. Er führte drei Arten von Oryx-Antilopen an, nämlich den südafrikanischen Gems- oder Spießbock, die ostafrikanische Beisa-Antilope und die milchweiße Antilope Arabiens. Der Spießbock kommt wegen der geographischen Entfernung nicht in Betracht. Doch zur Beisa-Antilope in Lennis' Darstellung passen andere alte Beschreibungen: »Hörner gerade, Körper isabellfarbig, Hirschgröße. Nicht vorige (die arabische oder milchweiße Oryx)

Abb. 14: *Eine Oryx schreitet fast wie ein Einhorn eine Hügelkuppe in Südäthiopien entlang.*

sondern diese, erst kürzlich wieder aufgefundene Art, soll der wahre, auf egyptischen und nubischen Denkmälern so oft und als einhörnig dargestellte Oryx der Alten sein. Zu dieser rechnete man auch das früher für fabelhaft gehaltene Einhorn. ... Allein obige Antilope hat zwei Hörner ... auch ist es nicht wahrscheinlich, dass die Egypter ein Thier so oft auf ihren Denkmälern verstümmelt dargestellt hätten.« Aufgrund dieser Überlegungen und im Hinblick auf die Nachrichten aus der ostindischen Compagnie verwirft er nun die Oryx und siedelt das Einhorn im Hochland von Tibet an. Die zweite Art seiner Auflistung, die arabische Oryx, hätte al-

Das Einhorn und die Domestikation 217

lerdings den alten Beschreibungen noch sehr viel besser ent-
sprochen: »Körper milchweiß, Hals u. Nase rostbräunlich;
Hirschgröße. Arabien.«

In den Details entspricht die arabische Oryx, wissenschaftlich als *Oryx leucoryx* bezeichnet, tatsächlich dem Einhorn
sehr gut: Weißer Körper, »rotes« Gesicht, blaue, also tief-
gründig spiegelnde Augen, so groß wie ein Pferd (ein kleines
Araberpony), dunkle Beine, ausgeprägt pferdeartige, gleichwohl gespaltene Hufe, die Schnelligkeit und die Ausdauer, die
Lebensweise und auch dass es schwer oder kaum zu fangen
ist. Tatsächlich verteidigen sich die kräftigen Oryx-Antilopen
mit ihren meterlangen Hornspießen recht erfolgreich gegen
Löwen. Wie bei Antilopen und Gazellen üblich, werden die
Böcke zur Fortpflanzungszeit weniger vorsichtig und nähern
sich mit hochgezogenen Lippen »flehmend« den brünstigen
Weibchen ihrer Art (auch anderen, wenn diese weibliche Se-
xualdüfte verströmen). Die nordostafrikanische Oryx wird
über 200 Kilogramm schwer, die arabische bleibt kleiner.
Beide Arten waren den alten Ägyptern so gut bekannt, dass
sie diese häufig und zoologisch ganz richtig auf Reliefs darstellten. Auch »einhörnig«, nämlich genau in Seitenansicht,
bei der sich beide Hörner überlagern, zumal diese tatsächlich sehr eng stehen und bei der Beisa-Oryx im Extremfall
über zwei Meter lang werden können. Anders als sonst üblich, entwickeln nämlich bei diesen Antilopen die Weibchen
längere und kräftigere Hörner als die Männchen. Als gefährliche, durchaus tödliche Waffe setzen sie ihre Hornspieße
gegen Feinde ein und verteidigen so zumeist erfolgreich ihr
Junges. Die Böcke hingegen wenden die Spieße nicht gegeneinander. Sie drücken mit ihnen, Kopf an Kopf, von der Seite
und messen so ihre Kräfte, ohne in der Regel einander Verletzungen zuzufügen. Dass es dennoch im Eifer des Gefechts
immer wieder vorkommt, dass dabei ein Horn abbricht, ist

218 *Die Domestikation von Haustieren*

bekannt. Auf diese natürliche Weise entsteht ein »Einhorn«. Somit führt die zoologische Spurensuche gegenwärtig, wie schon vor 200 Jahren, zu einem eindeutigen Ergebnis. Die arabische Oryx mag zwar zu klein erscheinen, um sich allein für das historische Einhorn zu qualifizieren. Ihre Spießhörner stehen eng und sind schwach nach rückwärts gebogen. Aber die nahe verwandte nordostafrikanische Beisa-Oryx mit besonders langen, geraden Spießen, die westlich des Roten Meeres lebt, ist mit über 200 Kilogramm Gewicht erheblich größer. Sie vereinigt gleichfalls die wichtigsten Eigenschaften des Einhorns in sich (Abb. 15).

Abb. 15: *Eine Beisa-Oryx in Ostafrika vor der flimmernden, weithin wasserlosen Savanne*

Nur Gesichts- und Beinfärbung passen besser zur arabischen Oryx. In der Sahara schließt sich die dritte Form an, die Säbel-Oryx oder Säbelantilope. Bei dieser sind die Hörner deutlich nach hinten gebogen. Auch sie ist auf den altägyptischen Reliefdarstellungen zu finden. Somit sollte das Einhorn eigentlich seit dem 18. Jahrhundert kein Rätsel mehr sein. Mit an Sicherheit grenzender Wahrscheinlichkeit waren mit diesem Tier die Oryx-Antilopen gemeint. Die Beschreibung von Ktesias passt am besten zur arabischen Oryx. In Persien war Ktesias dem ursprünglichen Verbreitungsgebiet dieser Oryx nachbarschaftlich nahe. Denn es deckte damals praktisch die ganze Arabische Halbinsel ab, reichte bis Syrien, an den Libanon und an den Rand der Sinai. Die größere Beisa-Oryx Afrikas kam in jenen Zeiten noch an den Rändern des Alten Reiches der Ägypter vor. In der Genauigkeit der alten Beschreibungen spiegeln sich die unmittelbaren Kenntnisse über die Oryx-Antilopen. Spätestens um die Zeitenwende gingen sie verloren. Später scheint die Feststellung, dass es sich beim Einhorn um Oryx-Antilopen gehandelt hatte, zu »gewöhnlich« gewesen zu sein, um glaubhaft zu wirken. Das fabelhafte Einhorn war den Menschen eine zu große Besonderheit. Die Diagnose, dass es sich »nur« um eine große Antilope gehandelt hat, reichte offenbar selbst unserer Zeit nicht als Erklärung für das »Phänomen Einhorn«. Warum aber machte man schon in der Antike so viel Aufhebens von diesem Tier? Weshalb mutierte es im Mittelalter zu einer so besonderen Allegorie?

Für eine vertiefte Analyse des Phänomens Einhorn ist es nötig, das später Hinzugefügte vom Ursprünglichen zu trennen. Tatsächlich hat man dem Einhorn Einiges angedichtet, als man es als reales Tier nicht mehr kannte. So etwa die Wirkung seines pulverisierten Horns. Es sollte Wasser entgiften und Schlangenbisse heilen können. Diese dem Horn des Einhorns zugeschriebene Eigenschaft stammt jedoch von einem

220 *Die Domestikation von Haustieren*

anderen »Einhorn«, nämlich vom Indischen Panzernashorn, das Albrecht Dürer in seinem bekannten Bild so meisterhaft und naturgetreu abgebildet hat. Zu Pulver zerriebenes Nashorn-Horn, das nur aus Horn besteht und keinen Knochen im Innern trägt, erzeugte wohl eine ähnliche Wirkung wie heutzutage Aktivkohlepulver. Die Hornsubstanz (Keratin) bindet Stoffe, die giftig wirken können, physikalisch durch die sogenannte Adsorption. Zu Zeiten, in denen Vorkoster für die Herrschenden unabdingbar waren, weil sie stets versuchter Giftmorde gewahr sein mussten, war ein derartiges Pulver sicherlich Gold wert. Und mit Gold wurde es auch aufgewogen. Die Panzernashörner waren jedoch schon im Mittelalter so selten, dass dem »Mittel« ganz von selbst ein entsprechend hoher Wert zukam. Daher wurde auch gefälscht und das vom »echten Einhorn« stammende Pulver musste vom Falschen, dem Stoßzahn des Narwals, unterschieden werden. Diesen brachten Seefahrer aus dem Hohen Norden nach Europa, als die mittelalterliche Erwärmung des Klimas das Nordmeer befahrbar werden ließ. Wikinger, vielleicht auch schon die Basken, dürften die Hauptlieferanten dieses Stoßzahn-Einhorns gewesen sein. Der Nähe Schottlands zum Nordmeer gemäß gelangte dieser Zahn ins Wappen und drückte damit den Konflikt Schottlands mit England aus. Da der Wal als Träger dieses »Horns« nicht bekannt (gegeben worden) war, wurde der schraubig gedrehte Narwalzahn im Wappen dem pferdeartigen Einhorn auf die Stirn gesetzt.

Einen anderen Weg hatte das mystisch verwandelte Einhorn in der höfischen Zeit des Mittelalters genommen. Versetzt in den geschlossenen (Paradieses)Garten, dem Hortus conclusus, ruhte es friedlich und legte sein Horn in den Schoß der Jungfrau (Maria). Das Weiß des Tieres drückte die Reinheit aus, so wie es der Mythos will und wie es im Weißen Hirsch (mit dem Kreuz auf der Stirn) Ausdruck gefunden hat. Weiß bedeutete nicht nur rein, sondern auch zahm und friedlich; auf jeden Fall aber edel. Ob das lange, spitze Horn dabei im Verborgenen auch phallischen Charakter hatte, mag dahingestellt bleiben. Jedenfalls befindet sich das mittelalterliche Einhorn eingefriedet im schönen Garten. Es ist also gezähmt und lebt in Gefangenschaft. Hierin verbirgt sich der Hinweis auf die viel früheren Zeiten im Alten Ägypten und worum es damals, vor rund 3000 Jahren eigentlich gegangen wäre. Die Darstellungen zeigen, worum es damals wirklich ging:

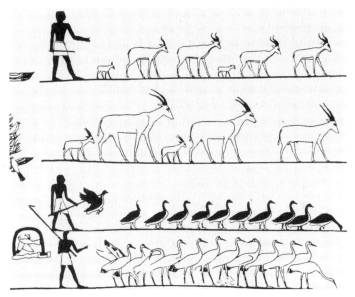

Abb. 16: *Oryx-Antilopen und Gazellen (Dorkasgazellen Gazella dorcas) auf altägyptischen Reliefdarstellungen (12. Dynastie), die mit Jungen (!) auf die Weide geführt werden. Auch Gänse und sogar Kraniche (unten) sind enthalten. Letztere sind, wie auch Antilopen und Gazellen, jedoch keine Haustiere geworden.*

222 *Die Domestikation von Haustieren*

um Zähmung und Domestikation. Alle drei in der weiteren Umgebung Ägyptens vorkommenden Oryx-Antilopenarten sind auf Reliefdarstellungen nämlich nicht nur eindeutig als solche zu erkennen, sondern auch in ihrer Funktion dargestellt (Abb. 16 und 17).

Diese großartigen Antilopen sollten Haustiere werden! Die Oryx-Antilopen treten zusammen mit echten Haustieren, wie Rind, Schaf und Ziege, auf und nicht als Jagdtiere. Sie werden gefangen vorgeführt oder als Tribut nach Ägypten gebracht. Die Darstellungen deuten sogar Zuchtversuche an, weil Alttiere mit Jungen gezeigt worden sind. Ganz offensichtlich ging es in jenen Zeiten, als die Oryx noch Antilope und nicht zum Fabelwesen Einhorn verändert worden war, darum, sie zu domestizieren. Es blieb bei den Versuchen. Das ursprüngliche Einhorn wurde kein Haustier.

In freier Natur aber verschwanden alle drei Arten rasch aus dem Bereich des Klassischen Altertums unserer Geschichte. Die arabische Oryx wurde auf den Süden der Arabischen Halbinsel zurückgedrängt, wo sie in Oman in jüngster Vergangenheit in der freien Natur ausgerottet wurde, aber aus Zoonachzuchten in unserer Zeit wieder ausgewildert werden konnte. Die Beisa-Oryx (*Oryx beisa*) zog sich bis jenseits von Äthiopien zurück in die Halbwüsten von Nordkenia und Somalia. Die Säbelhorn-Oryx (*Oryx dammah*) entging in der Sahara nur knapp der vollständigen Ausrottung. Sie zählt gegenwärtig zu den akut bedrohten Arten.

Am Rückgang waren allerdings weniger die Menschen als das Klima schuld. Vor rund zweieinhalb Jahrtausenden ließ eine große Klimaveränderung weite Teile der Arabischen Halbinsel, des Vorderen Orients und die Sahara austrocknen. Aus früherem Savannenland sind Wüsten geworden. Die Orxy

Abb. 17: *Gezähmte Oryx-Antilopen werden von dunkelhäutigen Ägyptern betreut.*

verlor mit diesem natürlichen Vorgang zwar große Teile ihrer ehemaligen Verbreitung, aber als Spezialisten für Halbwüsten konnten diese großen Antilopen sehr wohl in entlegenen, den Menschen nicht oder nur äußerst schwer zugänglichen Gebieten die Jahrtausende bis in unsere Zeit überleben.

In dieser Fähigkeit steckt nun auch die ganz große Besonderheit dieser Antilopen. Ideale Haustiere wären sie für Hirtennomaden geworden, hätte man sie zähmen und domestizieren können. Denn die Oryx kann wochen-, mitunter sogar monatelang ohne Wasser auskommen. Sie erzeugt aus dem dürren Futter, das sie in den Halbwüsten aufnimmt, bei der

Verwertung in ihrem Körper so viel sogenanntes Stoffwechselwasser, dass sie nicht zur Tränke muss wie Rinder und Schafe oder Ziegen. Die Nomaden wären mit Herden von Oryx-Antilopen weitgehend unabhängig von den Oasen gewesen. Anspruchslose Tiere, so groß wie Hirsche oder wie kleine Rinder, die sich außerdem selbst gegen Löwen verteidigen und denen lange Wege durch die Halbwüsten nichts hätten anhaben können, was wären das für großartige Haustiere gewesen! Eigenschaften von Kamelen und Rindern, aber auch wie mit scharfen Lanzen bewaffnete Wächterhirten hätten sie in sich vereinigt. Niemand und nichts vermochte ihnen in die lebensfeindlichen Wüsten zu folgen, in die sie sich bei Gefahr zurückzogen. Weit weniger abhängig vom Wasser zu sein, hätte die große Freiheit für die Nomaden bedeutet. Gutes Fleisch hätten diese Nutztiere geboten und auch Milch, wenn die Muttertiere kalbten. Doch die Natur der Oryx war gegen die Domestikation; die Zähmung des Wundertieres ist misslungen. Was für ein Kult aber wurde – und wird – seit Jahrtausenden um das Rind betrieben! Vergöttert hatten es die alten Ägypter und den Stierkopf zum ersten Buchstaben des Alphabets werden lassen.

Abb. 18: *Aus dem Rinderkopf wird der erste Buchstabe* (aleph) *des Alphabets. Die außerordentliche Wertschätzung geht daraus hervor und auch der sich entwickelnde Rinderkult.*

Die Geschichten um das Einhorn liefern uns mehr als eine ziemlich wahrscheinliche Erklärung, worum es sich bei diesem Fabeltier gehandelt hat. Aus ihnen gehen die Probleme und Bedürfnisse hervor, die mit Haltung und Nutzung von Weidetieren verbunden waren, bis die neue Zeit, unsere Zeit, dem Hirtennomadentum weitgehend ein Ende bereitete. Das Einhorn verrät mit seinem mythischen Hintergrund mehr zum Ursprung der Haustiere als die vielen Knochenfunde, die gemacht worden sind und die der Einbettung in die Lebensbedingungen jener Zeiten bedürfen, aus denen sie stammen.

Der vielleicht wichtigste Befund ist der Zusammenhang mit dem Wasser. Denn er weist darauf hin, dass zu Beginn der Domestikation andere Verhältnisse geherrscht haben könnten als in den Jahrtausenden, die darauf folgten. Zusammen mit den Felsbildern aus der Sahara und anderen Regionen deuten sie klimatische Verhältnisse an, die erheblich niederschlagsreicher und günstiger gewesen sind als in unserer Zeit. In Kurzform gebracht: Die Sahara ergrünte nacheiszeitlich. Sie war ertragreiches Savannen- und Steppenland mit großem Reichtum an Wildtieren, als Menschen damit anfingen, solche Wildtiere zu zähmen und zu Haustieren zu machen. Es lag wahrscheinlich am Rückgang der Niederschläge und am Vorrücken der Wüste, dass bei den alten Ägyptern Antilopen und Gazellen als Alternative zu den schon vorhandenen Haustieren angesehen wurden. Und sie experimentierten mit ihnen. Die klimatologischen Befunde, die dem Wasser unter der Wüste und zahlreichen anderen Indizien entnommen werden, bekräftigen diese Sicht. Es war eine Zeit der Fülle, in der unsere wichtigsten Haustiere domestiziert wurden. Zähmung und Züchtung erfolgten nicht der Not gehorchend. Vielmehr dürfte es sich um die Nutzung von Möglichkeiten gehandelt haben, die sich aufgetan hatten, als es reichlich Wild der verschiedensten Arten und Gruppen gab. Dass dieses saisonale Wanderungen durchführte, ist an-

226 *Die Domestikation von Haustieren*

zunehmen. Sie ergeben sich aus den Gesetzmäßigkeiten der Niederschläge zu bestimmten Jahreszeiten und der Tatsache, dass große Herden die aufgewachsene Vegetation in kurzer Zeit sehr stark nutzen. So ist das auch in unserer Zeit in der Serengeti und in den wenigen anderen einigermaßen naturnah verbliebenen Grasländern der Tropen und Subtropen mit Herden wandernder Weidetiere. Auf sie richten wir nun unser Augenmerk.

Wandernde Herden im Vorderen Orient und in Nordafrika

In vorbiblischen Zeiten waren die Sahara, die Arabischen und Vorderasiatischen Wüsten und Halbwüsten voller Tiere. Diese Schlussfolgerung ergibt sich aus den neuen Befunden zum Klima, das nacheiszeitlich viel feuchter gewesen sein muss als in den historischen Zeiten. Aber noch als Rom den gesamten Mittelmeerraum und die angrenzenden Gebiete beherrschte, war Nordafrika eine der wichtigsten Kornkammern des Imperium Romanum.

Karthago sollte zerstört werden, so der wiederholte Aufruf des Senators Marcus Porcius Cato mit seinem berühmt gewordenen, den 3. Punischen Krieg im zweiten vorchristlichen Jahrhundert herausfordernden »ceterum censeo«, weil mit der Kontrolle über die nordafrikanischen »Kornkammern« im Hinterland von Karthago die Getreideversorgung der Weltmacht gesichert war. Die riesigen seenartigen Süßwasservorräte unter Teilen der Sahara unterstreichen die günstigen Niederschlagsverhältnisse in der Zeitspanne zwischen dem 10. und dem Ende des 3. Jahrtausends vor unserer Zeitrechnung (Abb. 19).

Die Rekonstruktion bringt auch zum Ausdruck, dass in der Mitte des 3. Jahrtausends vor Christus ein ziemlich abrupter Rückgang der Niederschläge einsetzte und die Wiederausbreitung der großen Wüste ihren Anfang nahm. Sie wurde nun ähnlich trocken wie in der Endphase der letzten Eiszeit

228 *Die Domestikation von Haustieren*

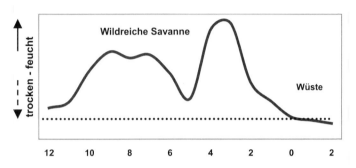

Abb. 19: *Die Entwicklung des Klimas im Subtropenbereich der Sahara vom Ende der letzten Eiszeit bis in die Gegenwart zeigt zwei ausgeprägte, lang anhaltende Phasen sehr reicher Niederschläge. Mit Beginn der »historischen Zeit« etwa 2500 v. Chr. setzte sehr rasch die Rückbildung der Wüste ein.*

vor 12 000 bis 13 000 Jahren. Die wildreiche Savanne erstreckte sich weit über die Sahara hinaus nach Osten und Nordosten. Sie überdeckte so gut wie die ganze Arabische Halbinsel, das Euphrat- und Tigris-Gebiet sowie die heutigen Wüsten und Halbwüsten Persiens. Nach Zentralasien setzte sie sich in Form von Steppen und Salzsteppen fort bis in die Wüste Gobi. Längst ausgetrocknete Seen dokumentieren in dieser Region jene niederschlagsreichere Zeit der Jahrtausende nach dem Eiszeitende. Die bedeutendsten Großtiere dieser Savannen und Grasländer waren Antilopen. Ihr schlanker, hochbeiniger Körperbau befähigt sie zu ausgedehnten Wanderungen. Die Abhängigkeit von Wasser ist bei den Oryx-Antilopen am geringsten. Das habe ich oben beim Einhorn ausgeführt.

Die Antilopen und Gazellen verhalten sich mit ihren Wanderungen in mehr oder weniger großen Herden ziemlich anders als Wildschafe und Wildziegen. Wenn sie kommen, überschwemmen sie das Grasland wie eine Flut. Wenn sie wieder abgezogen sind, ist dieses weitgehend abgeweidet. Die Ziegen und Schafe wären dieser Konkurrenz nicht gewachsen. Einmal weil sie bei weitem nicht so gut zu Fuß sind wie die Antilopen und Gazellen und mit deren weiträumigen Wanderungen nicht mithalten könnten. Aber auch, weil sie in strukturierten Gruppen, in Familienverbänden leben. Sie besiedeln daher dauerhafter solche Lebensräume wie grasige Hänge, gebirgiges, zum raumgreifenden Wandern zu beschwerliches Land und halten darin feste »Einstände« ein.

Die Herden von Gazellen, von denen es reichlich fossile Überreste aus dem Vorderen Orient gibt, kamen mit größeren zeitlichen Schwankungen im Frühsommer, wenn die Savannen und Steppen üppiges Grün entwickelt hatten. Wahrscheinlich brachten die Weibchen in dieser Zeit auch ziemlich gleichzeitig ihre Jungen zur Welt. Für die Menschen in diesem Raum stellten sie das bei weitem wichtigste Jagdwild dar. Auch das geht aus den archäologischen und prähistorischen Funden hervor. Leitwerke lenkten ganze Herden von Gazellen auf Schluchten zu, in die sie von den Jägern hineingetrieben und zum Abstürzen gebracht wurden. Fleisch muss es in diesen Zeiten in Hülle und Fülle genau in jenem Raum gegeben haben, der als »Fruchtbarer Halbmond« bezeichnet wird und wo der erste Ackerbau von Getreide nachgewiesen ist. Und zwar zur selben Zeit der jungsteinzeitlichen bis frühgeschichtlichen Jahrtausende.

Die anfänglich wohl in einfachen Umzäunungen aus Dornsträuchern oder Steinwällen gehaltenen Jungtiere von Wildziegen und -schafen passen daher viel besser zu der Vorstellung, es habe sich bei ihnen um einen lebendigen Vorrat gehandelt, den sich die örtlichen Gruppen von Menschen

230 *Die Domestikation von Haustieren*

leisten konnten, als zu schwindendem Jagdwild und Hunger. Sparen lässt sich nun mal ungleich leichter in Zeiten des Überflusses als in der Not. Die gefangen gehaltenen Tiere brauchen selbstverständlich auch Nahrung. Man sollte sie damit sogar gut versorgt haben, damit sie »gut im Fleisch« waren und blieben, bis man sie schlachtete. Gute Weidegründe liefern eine bessere Begründung für eine anhaltend gute Versorgung als schlechte Vegetationsverhältnisse. Wo man nicht weit gehen muss, um frisches Gras zu holen, können die gehaltenen Tiere auch gut versorgt werden. So selbstverständlich das für uns heute ist, so wenig findet es offenbar Beachtung, wenn es um die Frage geht, warum die Menschen in diesem Gebiet vor etwa 10 000 Jahren mit der Haltung von Schafen und Ziegen angefangen hatten.

Die Verfügbarkeit dieser eingepfercht gehaltenen Tiere bietet aber noch eine weitere Möglichkeit. Die Besitzer können sie nicht nur dann schlachten und essen, wenn die Erträge an Jagdwild zurückgegangen sind und Hunger droht. Denn auch hierzu gibt es eine Alternative; eine für die Gemeinschaft nahe beieinander lebender Gruppen oder Großfamilien sogar sehr schöne. Die gehaltenen Tiere kann man gemeinsam bei einem Fest verzehren. Sie gewinnen damit eine soziale Dimension. Diese hält die Gruppen zusammen, muss aber nichts mit Hunger und Verknappung zu tun haben; im Gegenteil! Ein gemeinsames Festessen drückt den Erfolg aus und stärkt die Zusammengehörigkeit. Wenn wir die ersten, zum Schlachten geeigneten Haustiere aus dieser Sicht betrachten, rücken wir ab von den allzu sehr ins Zentrum gerückten Notwendigkeiten des Lebens und Überlebens. Am Beginn der Domestikation kann das Festmahl in der größeren Gemeinschaft gestanden haben. Solche »Veranstaltungen«, die mit großem Aufwand inszeniert werden, kennt man nicht nur von manchen traditionell lebenden Völkern unserer Zeit, sondern sie stecken in den opulenten Festbanketts und »Geschäftsessen«.

Wandernde Herden im Vorderen Orient   231

Nach erfolgreicher Jagd auf ein größeres, für ein Festessen entsprechend ergiebiges Tier kann man zwar auch feiern, aber der Termin dafür lässt sich schlecht festlegen. Jagd hat immer mit Glück und günstigen Umständen zu tun. Vorhersagbar ist sie nicht, außer es herrschen besondere Umstände, die alljährlich zu bestimmten Zeiten wiederkehren wie die Massenzüge von Fischen in manchen Flüssen. Gehaltene Tiere, noch dazu in jungem Alter mit zartem Fleisch, können dagegen zu genau festgelegten, zwischen allen Beteiligten abgestimmten Terminen geschlachtet, gebraten und verzehrt werden. So geschieht das in manchen Papuastämmen auf Neuguinea auch gegenwärtig noch, wenn zum Dorffest die Schweine geschlachtet werden. Und andernorts in ähnlicher Weise auch. Dass sich davon ausgehend auch eine Tierhaltung entwickeln kann, die dank hinreichend großer Herden schließlich unabhängig wird von der Jagd auf Wildtiere, ist kein Widerspruch, sondern ein Funktionswechsel, wie er häufig auftritt und insbesondere in der Evolution die Entstehung von Neuem erklärt. Der anfängliche Zweck, den die Menschen verfolgt hatten, verträgt sich mit den Folgenutzungen, die möglich werden, ohne weiteres. Wäre es aber nur um Fleisch gegangen, wäre wohl kaum eine Zuchtherde zustande gekommen. Die in Gefangenschaft gehaltenen und gefütterten Tiere wären wahrscheinlich vorher aufgegessen worden. Die späteren Nutzungsmöglichkeiten hätten die Menschen nicht vorab erahnen, geschweige denn erkennen können. Tiere, die als Vorrat für ein späteres gemeinsames Fest gehalten werden, bleiben dagegen tabu, außer die Gruppe gerät in arge Not.

Der Vorzug dieser Modellvorstellung liegt darin, dass sie einen Weg zur Domestikation aufzeigt, der von Anfang an mit Vorteilen verbunden und nur unwesentlich mit Verzicht belastet ist, wenn es den Menschen zur damaligen Zeit gut ging. Dieser Weg führt noch weiter: Er lässt nun erahnen, dass das Zusammenleben der Menschen bedeutender ge-

232 Die Domestikation von Haustieren

wesen sein dürfte als Hunger und Fleischbedarf – und das äußert sich darin, dass die ersten richtigen, dauerhaften Bauwerke nicht Häuser mächtig gewordener »Herrscher«, sondern Kultstätten sind. Doch wenn am Anfang des Sesshaftwerdens der Kult stand, sollte dies auch triftige Gründe gehabt haben. Vielleicht verbirgt sich mehr als nur eine sprachgeschichtliche Wortübereinstimmung zwischen Kultur und Kult; Kultur als das Bebauen und Entwickeln des Landes und Kult als das feierliche Erleben von Gemeinschaft und Zusammengehörigkeit.

Teil V

Die Wurzeln des Ackerbaus

Nochmals zurück in die Eiszeit

Das Leben der Menschen stellte zu allen Zeiten eine Ganzheit dar. In Teile zerlegen wir es in der Hoffnung, durch diese Vorgehensweise, die Analyse, zu einem besseren Verständnis zu kommen, warum sich Geschichte so ereignete, wie sie sich zugetragen hat. Die Teilstücke müssen sich daher wie Steinchen eines Mosaiks zusammenfügen lassen. Ein gleichermaßen aufschlussreiches wie schlüssiges Bild sollte dadurch erkennbar werden. Es muss nicht überall klar und scharf sein. Details können genauer studiert werden, ist erst einmal das Ergebnis in den Grundzügen klar geworden. Die bloße Feststellung aber, die besagt, dass etwas stattgefunden hat, befriedigt nicht. Naturwissenschaftler fragen nach den Gründen. Viele Nicht-Naturwissenschaftler im Grunde genommen wohl auch, denn wir nehmen ganz selbstverständlich an, dass bedeutende Ereignisse nicht grundlos geschehen.

Bei den Versuchen, den Gründen auf die Spur zu kommen, gerät man mitunter scheinbar weitab vom Thema. Doch um die Ganzheit des Menschen und seiner Lebensweise zu verstehen, reicht es nicht, die Gegenwart allein zu betrachten. Vieles, das meiste sogar, stammt aus der Vergangenheit oder ist in fernen Zeiten bereits angelegt worden. So sind wir genetisch zu fast 99 Prozent Schimpansen (oder diese Menschen, je nachdem, wie man es sehen möchte!). Mit den wahrscheinlich ausgestorbenen Neandertalern stimmen wir Menschen im Erbgut fast vollständig überein. Die Abwei-

236 Die Wurzeln des Ackerbaus

chungen sind so gering, dass sie der Menge nach bedeutungslos erscheinen könnten. Sie sind es nicht, weil gerade in den Erbeigenschaften winzige Unterschiede große Wirkungen verursachen können. Ein kleiner Gen-Defekt bewirkt die Rot-Grün-Blindheit und verändert damit die Art und Weise, wie die Menschen die Welt sehen. Und es gibt da auch Stoffe, chemische Verbindungen, die in gleichfalls winzigen Mengen die Empfindungen so sehr verändern, dass Halluzinationen scheinbar zur Realität werden. Wir nennen sie Drogen und wissen um ihre Gefährlichkeit. Dieses Wissen reicht nicht, die Menschen davon abzuhalten. Anfällig ist im Prinzip jeder, gleichgültig ob arm oder reich, alt oder jung. Süchtig werden können auch solche, die sich für unangreifbar stabil halten. Drogen werden in so gut wie allen Kulturen benutzt. Sie sind nicht neu. Die Kenntnisse über die Wirksamkeit bestimmter, meist von Pflanzen stammender Stoffe reichen so weit in die Vergangenheit zurück, dass die aktuellen Verhältnisse, was Drogennutzung und -anfälligkeit betrifft, nicht mehr als einen momentanen Zustand wiedergeben. Ekstasen unter Drogeneinfluss und Trance-artige Zustände nutzten seit Urzeiten die Schamanen, um scheinbar aus der wirklichen Welt hinauszugreifen in eine andere. Sie gelten als die Urform des Priestertums und sie waren Heiler mit der Doppelwirkung von Pflanzen, deren heilende Wirkung sie kannten, und dem Glauben an ihre Kräfte, den sie erwecken konnten. Schamanen waren das spirituelle Zentrum der Menschengruppen. Ihr Wirken war mindestens so bedeutsam für das Überleben der Gruppe wie das der Führer, der »Häuptlinge«. Denn während deren Körperkräfte mit dem Älterwerden schwanden, nahmen die (geheimen) Kenntnisse der Schamanen zu. Sie pflegten ihr Wissen an die von ihnen auserkorenen Nachfolger erst dann umfassend weiterzugeben, wenn sie ihr Ende nahen spürten. Präzise Kenntnisse waren nötig, um die richtigen Dosierungen anzuwenden. Denn die Benutzung der Gifte, um die es sich meistens handelte, erlaubte nur geringe Abweichungen vom noch Zuträglichen und Heilenden, weil die Überdosis rasch tödlich wirken konnte. Noch mehr trifft das für die halluzinogenen Stoffe zu. Das Wissen um ihre Wirkung sollte möglichst geheim bleiben, da sich ansonsten deren Verwendung in der Gruppe nicht mehr hätte kontrollieren und den Notwendigkeiten entsprechend eindämmen lassen. Die Weitergabe von zutreffenden Kenntnissen verminderte sicherlich die Folgen von Versuch und Irrtum beträchtlich. Das kam der Gruppe zugute. Die Schamanen waren daher tatsächlich wichtiger als die viel leichter mit heranwachsenden jungen Männern ersetzbaren »Führer«, die ihre Führungsposition durch bloße Körperkraft erlangten. Wer der Stärkere ist, lässt sich im offenen, ritualisierten Kampf ermitteln. Der Sieg und die Beurteilung durch die Gruppe entscheiden über den Verlierer, der insbesondere bei kleinen Gruppen, die selbst mit anderen im Konkurrenzkampf standen, nicht entbehrlich war und daher auch möglichst nicht schwerer verletzt oder geschädigt werden sollte. Auch bei der überlebenswichtigen Jagd ging es um Schnelligkeit, Treffsicherheit und in der Auseinandersetzung mit dem verletzten Wild um Körperkraft. Einschüchternde Schreie mochten eine Gruppenjagd begleitet haben, um das Wild zu verwirren. Mit Gesten können noch mögliche Angriffe so gelenkt werden, dass sich für besser Platzierte die Chance zum tötenden Zustoß ergibt. Und so fort. Die Notwendigkeiten des Handelns ergeben sich für die Beteiligten aus der Situation heraus. Was ich damit ausdrücken möchte, ist Folgendes: Nicht für die Jagd unmittelbar dürfte die Sprache wichtig gewesen sein. Eine Absprache vor der Jagd sollte ausgereicht haben, wie ich das im Jahre 1970 selbst noch bei Indiogruppen im brasilianischen Mato Grosso erlebte, die nach Art der Steinzeitjäger jagten. Eine kurze Absprache vor Beginn der Jagd war genug. Aus lautloser Pirsch heraus kam der Angriff auf das Wild zustande,

238 *Die Wurzeln des Ackerbaus*

das nach Beschuss mit Pfeilen verletzt mit »Kriegsgeschrei«
gestellt und getötet wurde. Bis zum Ende der Jagd war kein
einziges Wort verwendet worden.

Nun hatte ich, wie viele andere das auch tun, die Vorteilhaftigkeit der Sprache für die Jagd in der Konkurrenz zum
Neandertaler hervorgehoben. Zur Planung einer Gemein-
schaftsjagd, in ihrer Vorbereitung also, ist das sicher auch
der Fall. Hier funktioniert ihr zentrales Kennzeichen, dass
Worte und Begriffe beliebig sind, aber bekannt sein müssen,
um verstanden zu werden. Bei der Jagd selbst reichen Schreie
und das übrige Repertoire der nichtsprachlichen Verständigung. Nachahmung und Erfahrung mit den Abläufen bei
der Jagd dürften unter Eiszeitjägern mehr Wissen geschaffen
und weitergegeben haben als Erzählungen. Die Theorie vermittelt allenfalls eine Ausgangsbasis für die Praxis, würden
wir heute sagen.

Anders verhält es sich mit dem »Geheimwissen«. Unsere
Sprache drückt den Vorgang der Weitergabe solchen nicht
allen zugänglichen Wissens sehr bezeichnend mit »Einwei-
hung« aus. Etwas Besonderes, geradezu Sakrales ist damit
verbunden. Die Eingeweihten können Männer wie Frauen
sein. Sie erfahren mit den »Zauberformeln« die besonderen
Bezeichnungen und Rezepte. Das Trennende, das Ausschlie-
ßende der Sprache, die Begriffe verwendet, die bekannt sein
müssen, um sie begreifen zu können, kommt in diesem Bereich viel stärker zum Ausdruck als bei der Jagd oder bei allgemeinen Tätigkeiten der Gemeinschaft. Kurz: Meine These
ist, dass die Erfindung der Sprache die Vorbedingung darstellte für die Praktizierung des Transzendenten durch die
Schamanen. Mit ihrer Hilfe ließ sich Geheimwissen anhäufen
und gezielt weitergeben. Mit Hilfe der Sprache war Macht zu
gewinnen, weil selbst die zur Gruppe gehörenden Anderen
die Kräfte nicht freisetzen konnten, über die die Schamanen
mit ihren Kenntnissen verfügten.

Sprache und Drogen

Giftigkeit, heilende oder auch halluzinogene Wirkungen sind bei zahlreichen Pflanzen vorhanden. Verursacht werden sie von sogenannten sekundären Inhaltsstoffen, die im Stoffwechsel der Pflanzen gebildet werden. Ihre Funktion besteht nicht nur im Schutz vor Tierfraß, sondern auch, oft noch viel bedeutender, um Befall und Zerstörung durch Pilze oder Bakterien vorzubeugen. Stark vereinfacht kann man sagen, dass Pflanzen einen mitunter ganz wesentlichen Teil ihres Energiegewinns, den sie durch die Photosynthese erzielen, in die Herstellung solcher Stoffe investieren. Sie tun dies umso mehr, je ungünstiger die Bedingungen für das Wachstum sind. Bei sehr günstigen Standort- und Klimaverhältnissen gleicht einfach der neue Zuwachs die Verluste aus. Wo dieser gering bleibt, müssen die Verluste vermindert werden. Als Faustregel kann gelten: Was langsam wächst, wird eher giftig sein als Schnellwüchsiges. Doch Regeln bedeuten wenig, wenn man die Ausnahmen nicht kennt. Und diese sind gefährlich, lebensgefährlich. Von Pflanzen lebende Tiere haben als Gegenreaktion besondere Sensibilitäten entwickelt. Entweder spezialisieren sie sich, wie viele Insekten, auf »ihre« Futterpflanze(n) und meiden einfach alle anderen, oder sie unterscheiden genießbar von giftig mit Hilfe besonderer Geruchs- und Geschmacksempfindlichkeit. Wir Menschen sind in dieser Hinsicht nicht sonderlich gut, weil wir mit unseren vier »Geschmacksqualitäten« lediglich »bitter« als proble-

240   *Die Wurzeln des Ackerbaus*

matisch einstufen und von »süß«, »sauer« und »salzig« unterscheiden. Viel mehr können wir mit dem Geruchssinn erfassen, zumal wenn dieser geschult ist und man eine »feine Nase« hat. Verdorbenes Fleisch rechtzeitig zu riechen, weil es »faulig stinkt«, ist besser, als es zu probieren und sich damit gefährlich zu infizieren. »Duftende« Kräuter erweisen sich oft, jedoch auch nicht immer, als bekömmlich, weil flüchtige aromatische Stoffe gewöhnlich nicht giftig sind. Würden Gifte sich so schnell wie Aromastoffe verflüchtigen, verlören sie in der Pflanze zu schnell ihre Wirksamkeit und müssten mit erneutem Aufwand hergestellt werden. Manche Gifte sind so stabil, dass sie auch noch wirken, wenn die Pflanze, die sie enthält, längst tot und dürr geworden ist. Besonders problematisch sind Gifte in Pilzen. Geruchs- und kleine Geschmacksproben verraten zu wenig oder nichts. Sich selbst ohne Hilfe wirklich Kundiger das Wissen um Essbarkeit oder Giftigkeit von Pilzen aneignen zu wollen, ist lebensgefährlicher Leichtsinn. Wir könnten eigentlich auch ganz darauf verzichten, weil Pilze erstens einen zu geringen Nährwert haben und zweitens kein Mangel an Nahrung herrscht. Dass sich Pilze dennoch auch in unserer darauf gewiss nicht mehr angewiesenen Zeit großer Beliebtheit erfreuen, kann als Hinweis darauf gewertet werden, dass sie sehr lange, den größten Teil unserer Existenzzeit als biologische Art, in der Ernährung wichtig waren. Zwei Gründe lassen sich dafür anführen. Der erste bezieht sich auf die Mineral- und Spurenstoffe, die sie beinhalten. Mit einem ungemein feinen Geflecht aus Pilzfäden (Hyphen) sammeln sie diese bei der Ausbildung der Fruchtkörper an. Dabei kann es zu einer so starken Anreicherung kommen, dass zum Beispiel nach der Reaktorkatastrophe von Tschernobyl 1986 vor dem Verzehr von Maronenröhrlingen (*Xerocomus badius*) gewarnt worden ist, weil diese das radioaktive Cäsium akkumulieren. Pilze dürften in den Eiszeitwäldern noch häufiger als in der

Gegenwart gewesen sein, weil die damaligen Bodenverhält-
nisse ihr Gedeihen begünstigten und die Bäume der kalten
Wälder (boreale Nadelwälder vom Typ der Taiga) auf das
Zusammenleben mit ihnen als Wurzelpilze (Mykorrhiza) besonders angewiesen sind. Mit genießbaren Pilzen können die
Menschen Tage oder vielleicht auch Wochen überbrückt haben, in denen es keine Jagdbeute gab. Mit Pilzen ließ sich das
Wildbret garnieren – wie das auch gegenwärtig bevorzugt
geschieht. Viele Besonderheiten des jagdlichen Brauchtums
gehen vermutlich zurück auf die Zeiten, in denen Menschen
von Wildfleisch gelebt haben. Beute gab es sicher nicht täg-
lich. Pilze konnte man trocknen und zumindest den Winter
über aufbewahren, weil sie im Spätsommer und Herbst in
Massen auftreten. Mochte auch ihr Nährwert gering gewesen sein, so beschäftigten sie doch den Magen in Zeiten
des Hungers. Und es gab und gibt welche, die euphorische
Zustände erzeugen, wenn sie in den passenden Mengen
genossen werden. Der Fliegenpilz (*Amanita muscaria*) ist
der wohl bedeutendste Pilz, der auch im Eiszeitland gewiss
reichlich vorgekommen ist. Auch bei uns ist er früher in
Hungerzeiten in großen Mengen verzehrt worden, nachdem
durch Überbrühen und Wässern die beiden Hauptgifte, das
halluzinogene Muscarin und das dem Gift der Tollkirsche,
dem Atropin, ähnliche Muscaridin, daraus entfernt worden
sind. Bei nordsibirischen Völkern, die in ihrer traditionellen
Lebensweise wahrscheinlich am besten die Eiszeitverhältnisse spiegeln, sind Fliegenpilze verbreitet als Rauschdroge
verwendet worden. Die Schamanen kannten Behandlungs-
weise und richtige Dosierung. Zudem scheinen die unter sub-
arktischen und borealen Klimabedingungen aufwachsenden
Fliegenpilze weniger giftig als solche aus gemäßigten Klima-
bereichen stammende zu sein. Fliegenpilze wurden in Nord-
sibirien an die Rentiere verfüttert. Die Schamanen gaben die
Mengen vor, prüften die Wirkung und ließen dann den Urin

242 *Die Wurzeln des Ackerbaus*

der Tiere trinken. Dieser Umweg erzeugte offenbar die richtige Dosierung, um zu Halluzinationen zu kommen, die auch
häufig das Gefühl zu fliegen vermittelten. Die früher in Mitteleuropa mit etwas Milch und Zucker gekochten Hüte von
Fliegenpilzen sollen als »Fliegenfänger« ausgelegt worden
sein und dem Pilz den Namen eingetragen haben. Das kann
eine vorgeschobene Erklärung für die anderweitige Verwendung gewesen sein. Viele ältere Bilder, vor allem solche, die
im 18. und frühen 19. Jahrhundert entstanden sind, zeigen
Fliegenpilze im Wald und bringen diese mit Vorgängen in
Verbindung, die in Märchen eher versteckt angedeutet werden. Gifte und Giftmischerei gehörten zusammen mit Hexe-
rei und geheimen Ritualen, die so archaisch anmuten, dass
sie gewiss nicht erst in der neueren Geschichte der letzten
Jahrhunderte erfunden worden sind.

Die Grenzen zwischen einfacher Anregung, Übergang in
euphorische Zustände und Halluzinationen bis zum Tod
durch das Gift sind fließend. Wer sie kennt und beherrscht,
verfügt über geheime Macht. Durch Sucht entstehen Abhängigkeiten. Das zeigt sich allzu deutlich auch in unserer Zeit
und ihrer Drogenproblematik.

Die Droge Alkohol

Der Alkohol ist sicherlich die am weitesten verbreitete Droge der Menschheit. Zwar gilt er als »milde«, aber er führt häufig in selbstzerstörerische Abhängigkeiten. Ihn in Zusammenhang mit Rauschdrogen aus Fliegenpilzen und dem Eiszeitleben behandeln zu wollen, erscheint auf den ersten Blick absurd. Wild wachsende Pflanzen enthalten keinen Alkohol, an dem man sich berauschen könnte. Für das Eiszeitleben ist Alkohol unvorstellbar. Oder etwa doch? Alkohol gibt rasch Wärme, wenn das Erfrieren das Leben bedroht. Dem Gefühl zufolge heizt er von innen. Um zum Rausch zu führen, bedarf es allerdings weit größerer Mengen Alkohol als bei den Rauschdrogen üblich. Dennoch reichen wenige Promille im Blut, um einen Vollrausch zu erzeugen. Zehntelpromille stimmen schon euphorisch und anregend. Die Wirkungen bestimmter Alkoholmengen hängen von Körpermasse und Zustand ab, aber auch vom Geschlecht und von der Gewöhnung. Die Leber baut Alkohol ab, solange es ihr nicht zu viel wird. Sie kann das, weil auch im inneren Stoffwechsel Alkohol entsteht. Er ist kein absolut körperfremder Stoff. Genau das macht die Alkoholwirkung gleichermaßen »erstrebenswert« wie gefährlich. Damit verhält es sich ganz ähnlich wie bei Drogen, die körpereigenen Anregungsstoffen entsprechen. Unser Körper erzeugt selbst Stoffe, die nach großen Leistungen einen euphorischen Zustand hervorrufen. Diese Endorphine sind aus gutem Grund nach den Morphi-

244 *Die Wurzeln des Ackerbaus*

nen, echten Rauschdrogen, benannt (*end*ogene M*orphine* =>
Endorphine), weil sie chemisch sehr ähnlich aufgebaut sind
und auch ganz entsprechend wirken. Allerdings machen sie
schnell süchtig.

Alkohol entsteht beim Abbau von Zucker im Körper. Zucker repräsentiert die seit Urzeiten erstrebenswerte Süße aus
reifen Beeren und Früchten. Gären diese, entsteht Alkohol.
Wenn aber nun, wie umfänglich auf Seite 176 begründet, reife Beeren im Eiszeitland einen im Spätsommer und Herbst,
vielleicht sogar den Winter über bedeutenden Teil der Ernährung der Menschen ausgemacht hatten, kann mit Fug und
Recht davon ausgegangen werden, dass ihre Vergärung zu
alkoholartigen Säften bekannt und genutzt worden war. Die
alkoholische Gärung tritt spontan ein, wenn entsprechende
Zuckergehalte erreicht sind, Wasser zur Verfügung steht und
die Temperatur noch hoch genug dafür ist. Die auslösenden
Mikroben sind allgemein vorhanden. Gärung tritt überall in
der Natur auf, wo es nicht zu heiß ist und der Verzehr ab-
gefallener Früchte nicht zu schnell anderweitig erfolgt. Wir
kennen das. Das nicht aufgesammelte oder von Rehen, Wild-
schweinen und anderen Tieren verzehrte Fallobst geht Stück
für Stück in Gärung über. Diese lockt zahlreiche Insekten,
darunter Schmetterlinge und Käfer, an. Manche Käfer sind so
gierig danach, dass alle Fluchtreflexe außer Kraft gesetzt werden, bietet man ihnen an der Fingerspitze oder auf der Hand
einen gärenden Saft oder Tropfen von Wein. Sie saugen so
große Mengen davon auf, wie sie auf gleiches Körpergewicht
umgerechnet mehreren, vielleicht einem Dutzend Flaschen
Wein für einen Menschen entsprechen würden. Bestimmte
Vögel, die häufig in großen Mengen zuckerhaltige Beeren im
Herbst und Winter verzehren, vertragen so viel von dieser
»Trockenbeerauslese« nach Alkoholprozenten, dass diese für
uns Menschen tödlich wären (bis 40 Gramm Alkohol pro
Kilogramm Körpergewicht = 40 Promille!). Ein besonderes

Enzym, die Alkohol-Dehydrogenase, versetzt sie dazu in die Lage. Alkohol aus natürlicher Gärung zuckerhaltiger Stoffe kommt also in der Natur weit verbreitet und mitunter geradezu häufig vor. Die Annahme, dass seine berauschende Wirkung schon den Steinzeitmenschen bekannt war, ist daher sicher nicht zu weit hergeholt oder unbegründet. Wer mit dem Rauschgift aus den Fliegenpilzen umgehen konnte, sollte sich mit gärenden Früchten und Alkohol viel leichter getan haben. Andere Pflanzen, deren Verwendung weit in die Vergangenheit zurückreicht, liefern weitere Querverbindungen. Ein gutes Beispiel hierfür ist der Hopfen (*Humulus lupulus*), der lange, bevor er ins Bier kam, als eine Art milder Droge benutzt worden war.

Hopfen, Hanf und Haschisch

Die Bezeichnung »Hopfen« (englisch »hop«, französisch »houblon«) hängt mit lateinisch *Humulus* zusammen, hat aber nichts mit *Humus* (Erdboden) zu tun. Der Name wurde vielmehr aus dem altnordischen »humle« (angelsächsisch »hymele«) lateinisiert. Beide stammen vom »qumlix« aus dem fernen Wogulischen. Der Name des Hopfens kommt also aus Zentralasien, denn Wogulisch ist eine ural-altaiische Sprache. Diese sprachliche Herkunft deckt sich mit der Herkunft der Hopfenpflanze selbst, für die Zentralasien als Ursprungsgebiet angenommen wird. Das ist ein bedeutender Befund, auf den ich zurückkommen werde.

Nun besteht aber der botanisch-wissenschaftliche Name nicht nur aus der Gattungsbezeichnung *Humulus*, sondern der Hopfen wird mit dem Artnamen *lupulus* gekennzeichnet. Auch das ist Lateinisch und bedeutet in diesem Fall ganz klar die Verkleinerungsform von Wolf (*Lupus*). Was aber sollte der Hopfen mit dem Wolf zu tun (gehabt) haben? Im Italienischen heißt der Hopfen sogar direkt »Luppolo« und das, so meint der Botaniker H. Genaust (1983: *Etymologisches Wörterbuch der botanischen Pflanzennamen*), sei darauf zurückzuführen, dass sich der Hopfen um andere Pflanzen schlingt und sie dadurch schädigt. Doch das trifft nicht zu. Die Hopfenranken sterben im Spätherbst ab und der Stamm sprengt sie ohne Beeinträchtigungen seines eigenen Wachstums ab. Der Wolf ist auch kein langsamer Würger; schon

Hopfen, Hanf und Haschisch 247

gar nicht nach Art von Würgeschlangen. Er kann daher sicherlich nicht Pate für die italienische und lateinische Namensgebung gewesen sein.

Für diese gibt es ein anderes, heute weithin in Vergessenheit geratenes Vorbild, das zudem botanisch und kulturhistorisch viel besser passt! Es ist dies die alte medizinische Bezeichnung »Lupus« für die Hauttuberkulose. Diese tritt in Form gelbbrauner Knötchen (!) auf, die sich bei Fortschreiten der Erkrankung geschwürartig zersetzen. Die Ähnlichkeit mit den gelbbraunen Drüsenknötchen der Hopfenfrüchte ist frappierend, auch wenn diese deutlich kleiner als das medizinische Vorbild sind: Daher treffen die lateinische und italienische Verkleinerungsform von »Lupus«, nämlich lupulus/luppolo, auch ganz richtig.

Diese Befunde zum »Namen des Hopfens« bringen nun das Bier und den Hopfen ein gutes Stück näher zusammen. Denn nach der »Signaturlehre« der mittelalterlichen Ärzte, die auf den altgriechisch-römischen Kenntnissen von Heilpflanzen aufbaute, sollten sich Pflanzen mit ähnlichen Bildungen (die als »Zeichen«/Signatur gedeutet wurden) zur Behandlung der entsprechenden Organe oder Erkrankungen eignen. Die großen, dreilappigen Blätter des Hopfens spielten in der Signatur-Deutung allerdings, anders als die dreilappigen des Leberblümchens (*Hepatica nobilis*), offensichtlich keine Rolle für Leberbehandlungen. Anscheinend wusste man längst von einer anderen Bedeutung. Das alte Wort für Hauttuberkulose weist darauf hin und so ist anzunehmen, dass die gelbbraunen Drüsen auf den Zapfenschuppen als Medizin genutzt worden waren! Ob sie gegen die Hauttuberkulose halfen, muss offen bleiben, auch wenn den Bitterstoffen des Hopfens eine antibakterielle Wirkung bescheinigt wird. Aber sicherlich war ihre schmerzlindernde und »sedierende Wirkung« erkannt, zumal sie schläfrig machen und Schlaf allemal ein guter Unterstützer der körpereigenen Heilkräfte

248 *Die Wurzeln des Ackerbaus*

ist. In stärkerer Konzentration schmeckt so ein Absud, sollte er getrunken werden, aber viel zu bitter; vor allem bei längerer Anwendung. Süßes, kräftigendes Bier mildert die Bitternis und verstärkt über den Alkohol die den Schlaf fördernde Wirkung. So kann solcherart gehopftes Bier in großen Mengen getrunken werden und es ist in Maßen (sic!) auch für gesunde Menschen geeignet.

Also haben aber die Bayern wohl auch den Zusatz von Hopfen ins Bier nicht erfunden. Vorstellbar wäre hingegen, dass die Kenntnis davon im Zuge der Völkerwanderung aus Zentralasien nach Westeuropa gelangte. Mit Hilfe von Hefepilzen vergorenes Getreide wurde rund 4000 Jahre vor der ersten bayerischen Bierbrauerei bereits mit Wasser versetzt als Bier genossen. Der Ursprung dürfte in der Heimat der Gerste, im kleinasiatischen Hochland oder im Vorfeld des Kaukasus, gelegen haben; in jenem Großraum also, aus dem auch der Hopfen und die Kenntnisse seiner Nutzbarkeit stammen. Sein uralisch-altaiischer Name passt dazu. Dennoch musste man auch dort irgendwie »auf den Hopfen gekommen sein«. Seine schlaffördernde Wirkung kannte man sicherlich schon längst, bevor die mittelalterliche »Signaturlehre« seine Harzdrüsen mit der Hauttuberkulose in Verbindung gebracht hat. Woher man ihn vielleicht kannte, legt die Verwandtschaft des Hopfens offen: Sein nächster Verwandter ist der Hanf (*Cannabis sativa/indica*), von dem die altassyrische Bezeichnung »**qu**nuba« oder »**qun**nabu« noch erhalten ist. Sie weist im ersten Teil des Wortes eine bemerkenswerte Ähnlichkeit mit dem ural-altaiischen »**qum**lix« für Hopfen auf. Wie dieser stammt der Hanf wohl auch aus dem pontisch-kaspischen Raum, von wo aus er schon 500 vor unserer Zeitrechnung über Zentralasien nach China verbreitet wurde. Ähnliche Bezeichnungen deuten eher ähnliche Nutzungen als botanische Verwandtschaft an, auch wenn beide Pflanzen zur selben Familie gehören. War der Hopfen vielleicht ursprünglich geraucht

Hopfen, Hanf und Haschisch 249

worden? Als »Glimmstängel« verwendeten ihn sogar noch in den 1950er Jahren manche Dorfjungen im niederbayerischen Inntal – wo es in den Auen so große Vorkommen des Wilden Hopfens gab! Vielleicht steckt in »qum« ein uralter Ausdruck für langsam aufsteigenden Rauch: »qualm(en)«. Die »Signaturlehre« von Paracelsus, gestützt auf die Heilkunde des griechischen Arztes Dioskurides, hätte somit seine Anwendung eingeengt auf die konzentrierte Nutzung als Medizin. Seinen Bittergeschmack ausgleichen musste süßes Bier!

Die Bitterstoffe Humulon und Lupulon sind es hauptsächlich, die dem Bier die Würze verleihen. Als harzartige Ausscheidungen werden sie in gelblichen, gestielten Drüsen an den Samenschuppen gebildet. Diese Harzdrüsen müssen bei der Zubereitung der Würze von den Schuppen abgelöst werden. Zu »Hopfenmehl« verarbeitet, bilden sie das Ausgangsmaterial für die Zubereitung der Würze. Bei der Lagerung verändern sie sich und wirken einschläfernd. Zu stark gehopftes Bier macht daher müde. Die richtige »Stammwürze« bestimmt nicht nur den Geschmack der Biere, sondern sie fördert auch die Schaumbildung und die Stabilität des Schaums. Bitteres, stärker gehopftes Pils trägt seine »Krone« länger als mildes Dunkles. All das erklärt aber auch noch nicht, warum überhaupt der Hopfen ins Bier kam.

Das geschah auch recht spät; nämlich erst im Frühmittelalter. 5000 Jahre lang wenigstens war die Bierherstellung ohne Hopfenzusatz schon praktiziert worden. Dann erst gibt es die ersten Nachweise seiner Verwendung aus der Zeit vor Karl dem Großen. Um das Jahr 760 unserer Zeitrechnung setzte man im Frankenreich Hopfen dem Bier zu. Hopfengärten sind für die Hallertau und die Umgebung von Freising für die Zeit um 736 und 768 nachgewiesen und erstes »Münchner Bier« wurde etwa 815 gebraut. Die Kloster-Brauerei Weihenstephan bei Freising von 1143 gilt als älteste, noch heute vorhandene und tätige Brauerei der Welt. Dennoch dauer-

250 *Die Wurzeln des Ackerbaus*

te es nochmals mehr als ein halbes Jahrtausend, bis Wilder Hopfen richtig in Kultur genommen und im späten 13. und im 14. Jahrhundert in Deutschland und Flandern in eigenen Hopfengärten angebaut wurde. England folgte im 15. Jahrhundert. Es dauerte also mehrere Jahrhunderte, bis sich im 17. Jahrhundert gehopftes Bier vollends durchsetzte. Im 18. und 19. Jahrhundert wurde der Hopfenanbau erheblich intensiviert und ausgeweitet. Bier war haltbar gemacht und in Bayern zum »Nationalgetränk« geworden. Der Hopfenzusatz hält es lagerfähig, weil seine Bitterstoffe auch konservieren. Anscheinend war es zunächst gar nicht so leicht, die richtige Mischung zu finden. Das Bier sollte nicht zu bitter werden, damit es nicht zu müde macht, musste aber auch stabil genug sein, um (ohne künstliche Kühlanlagen) längere Zeit gelagert werden zu können. Vielleicht gaben klimatische Veränderungen dazu die entscheidenden Anstöße. Denn es fallen der Beginn der Verwendung von Hopfen und die spätere Entwicklung von Hopfengärten wie auch schließlich die umfassende Nutzung der stabilisierenden Wirkung des Hopfenzusatzes jeweils in den Beginn ausgeprägter historischer Warmzeiten: erster Hopfenzusatz am Anfang des mittelalterlichen Klima-Optimums (und Ende der Völkerwanderungszeit) um 800, Errichtung von Hopfengärten beim erneuten Wärmeschub im 14. Jahrhundert, dem ein Jahrhundert starker Abkühlung vorausgegangen war (mit Hochstand der Alpengletscher) und schließlich die Perfektionierung des Hopfenzusatzes zur Steigerung der Haltbarkeit am Ende der »Kleinen Eiszeit« im 18. Jahrhundert.

Der Hopfen »passt« in eine solche Umwelt wilder Fluss-auen-Dynamik. Die harzigen Drüsen, die das Humulin und das Lupulin enthalten, passen ihrerseits zur Sommerhitze. Die Bitterstoffe wirken wohl als »Repellents« und halten vermutlich den Tierfraß gering, denn am Hopfen leben überraschend wenige spezialisierte Tierarten. Das hatte schon

Zirngiebel (1902) vor 100 Jahren bemerkt. Zur Zeit der Samenreife des Hopfens im Spätherbst und Winter begünstigen niedrige Wasserstände der unregulierten Flüsse eine erfolgreiche Ausbreitung der vom Wind verdrifteten Samen. Mit ihrem »Flügelchen« fliegen und landen sie auf offenen Schwemmböden. Die ungestörte, wilde Flussdynamik gibt solche in dieser Jahreszeit frei. All das spricht dafür, dass der Hopfen nicht ursprünglich in West- und Mitteleuropa vorkam und hier noch nicht allzu lange heimisch ist.

So ist es nicht allzu erstaunlich, dass es gegenwärtig recht unterschiedliche Auffassungen zur Natur und Natürlichkeit der Verbreitung des Hopfens in Europa gibt. Die heutigen Vorkommen könnten Ergebnis einer ursprünglich nacheiszeitlichen Ausbreitung aus dem südöstlichen Refugium im pontisch-kaspischen Raum sein, in dem der Hopfen die Eiszeit überlebte. Oder sie wurden vor zweieinhalb Jahrtausenden von Menschen eingeführt. Dann wären die heutigen Vorkommen Verwilderungen – wofür die so erstaunliche Einheitlichkeit des Namens für den Hopfen über so weite und unterschiedliche Sprachbereiche Europas spricht.

Der Hopfen gehört in die artenarme Verwandtschaft der Hanfgewächse (*Cannabaceae*). Er ist ziemlich nahe mit den Brennnesseln (*Urticaceae*) verwandt. Ein ganz »unbotanischer« Eindruck bestätigt dies: Hopfenblätter fühlen sich ziemlich nesselartig-rau an. Die Sprossen tragen Haare, die wie Kletterhaken wirken. Damit »greift« die aufwachsende Ranke nach der Stütze und kann sich, wie die Pflanzungen von Kulturhopfen zeigen, sogar an Drähten hocharbeiten. Der Hopfen dreht sich dabei im Gegensatz zu fast allen anderen sich windenden Kletterpflanzen rechts herum. Vom Austreiben im späten Frühling bis zum Blühen und Fruchten im Hoch- und Spätsommer erreichen seine Ranken etwa 6 Meter Höhe. Kultursorten übertreffen, wie bei vielen Kulturpflanzen üblich, die Wildform um rund das Doppelte.

252 *Die Wurzeln des Ackerbaus*

Ein unterirdischer Wurzelstock treibt jedes Jahr neu aus. Die Ranken sterben im Spätherbst ab und verbleiben wie lockere, aber schön regelmäßig gewundene und braun gefärbte Kabeldrähte mehrjährig an den Stämmen. Sie sind eine ideale Kletterhilfe für die neuen Triebe im nächsten Jahr.

Der Hopfen ist »zweihäusig«; d. h. er kommt in männlichen und weiblichen Pflanzen vor. In Kultur genommen wird nur weiblicher Hopfen. Männliche Pflanzen entfernt man aus der näheren Umgebung nach Möglichkeit, um eine Befruchtung der Blüten zu verhindern. Das würde Qualität und Ertrag schmälern. Der Hopfen blüht im Hochsommer. Die männlichen Blüten kommen aus Blattachseln in 5 bis 10 Zentimeter langen, lockeren Trauben hervor, während die weiblichen dichter in Ähren (»Zapfen«) von 2 bis 3 Zentimeter Länge und 1,5 bis 2,5 Zentimeter Dicke stehen. Sie werden mit Hilfe des Windes bestäubt. Zur Reife wachsen die Hochblätter schuppenartig heran. Die verblühten weiblichen Blüten sehen dann sehr charakteristisch aus. Die Samen stecken als kleine Nüsschen an der Basis der vertrocknenden Hochblätter, die als »Flugorgan« wirken, wenn sie im Winter abfallen. Also bewirkt der Wind nicht nur die Bestäubung, sondern auch die Samenverbreitung. Beide so wichtigen Vorgänge im Leben der Hopfenpflanze weisen auf die Bedeutung von freien, dem Wind zugänglichen Wuchsorten hin. Im dichten Bestand eines wuchernden Auwaldes könnten sie nicht funktionieren. Das gilt vor allem für die Bestäubung der Blüten, weil die männlichen und die weiblichen auf verschiedenen Pflanzen gebildet werden. Zum Keimen brauchen die Samen offenen Boden; Schwemmland also, das durch Hochwässer und Trockenzeiten immer wieder einer starken Dynamik unterworfen ist. In diesem Anspruch stimmen sie mit den ansonsten nicht verwandten einjährigen Gräsern überein, aus denen die Formen des Getreides gezüchtet worden sind.

Nährstoffreiche, wüchsige Schwemmböden in Bach- und Flussauen dürften auch die ursprünglichen Wuchsorte des Hanfes (*Cannabis*), einem nahen Verwandten des Hopfens in Südwestasien gewesen sein. Seine Wildform ist umstritten (*Cannabis ruderalis*) und ähnlich wie beim Hopfen lässt sich das ursprüngliche Wildvorkommen kaum rekonstruieren. So weiträumig sind beide Pflanzen schon in prähistorischer Zeit von den Menschen verbreitet worden. Beide wurden geraucht. Die Entdeckung ihrer berauschenden Wirkung kann daher zufällig am (Lager)Feuer geschehen sein. Rauch und Be(weih)räuchern nehmen insbesondere in kultisch-religiösen Ritualen eine zentrale Position ein, um die Menschen aufnahmefähig zu stimmen. Wir dürfen sicherlich annehmen, dass dies nicht erst in historischen Zeiten erfunden worden ist, sondern tief in der fernen Vergangenheit schon Wurzeln hat. Und eine eminent wichtige soziale Bedeutung dazu!

So verdichtet sich die Argumentationskette Glied um Glied. Wie haben nun folgende Teile zurechtgelegt, die zusammenpassen: Pflanzenstoffe, die als Drogen wirken und über deren Kenntnisse Schamanen (»Kundige«) verfügen, die Sprache, die diese Kenntnisse gezielt an die Auserwählten weiterzuvermitteln vermag, und die mildere Form der Stimulierung durch Alkohol, die zumindest zu bestimmten Anlässen allen in der Gemeinschaft gegönnt werden kann. Pilzdrogen, wie solche vom Fliegenpilz, stehen in der Kältesteppe des Eiszeitlandes zur Verfügung. Hanf (Haschisch) und Hopfen im Übergangsbereich zu den wärmeren Regionen südlich davon. Beeren, die gären und Alkohol (»Wein«) erzeugen, gab es reichlicher als gegenwärtig und die am besten dafür geeigneten, die süßen Beeren des Weinstocks (*Vitis vinifera*), in seiner Wildform gleichfalls in den Auwäldern der südöstlichen Flüsse Europas und Südwestasiens. Unmittelbar daran grenzt das Land an, in dem das Wildgetreide wuchs und der Ackerbau entstand. Ein geographisches Gefälle deutet sich

254 *Die Wurzeln des Ackerbaus*

an. Es führte vom Eisrand der eiszeitlich kalten Regionen der »Mammutsteppe«, die sich von Europa über Nordasien bis hinüber nach Nordamerika erstreckt hatte, über die südwesteuropäisch-zentralasiatischen Gebirgsländer bis hin zum Rand der Subtropen, wo die im Hinblick auf die Tier- und Pflanzenwelt afrikanisch geprägte anfing. Der kalten Region sind die halluzinogenen Pilze und die vergärenden Beeren zuzuordnen, dem Übergangsbereich des Berglandes Hanf und Wein – und was gehört zu den Steppen der vorderasiatischen Hochländer und Flusstäler? Die Gräser, deren Samen stärkereich genug waren, um zuckerhaltige Keimsprossen zu erzeugen, aus denen man durch Darren und Rösten jenes Malz gewinnt, das von Hefepilzen zu Bier vergoren wird. Weiter östlich davon setzt die »Opium-Zone« mit dem Mohn an, aus dem diese besonders starke Droge gewonnen wird. Südlich, am Rand des Indischen Ozeans, nehmen Betelnuss und Khat (Quat) diese anregend-berauschende Rolle ein. In Nordamerika war es der Tabak, in Mittelamerika und im nordamerikanischen Westen die Drogen aus dem Peyote-Kaktus (*Lophophora williamsii*) und gleichfalls bestimmte Pilze. In Südamerika ersetzt sie das Kokain des Koka-Strauches.

Die Geographie von
Rauschmitteln und Getreide

Weit weniger bedeutsam als auf der Nordhemisphäre und in Amerika war offenbar die Benutzung von Rauschmitteln in Schwarzafrika und in Australien sowie vermutlich in Teilen Südasiens. Diese einfache Feststellung enthält jedoch eine ziemliche Brisanz. Denn sie deckt sich mit der ursprünglichen Verbreitung von Ackerbau und Viehzucht. Man mag das als zufällig oder als viel zu grobe Übereinstimmung bei der verwendeten Skala abtun, aber dagegen sprechen gewichtige Gründe. Erstens war und ist Afrika der mit Abstand an Großtieren reichste Kontinent. Ein Mangel an für die Domestikation geeigneten Arten kann daher nicht, wie etwa für Australien, als Begründung herangezogen werden. Doch weder stammt von dort ein wichtiges Haustier, noch kam es zur frühen und eigenständigen Entwicklung von Kulturpflanzen, die dem Getreide vergleichbar wären. Zweitens stammen auch aus dem riesigen tropischen Niederungsgebiet Südamerikas, aus Amazonien, keine für die Ernährung wichtigen Nutzpflanzen, aber Rauschmittel waren wie bei den Hochlandindios und den nordamerikanischen Indianern verbreitet. Man blies sich solche gegenseitig in die Nasenlöcher.

Kakao, Koka, Kartoffel, Mais und domestizierte Kleinkamele stammen aus Mittelamerika und dessen Fortsetzung im Andenhochland Südamerikas und den daran anschließenden, klimatisch temperierten Gebieten. Am Amazonas kommt jedoch eine dem Wildreis sehr ähnliche Form (*Paspalum-*

256   Die Wurzeln des Ackerbaus

Art) vor, die keine größere Bedeutung erlangte. Aus Asien und Amerika stammen über die Hauptarten von Getreide (Mais eingeschlossen) hinaus noch weitere, weniger bekannte Arten von Wildpflanzen, die lokal genutzt werden, wie die südamerikanische Quinoa (*Chenopodium quinoa*), ein Gänsefußgewächs, und Buchweizen (*Fagopyrum esculentum*), der zu den Knöterichgewächsen gehört und aus Zentralasien stammt. Herkunft und Ausbreitungsgeschichte des Getreides erzeugen das Bild eines Zentrums in Asien, von dem aus vier große »Strahlen« ausgehen. Einer nach Westen, nach Europa, ein zweiter stärker südwärts gerichtet nach Südasien und Vorderasien mit Ausläufern nilaufwärts bis ins nordostafrikanische Hochland (Äthiopien). Ein dritter biegt sich auf der Ostseite nach Süden hinein ins heutige China und Südostasien, während der vierte hinübergreift nach Amerika und dort im Wesentlichen den großen Gebirgen im Westen bis ins südliche Südamerika folgt. Dieses Bild deckt sich weitgehend mit der späteiszeitlichen und nacheiszeitlichen Ausbreitung der ural-altaiischen Völker und ihrer Sprachen (Cavalli-Sforza 2001). Für ein Teilstück davon wissen wir genauer Bescheid. Es ist dies die Ausbreitung der Indogermanen oder Indo-Europäer. Sie geschah zur selben Zeit, in der auch Ackerbau und Viehzucht nach Europa kamen. Ihre Spuren haben sie im Erbgut der Völker hinterlassen. Sie verwischen nicht, auch wenn sie sich mit den vorher schon ansässigen Völkern mischten. Die Ausbreitung der Indogermanen etwa im mittleren Drittel der letzten 10 000 Jahre der Nacheiszeit stellt jedoch nur einen Teil der Expansion ural-altaiischer Völker dar, wie die Doppelanalyse von genetischen Spuren und Sprachen von Cavalli-Sforza (2001) gezeigt hat. Wir nähern uns mit unserer Analyse offenbar einem historischen Großereignis. Denn diese Völkerwanderung, um die es hier geht, war ungleich größer und nachhaltiger als jene historische, an deren Beginn die Zeit des Römerreiches endete und die ein halbes Jahr-

Die Geographie von Rauschmitteln und Getreide 257

tausend lang, zwischen dem 2. und dem 8. nachchristlichen Jahrhundert, gewaltige Verschiebungen in Westasien und Europa verursacht hatte. Für diese kleinere, die in der europäischen Geschichte sogenannte Völkerwanderung, ist der Auslöser bekannt. Es war dies eine massive Verschlechterung des Klimas auf der Nordhemisphäre. Sie drückte Völker, die weiter im Norden und im Innern Asiens viele Jahrhunderte gelebt hatten, nach Süden und vor allem nach Südwesten, weil in Zentralasien die gewaltigen Hochgebirgsmassive eine direkte Verschiebung südwärts nicht erlaubten. Eine weit ausgeprägtere Verschlechterung des Klimas hatte es vor etwa 6200 Jahren gegeben. Ihr kann die Wanderung der Indogermanen zugeschrieben (oder angelastet) werden. Dabei geht es nun allerdings nicht, wie ganz zu Beginn diskutiert, um das Problem der Verknappung des Jagdwildes, sondern um großräumige Wanderungen von Völkern in neue Räume. Das wirft ein bezeichnendes Licht auf die noch frühere, wenigstens 12 000 bis 14 000 Jahre zurückliegende Wanderung von Menschen aus Nordostasien, die gleichfalls zur Gruppe der Ural-Altaier gehörten, hinüber nach Amerika. Die breite Landverbindung »Beringia« zwischen Nordostsibirien und Alaska war begehbar, eine rasche Klimaerwärmung fast bis auf die nacheiszeitlichen Warmzeitverhältnisse fällt in diese Zeit und danach ein ganz abrupter Rückfall für Jahrhunderte in eine weitere Kälteperiode, bis sich vor rund 10 000 Jahren das warme Klima der Nacheiszeit vollends durchsetzte (Abb. 5). Wir können daraus schließen, dass die Einwanderer nach Amerika bereits das Wissen um Rauschmittel und vielleicht sogar über Pflanzen mitgebracht hatten, das die spätere Entwicklung von Mais als Getreidepflanze ermöglichte. Noch wahrscheinlicher ist es, dass im südlichen Ostasien der Reis nicht einfach so als Körnerpflanze entdeckt worden ist, sondern dass die Nutzung von Gräserkörnern bereits bekannt war und Zusammenhänge mit Gerste und

258 *Die Wurzeln des Ackerbaus*

Weizen im vorderasiatischen »Fruchtbaren Halbmond« bestanden (siehe S. 293 f.). Denn die Völker, die sich zu Beginn
der Nacheiszeit in diese Räume Vorderasiens und Ostasiens
verlagerten, waren aus dem gleichen Ursprungsgebiet im
westlichen Zentralasien, aus dem ural-altaiischen Raum, gekommen. Es waren somit Ural-Altaier, von denen die Neolithische Revolution ausging. Abgewanderte Gruppen von
ihnen brachten die Kenntnisse zur Nutzung von Rauschmitteln und Alkohol in die Räume mit, in die sie vordrangen. Die Nutzung von Getreide hing somit anfänglich nicht
wesentlich mit der Ernährung zusammen. Die gesammelten
Körner dienten der Erzeugung von Bier.

Getreide und Bier

Wenn es beim Sammeln von Körnern der Wildgräser zunächst gar nicht darum ging, Brot aus ihnen zu machen, sondern um sie im sogenannten milchreifen Zustand oder nach dem Keimen zu einem alkoholhaltigen Getränk zu vergären, dann entfallen alle Bedenken im Hinblick auf Aufwand und Ertrag ganz von selbst. Schon geringe Mengen, die man tatsächlich in wenigen Stunden oder Tagen sammeln kann, eignen sich hierfür. Hefepilze sind nahezu allgegenwärtig in diesen mittleren geographischen Breiten und unter den herrschenden Witterungsverhältnissen. Zudem gibt es ein Hilfsmittel, die Spaltung der Stärke in Zucker zu beschleunigen: Speichel! Das darin enthaltene Enzym Ptyalin wandelt die pflanzliche Stärke in Zucker um. Deshalb schmeckt ungesäuertes Brot nach einigem Kauen allmählich süß, weil es kräftig durchgespeichelt wird. In Amazonien und an den Hängen der Anden Südamerikas erzeugen die Indios bis in unsere Gegenwart auf diese Weise das »Spuckebier« Chicha. Sie repräsentieren damit eine uralte Form der Verursachung und Beschleunigung von Gärungen in stärkehaltigem Brei, der mit Wasser verdünnt Bier, süßes Bier, ergibt. Auf ähnliche Weise entsteht der Honigwein Met, der bei den Germanen so beliebt war und in Regionen, in denen es (noch) keine Getreidekulturen gab und wo es für den Weinanbau zu kalt war, Bier und Wein ersetzte. Die Parallelität ist offensichtlich: Honig und Getreidekörner können längere Zeit aufbewahrt werden, bis

260 *Die Wurzeln des Ackerbaus*

man sie zu alkoholischen Getränken vergärt. Doch diese sind nicht haltbar. Vor allem das Bier muss frisch getrunken werden. Anders verhält es sich bei den zuckerhaltigeren Beeren. Der höhere Alkoholgehalt des Weines begünstigt seine Aufbewahrung. Die reifen Beeren gibt es kurze Zeit. Gelagert werden können sie nicht. Wohl aber dann der Wein. Allein aus diesem Grund ist anzunehmen, dass Bier zu kälteren Regionen, der Wein zu den wärmeren besser passt. Erwärmung beschleunigt die Entwicklung zwar, aber auch das Verderben von Bier. Bier sollte daher getrunken werden, sobald es fertig ist. Seine Herstellung nimmt auch nicht annähernd so viel Zeit in Anspruch wie die Entstehung von Wein.

Ohne Berücksichtigung der vielfach verbesserten Technik der Bierherstellung, die mit den Bitterstoffen aus dem Hopfen stabilisiert und längst auch eine längere Lagerfähigkeit erzielt hat, ergeben sich zwei ziemlich eng eingegrenzte Zeiten für das Bierbrauen. Es ist dies zunächst der Hoch- bzw. Spätsommer, wenn die Körner noch süß sind, und wieder der Frühling, wenn die im vorigen Herbst ausgereiften Körner keimen. Bis zur Technisierung der Bierherstellung waren dies auch die typischen Zeiten des Brauens. Verblieben sind davon die traditionellen Bierfeste im Frühjahr (vom spätwinterlichen Starkbier bis zum Maibock) und im Herbst.

Andere Gesichtspunkte kommen hinzu. In den Formen des Wildgetreides sitzen die Körner recht fest. Es fällt sehr schwer, so klein wie sie sind, sie aus den Spelzen zu lösen. Muss man dies mit den Fingern tun, ist der Aufwand enorm. Die Energie, die es kosten würde, große Mengen von kleinen Körnern aus den mit langen, harten Grannen und festen Spelzen versehenen Ähren des Wildgetreides zu lösen, müsste dem Ertrag, der zustande kommt, abgezogen werden. Da sich Ergebnisse der Zucht in Richtung locker genug sitzender und größerer Körner erst auf lange Sicht einstellen, hätten die Menschen von Anfang an mit diesem Problem zu kämpfen gehabt, wie man die »Spreu vom Weizen« trennt. Das Dreschen lohnt erst, wenn schon entsprechend große Mengen von reifen Ähren erzielt sind, also der feldmäßige Anbau zustande gekommen ist. All diese Schwierigkeiten entfallen, wenn es anfangs nicht um die Körner selbst, sondern um Flüssiges ging. Das Bier kann auch mit vollem Gehalt an Spelzen entstehen und geschlürft oder mit einem Rohrhalm getrunken werden. Älteste sumerische Darstellungen von der Zubereitung von Bier zeigen dies auch.

Ein erster Hinweis auf das Brauen von Bier lässt sich aus den so genannten Blauschen Steinen aus der Zeit von Uruk III herauslesen. Sie dürften gut 5000 Jahre alt sein. Benannt wurden sie nach dem Schweizer Kunsthändler A. Blau, der sie nach Europa gebracht hatte. Aufbewahrt sind sie im Britischen Museum in London. An einer Stelle wird im Text, der in den Schieferstein eingeritzt ist, ›Bier‹ (10 Krüge) genannt bzw. als ›kǎs‹ (Rauschgetränk) aufgeführt. Eigentlich handelt es sich dabei um die in Stein geritzte Urkunde für den Erwerb von Land; ein Feld von 90 iku Größe. (Die Angaben stellte dankenswerterweise Richard Zahnhausen, Wien, zur Verfügung.) Spätestens seit dieser Zeit ist auch bekannt, wie das Getreide entspelzt und zu Fladen zubereitet wurde. Daraus konnte durch Gärung sowohl Bier als auch (Fladen-)Brot hergestellt werden. Bier wurde der Fruchtbarkeitsgöttin Nin-Harra geopfert, die auch als Erfinderin des Bieres galt. Bier und Brot als Dankopfer reichen also weit zurück in die vorchristliche Zeit.

Bei den Sumerern gab es durchaus auch unterschiedliche Biersorten. Für die Damen braute man es aus Emmer (*Triticum dicoccum*), der nahe mit dem bis in die Gegenwart genutzten Dinkel (*Triticum spelta*) verwandt ist. Um es süffiger zu machen, fügten die Sumerer Honig hinzu und würzen es. Das Bier der Männer wurde aus Gerste hergestellt.

Entsprechendes enthält auch das Gilgamesch-Epos (Abb. 21).

262 Die Wurzeln des Ackerbaus

Abb. 20: *Bier trinkende Sumerer*

Eine weitere Stütze erhält diese Deutung damit, dass die den bisherigen Funden zufolge älteste Getreidepflanze nicht der später Brot liefernde Weizen, sondern die Gerste ist. Aus ihr wird bis heute hauptsächlich Bier gebraut, das bekanntlich und nicht nur ironisch auf unmäßige Trinker bezogen »Flüssiges Brot« genannt wird. Gerade in Bezug hierauf lohnt ein kurzer Rückblick auf die energetischen Erwägungen. Während das Sammeln von Wildgräsersamen in der Bilanz zu aufwändig ausfällt, um eine attraktive Alternative zu anderen Ernährungsweisen darzustellen, gilt diese Einschränkung für die Erzeugung von Bier daraus nicht nur nicht, sondern es kommt durch die Gärung ganz von selbst zu einer Konzentration von leicht verdaulichen, ergiebigen Nährstoffen, sodass Bier tatsächlich als Nahrungsmittel betrachtet werden kann – und das nicht nur in Bayern! Es müssen zu Beginn der Nutzung von Gräsersamen nicht einmal ausschließlich solche von Wildgerste oder Wildemmer (Weizen) gewesen sein, denn anders als bei Beeren, wo darauf geachtet werden muss, sind die Samen der Wildgräser frei von Giften. Und sollten sich, wie das zu Zeiten der starken Klimaverschlechterung im Spätmittelalter und in den anschließenden Jahrhunderten nicht selten der Fall war, Mutterkornpilze (*Claviceps purpurea*) an den Ähren der Gräser entwickelt haben, so förderten geringe Mengen davon mit den Alkaloiden, die sie enthalten, zusätzlich zur anregenden Wirkung des Alkohols Halluzinationen. Der Mutterkornpilz verursachte in den genannten historischen Epochen Massenerkrankungen, die

Abb. 21: »*Trink Bier, wie's Brauch ist im Lande!*« *Mesopotamien ist damit gemeint, das Kernstück des »Fruchtbaren Halbmondes« und wenn nicht Entstehungsraum von Getreide, so dann das erste großflächige Anbaugebiet.*

sich in Symptomen wie irrsinnigem Verhalten (»Veitstanz«) äußerten. Damals war Getreide das Grundnahrungsmittel. Mit Mutterkorn-Alkaloiden zu sehr belastetes Brot konnte sogar den Tod verursachen. In passender Konzentration förderten die Mutterkorn-Alkaloide jedoch die Wehen oder wirkten abtreibend. Sie gehörten dementsprechend zum Wissensschatz der »Weisen Frauen«, die im Spätmittelalter und in der Frühen Neuzeit als Hexen verfolgt und der Inquisition zum Opfer fielen. Halluzinogene Stoffe wurden früher jedoch dem Bier ganz gezielt zugesetzt, wie zum Beispiel Bilsenkraut (*Hyoscyamus*-Arten). Ihre Wirkungen waren ähnlich wie jene der Tollkirsche (*Atropa belladonna*), deren Name die kennzeichnenden Folgen ausdrückt. Erst im Jahre 1516 wurden solche Zusätze durch das bayerische Reinheitsgebot des Bieres allmählich unterbunden. Das Bier hat also eine sehr lange und sehr wechselvolle Geschichte hinter sich, bis es in etwa den Zustand erreichte, den wir in unserer Zeit als gegeben hinnehmen.

Vom Bier zum Brot

Richtiges Brot wird gleichfalls mit Hilfe von Gärung erzeugt. Doch nicht Hefepilze kommen dabei unmittelbar zum Einsatz, auch wenn Backhefe vielfach angewandt wird, sondern Sauerteigbakterien. Sie erzeugen Kohlendioxid (CO_2), wirken schnell in der Wärme und lassen mit dieser ihrer Gaserzeugung den klebrigen Teig »aufgehen«. Im Backofen wird die weitere Gärung unterbunden. Durchgebackenes Brot gärt sodann auch nicht mehr weiter, wenn es gegessen wird. Da Reste aktiver Sauerteigbakterien vor allem in großen Brotlaiben noch vorhanden sein können, galt noch in meiner Kindheit in Niederbayern der Spruch »Frisches Brot macht Kinder tot«. Dass altes Brot die Wangen rot macht, gehörte ergänzend dazu, weil das notwendig lange Kauen die Durchblutung der Wangen und der Gesichtsmuskulatur verstärkte. Brot zu backen war eine Kunst. Die Gleichförmigkeit vieler heutiger Brote »verdanken« wir der Automatisierung. Noch vor einem halben Jahrhundert konnte man beim Einkauf von Brotlaiben sehen, dass nahezu jeder eine individuelle Version war und nicht ein Fließbandprodukt.

Der komplizierte Vorgang der Brotherstellung macht es nicht gerade leicht, sich die Anfänge vorzustellen. Tatsächlich ist es auch schwer, in historischen Quellen solche zu finden. Denn bei den alten Abbildungen, die überhaupt in Richtung Brotherstellung gedeutet werden können, lässt sich nicht sicher genug unterscheiden, was dargestellt wer-

266 *Die Wurzeln des Ackerbaus*

den sollte. Es kann sich auch um die Zubereitung des Teiges handeln, aus dem Bier gebraut wird. So verhält es sich zum Beispiel (Abb. 22) in den Teigszenen aus dem Alten Ägypten.

Sie können beides ergeben: Bierbrei und Brotteig. Es geht um die nachfolgende Behandlung, ob die Fladen getrocknet und zu Brot gebacken oder noch stärker durchfeuchtet und zu Bier werden.

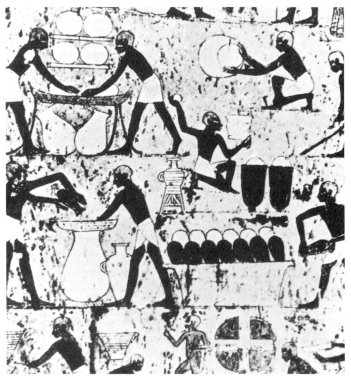

Abb. 22: *Altägyptische Darstellung der Zubereitung von Brotteig für Bier*

Zweifelsohne vermittelt das Fladenbrot zwischen beidem. Seine Herstellung erlebte ich noch als Kind bei Groß- und Urgroßmutter, wie sie einen einfachen, etwas gesalzenen Teig zu Fladen auswälzten, mit Fett einrieben und einfach auf die heiße Herdplatte legten. Nach wenigen Minuten war der Fladen angebräunt, hart genug geworden, hatte einige Blasen geworfen und war nun, mit ein wenig Salz bestreut, fertig zum Essen. Doch so einfach das klingt, so sehr setzt die Herstellung von Fladenbrot voraus, dass die Getreidekörner sauber entspelzt und wenigstens zu grobem Mehl geschrotet worden sind. Ein Fladen voller stacheliger harter Spelzen wäre nicht essbar. Das Fladenbrot kann daher nicht am Anfang gestanden haben. Es bildet ein Verbindungsstück, das zwischen den beiden Richtungen vermittelt. Einerseits hin zum verbesserten, flüssigen Bier, das nicht mehr nur aus einem Brei voller unverwertbarer Rückstände geschlürft oder aufgesogen werden musste, sondern getrunken werden konnte. Andererseits führt es zum Brot, weil in den für die Fladenbildung vorbereiteten und vielleicht immer wieder auch eine Zeitlang aufbewahrten Teig Bakterien eindringen können, die ihn zum »Gehen« bringen und damit die neue Möglichkeit eröffnen, das so entstehende Brot zu backen. Dadurch wird es zumindest für Tage, unter geeigneten Umständen auch für ein paar Wochen haltbar. Die Sauerteigbakterien führen die Gärung im teigigen Zustand weiter. Die Hefepilze wirken im flüssigen Zustand besser. Sie standen dieser Deutung zufolge am Anfang. Die Sauerteigbakterien folgten später. Somit ging meiner Ansicht nach das Bier dem Brot voraus, auch wenn es anfänglich und für lange Zeit noch weit entfernt war von dem, was wir unter Bier verstehen (wollen). Dieser Erklärungsansatz löst gleich mehrere Schwierigkeiten, die sich der bisher üblichen Ansicht entgegenstellen. Zunächst ist es die schon mehrfach ausgiebig erörterte Problematik der Effizienz am Anfang. Mit Bier als ursprüngliches Ziel der Nutzung von

268 *Die Wurzeln des Ackerbaus*

Gräsersamen spielt sie keine Rolle mehr. Es war kein Fleisch-ersatz in schlecht gewordenen Zeiten, sondern im Gegenteil ein Genussmittel, das man sich leisten konnte, als die Zeiten gut waren. Auch die Forderung nach Dauerhaftigkeit erfüllt Bier ohne Wenn und Aber. Als Genussmittel ist es zwar den Wechselfällen der Zeiten unterworfen, wird von diesen aber nicht einfach wegselektiert, wenn es zeitweise nicht ergiebig genug gewesen sein sollte. Die Herstellung von Bier blieb in Mittel- und Nordeuropa auch während der sehr warmen Zeit des Hochmittelalters erhalten. Es musste nur gleich nach der Erzeugung getrunken werden, weil man es nicht lagern konnte – wie das Spuckebier in Oberamazonien auch. Der im Mittelalter weiter als heute verbreitete Weinanbau verdrängte das Bier nicht. Es kam verstärkt und buchstäblich gestärkt wieder in den Jahrhunderten der Kleinen Eiszeit mit den (sehr) kalten Wintern, weil es nun, mit Hopfen gut stabilisiert, in Eiskellern monatelang gelagert werden konnte. Seine Alkoholkonzentration, die von wenigen Prozent bis etwa zur Hälfte dessen reicht, was durchgegorene, »trockene« Weine enthalten, passt auch noch in den Grenzbereich zum Lebensmittel. In manchen Zeiten früherer Jahrhunderte erhielten nicht nur Mönche, sondern auch Nonnen Biermengen zugeteilt, die uns heute kaum glaubhaft erscheinen. Bis zu 10 Liter pro Tag sollen es gewesen sein.

Schließlich wird durch diese Interpretation die große Zeitlücke verständlich, die zwischen den ziemlich sicheren Nachweisen erster Kulturen von Getreidearten und dem Auftreten von Brot vorhanden ist. Die nachfolgende Tabelle zeigt sie:

Danach gab es in Mittelamerika schon ein halbes Jahrtausend lang kultivierten Mais, ehe in Europa Brot nachweisbar ist. Gerste (*Hordeum distichum*), die Kulturform, entstand als Kreuzung aus *Hordeum vulgare* und *Hordeum spontaneum*,

Gerste:	12 500	Jahre vor heute
Weizen:	9800	
Roggen:	8600	
Mais:	7000	
Reis:	6000	
Brot:	6500	nachgewiesen

ist die älteste nachgewiesene Kulturgetreidepflanze. Es gab sie schon sechs weitere Jahrtausende, bevor Brot hergestellt wurde.

Diese Zeitlücke ist zu groß, um sie einfach nur den Fundumständen zuschreiben zu können, auch wenn wir berücksichtigen, dass harte Körner dauerhafter sind als daraus Erzeugtes wie Bier oder Brot. Aber wir finden noch weitere Stützen für die Argumentation. Sie hängen mit der Aufbewahrung von Getreide zusammen. Die Archäologie liefert hierzu eine große Menge sehr genau datierbarer Befunde in Form der Keramik.

Becher und Töpfe – wofür?

Ein weiterer Aspekt der Nutzung von Getreide ist die Aufbewahrung. Trocken und luftig soll sie sein, denn bei zu hoher Feuchtigkeit verschimmeln die Körner oder es dringen Schädlinge ein. Davon gibt es viele und es wurden ihrer mehr, als die Körner durch Züchtung größer geworden waren. Wie bei Bohnen und Erbsen reichen dann unter Umständen schon einzelne für den erfolgreichen Befall durch die Larve eines Insekts. Getreidekörner sind auch deswegen so attraktiv für Getier unterschiedlichster Arten, weil sie nicht nur voller Stärke sind, sondern auch einen beträchtlichen Anteil von Eiweiß, das sogenannte Klebereiweiß, enthalten. Dem Eiweißgehalt ist auch das Schäumen des Bieres zuzuschreiben und dass sich dieser Schaum dann recht lange auf dem Bier erhält. Schäumender Wein verliert die Gasperlen hingegen sehr schnell. Am Wein sind deswegen nur sehr wenige andere Organismen interessiert, allen voran Mikroben, die ihn in einem weiteren Gärungsschritt zu Essig umwandeln. Honig und Mehl lassen sich dagegen vergleichsweise viel besser aufbewahren, weil in Ersterem der Zucker so hochgradig konzentriert ist, dass er konservierend wirkt, während im Mehl die nahezu reine Stärke abweisend wirkt, weil es zu trocken ist und nichts anderweitig Verwertbares enthält. Nur wenige Spezialisten schaffen es, mit dem Mehl allein zurechtzukommen, wie etwa der Mehlkäfer (*Tenebrio molitor*) und die Mehlmotte (*Ephestia kuehniella*). Sie tun sich dennoch

Becher und Töpfe – wofür?   271

sehr schwer. Verschmutzte Getreideprodukte, insbesondere aber Getreideschrot, sind viel besser geeignet. Andere, die Geschmack am Getreidevorrat finden, lassen sich kaum abhalten, wenn die Körner luftig und trocken bleiben sollen. Die Mäuse und die Ratten finden als sehr intelligente Säugetiere Mittel und Wege, an die Vorräte zu kommen, wenn diese nicht wirklich unzugänglich weggesperrt sind. Selbst in unserer Zeit gehen 20 bis 30 Prozent der Ernten an solche tierischen Schädlinge verloren. Der Verlust muss anfänglich sehr viel höher gewesen sein, bis einigermaßen brauchbare Formen von Unterbringung vorhanden waren.

Trockenböden in höher gelegenen Stockwerken von Gebäuden, oft ganz unmittelbar als Getreideböden bezeichnet, sind erforderlich, um die Körner trocken genug lagern zu können. Für Mäuse und flugfähige Insekten, die dorthin kommen, um ihre Eier an der Saat abzulegen, sind sie kein Hindernis. Solche gab es jedoch nicht, als die Nutzung von Wildgetreide anfing. Waren vor 10 000 Jahren überhaupt schon Häuser vorhanden? Stellen wir diese Frage noch zurück. Ein anderer Gesichtspunkt sollte sich nämlich vorher anschließen. Er hängt mit dem Herumziehen der Menschen zusammen. Sie hatten sich ja noch nicht niedergelassen, Dörfer gegründet und Städte gebaut. Die Sesshaftigkeit kam erst als Folge der Entwicklung des Ackerbaus zustande. Hirtennomaden brauchen keine festen Dörfer. Das zeigen zahlreiche, in unserer Gegenwart noch so lebende Nomaden, wie die Massai mit ihren nur für kurze Zeit aufgebauten und benutzten Bomas oder die nordischen Rentier-Hirtenvölker und die Eskimos, die bis in die jüngste Vergangenheit noch Schneehäuser (Iglus) bauten. Die Hirtennomaden brauchen keine dauerhaften Wohnsitze. Sie nehmen das Notwendige mit.

Auf ausgedehntere Reisen kann man aber nur einen kleinen Vorrat oder das Saatgut mitnehmen. Anders als bei Fleisch,

272 Die Wurzeln des Ackerbaus

zumal wenn es richtig luftgetrocknet ist, reicht Brot auch nur für wenige Tage. Wer sich dennoch von Getreideprodukten zu ernähren hat, braucht bei längeren Reisen für den Transport ein Lasttier. Getreidesäcke kann man nicht schultern, um sich damit auf den Weg zu machen. Es ist klar, dass die Produktion von Getreide auf Vorrat zu längerer Sesshaftigkeit zwingt. Nomaden bekommen dagegen sogar Milch von der Herde mitgetragen, wenn sie weibliche Tiere mit Jungen darin haben. Schlachten können sie bei Bedarf. Das hält sie nicht nur mobil, sondern auch flexibel. Für die Ackerbauern kommt die Ernte zu bestimmten Zeiten. Die Zeit dazwischen ist lang. Sie nimmt neun Zehntel des Jahres ein – mindestens! Dazwischen liegen die Monate harter Arbeit, des Wartens und des Hoffens, dass sich der Aufwand gelohnt hat und die Ernte gut wird.

Zurück zu den Problemen der Lagerung. Feuchtigkeit, die Pilze begünstigt und die Körner durch Schimmelbildung ungenießbar macht, Schädlinge, wie Käfer, Motten und Mäuse, aber auch der bloße Raumbedarf erschweren die Lagerung von Getreide auf Vorrat. Eine Zwischenlösung können Gefäße sein, bis es Gebäude gibt, welche die Anforderungen einigermaßen erfüllen. Von Gefäßen gibt es jede Menge archäologischer Zeugnisse. Sie dienen sogar dazu, bestimmte Epochen der Jungsteinzeit oder ethnische Zusammengehörigkeiten zu charakterisieren. Zum Beispiel die Schnurkeramik und die Bandkeramik oder die »Glockenbecherleute«. Darauf ist hier nicht näher einzugehen. Der grundlegende Befund ist wichtiger: Gefäße aus Ton tauchen recht früh auf in der Geschichte der Kultur. Sie sind klein, zu klein, für die Mengen an Getreidekörnern, die als Jahresvorrat aufzunehmen wären. Natürlich dienten sie dazu, Wasser zu transportieren und am Lagerplatz erreichbar aufzubewahren. Auch für die Aufbewahrung von Honig eignen sie sich. Aber nicht für Hunderte Kilogramm von Getreide.

Becher und Töpfe – wofür? 273

Bei noch steinzeitartig lebenden, wie auch schon etwas
»zivilisierteren« Indios in Südamerika erlebte ich in den Jahren zwischen 1970 und 1985 mehrfach, wie die Töpfe, die
sie selbst verfertigten, genutzt wurden. Die kleineren, nach
oben sich stark verjüngenden wurden mit zum Trinken ge-
eignetem Wasser gefüllt, mit einem Blatt abgedeckt und im
Schatten stehen gelassen. Sie waren aus einfachem, nicht
glasiertem Ton gefertigt und etwas wasserdurchlässig. Das
durchsickernde Wasser verdunstete und kühlte damit den
Inhalt erstaunlich gut. Schalenartig geformte Töpfe stellten
die Indios in die Glut niederbrennender Feuer, um darin
etwas zu garen. Die größeren, aus meiner Sicht besonders
schön geformten Töpfe, die äußerlich auch mit eindrucks-
vollen geometrischen Ornamenten verziert worden waren,
dienten einem ganz anderen Zweck: Darin wurde Chicha,
das »Spuckebier«, hergestellt und gemeinsam getrunken. Sie
waren deshalb so groß gemacht, weil es um entsprechende
Mengen von Bier und nicht um frisches Trinkwasser oder um
das Kochen von Essen ging.

Bier ist nicht die einzige gärende Flüssigkeit, die am besten
in Tongefäßen untergebracht wird. Auch frische, nicht durch
Erhitzen »pasteurisierte« Milch wird darin beim bloßen Ste-
henlassen zu »gestöckelter Milch«, wie es in meiner niederbayerischen Heimat hieß, und durch Milchsäure-Gärung
verändert und haltbarer. Joghurt und Kefir (aus Stutenmilch)
sind Produkte von Mikroben, die grundsätzlich den Gärungs-
produkten von Zucker und Stärke, also Wein, Bier und Brot,
vergleichbar sind. Eine ganz ähnliche, die Verwertbarkeit als
Nahrungsmittel ganz erheblich verbessernde Gärung findet
darüber hinaus bei der Bildung von Sauerkraut und bei der
neuzeitlichen Silage von Tierfutter statt. All diese Vorgänge
setzen das Vorhandensein geeigneter Gefäße voraus. Die
Töpferei, so könnte man es pointiert ausdrücken, gewann
ihre große Bedeutung mit der Erzeugung von Bier und Wein

274 *Die Wurzeln des Ackerbaus*

durch die Gärung. Lokal und nachträglich kamen große Tonfässer zur Aufbewahrung von Öl hinzu. Da war aber die Kunst des Töpferns längst schon weit genug gediehen.

All diese Entwicklungen führten dazu, dass die freie Beweglichkeit zunehmend eingeschränkt und eine mehr oder minder dauerhafte Niederlassung günstiger wurde. Mit den Vorräten entstand eine andere Form von Besitz, der nicht mehr »beweglich« war, die »Immobilie«, wie wir sie heute mit dem lateinischen Wort für das Unbewegliche bezeichnen.

Welchen Typ von Immobilien können wir für die Anfangszeit erwarten? Eigentlich die Streusiedlung mit da und dort einer festen Behausung oder lockere Gruppierungen davon, um die sich die Fluren erstrecken, auf denen eine Feldbewirtschaftung beginnt. Doch die Frühgeschichtsforschung hat Anderes gefunden: Am Anfang steht die Kultstätte!

Göbekli Tepe

12 000 Jahre ist sie alt, die gewaltige Anlage von Göbekli Tepe am Nordrand des »Fruchtbaren Halbmondes« in Anatolien, mindestens 12 000 Jahre! Der deutsche Archäologe Klaus Schmidt (Deutsches Archäologisches Institut), beschreibt den Ort folgendermaßen (Badisches Landesmuseum 2007):

»Der steinzeitliche Göbekli Tepe wurde im Jahre 1963 erstmals als archäologischer Ort erkannt. Die in großer Zahl auf der Oberfläche aufgesammelten Feuersteinartefakte wurden zutreffend als Zeugnisse einer frühen Besiedlung des Platzes bestimmt. Verwunderung rief allerdings die ungewöhnliche Lage des Ortes hervor. Er befindet sich nicht wie viele andere steinzeitliche Siedlungen im Tal, bei Wasser und Ackerland, sondern beherrscht wie eine gewaltige Landmarke einen lang gestreckten Höhenzug, der die südöstlich der modernen Stadt Urfa gelegene Harranebene im Norden begrenzt. Das wahre Wesen des Ortes blieb damals verborgen ... Heute ist nach 12 Jahren archäologischer Erforschung klar, dass es sich beim Göbekli Tepe um einen steinzeitlichen Ort mit monumentaler, megalithischer Kultur handelt, der bisher ohne Vergleiche bleibt und die architektonische Wucht des südenglischen Stonehenge um mehr als sechs Jahrtausende vorwegnimmt. ... Hauptcharakteristikum ... bilden jedoch nicht Häuser oder sonstige Siedlungen, sondern gewaltige Steinkreise aus monolithischen T-förmigen Pfeilern. Die bis zu 5 Meter

276 _Die Wurzeln des Ackerbaus_

Höhe erreichen. ... Auf den Pfeilern sind oft auch Reliefs von
Tieren angebracht. In großer Zahl erscheinen Schlangen und
Füchse, Wildschweine und Vögel, vereinzelt auch Auerochsen, Gazellen und Wildesel, aber auch Kröten und Spinnen.
Meist sind die Tiere ohne gegenseitigen Bezug zueinander
vertikal gereiht ... Die abgebildeten Tiere sind in ihrer Art
zwar nicht immer eindeutig zu klassifizieren, beinhalten aber
keine zoologischen Merkwürdigkeiten. Andererseits gibt es
auch keine Hinweise auf einen Zusammenhang zwischen der
ikonographischen Beliebtheit der Tiere und ihrer Häufigkeit
als Jagdbeute. Dies ist nicht überraschend, denn ähnliche
Deutungsversuche konnten im Bereich der altsteinzeitlichen
Kunst schon seit Langem abgewiesen werden. Die Tiere in
altsteinzeitlichen Höhlen bevölkern wie die Tierwelt am Göbekli Tepe offenbar eine mythologische Welt und sind Teil im
Bild festgehaltener Begebenheiten und Geschichten.

Die steinzeitliche Faunenliste umfasst ein reiches Spektrum an Wildtieren, jedoch keine Hinweise auf Haustiere.
Auch unter den botanischen Resten, die Einkorn, Mandeln
und Pistazien beinhalten, sind keine Spuren von Kulturpflanzen festzustellen. Der Göbekli Tepe gehört noch der Welt
der Jäger und Sammler an – er war noch nicht richtig ›neolithisch‹, er markiert die fulminante Schlussphase einer jägerischen Kultur, die kurz vor dem entscheidenden Umbruch
der Menschheitsgeschichte steht: der Neolithischen Revolution, der grundlegenden Änderung der Nahrungsbeschaffung
durch bewusst betriebene Produktion, der Erfindung des
bäuerlichen Lebens.« Soweit Klaus Schmidt. Seine kompakte
Zusammenfassung des Besonderen dieses Ortes, der mit den
nahe gelegenen Cayönü und Hallan Cemi sowie mit Jericho
in Palästina zu den ältesten festen Siedlungen von Menschen
in der Übergangzeit von der Alt- zur Jungsteinzeit an der
Schwelle der Entwicklung des Ackerbaus steht, enthält drei
sehr wichtige Feststellungen. Erstens handelte es sich noch

um eine Jäger- und Sammlerkultur, zweitens verweisen die Spuren von Getreide (Einkorn-Wildweizen) noch nicht auf eine bedeutendere Nutzung als Nahrungsmittel und drittens liegt der Ort nicht im Tal, sondern exponiert auf einem Höhenzug. Die Schlussfolgerung, dass es sich bei Göbekli Tepe nicht um eine frühe stadtartige Ansiedlung gehandelt hatte, sondern um ein Kultzentrum, ist daher einleuchtend. Was sonst sollte auch dafür in Frage kommen? Interessanterweise widerspricht sich aber ein Teil der Deutung, wenn zunächst festgestellt wird, dass es sich um »eine mythologische Welt« gehandelt habe, aber die Tiere »Teil sind im Bild festgehaltener Begebenheiten und Geschichten«. Diese lassen sich aber leicht in zwei Gruppen gliedern. Die eine entspricht den gejagten Arten mit Auerochs, Gazellen, Wildesel und Wildschwein, wie Pistazien und Mandeln den essbaren Pflanzen zugehören. Die andere Gruppe bilden (giftige) Schlangen, Kröten und Spinnen sowie Vögel, die sich tatsächlich in die Luft erheben können, und nicht nur scheinbar wie beim Genuss von Rauschmitteln. Bei den Darstellungen von Füchsen kann es sich sowohl um echte Füchse als Vorbild gehandelt haben, aber auch um Goldschakale oder Hunde. So naturgetreu sind die Steinbilder auch wieder nicht, um einfache Zuordnungen zu ermöglichen.

Welche Bedeutung mag in diesem Zusammenhang aber den Körnern des Wildweizens zugekommen sein? Das ist die Frage: Markiert sein Auftreten eine sehr frühe, gleichwohl nebensächliche Nutzung als Nahrung, für die Pistazien und Mandeln oder Haselnüsse allemal ergiebiger sind als die kleinen harten Getreidekörner, oder passt er zu einem Ort, an dem sich ganz offensichtlich »Erhebendes« abspielte? Man kann sich leicht vorstellen, dass sich die Jägergruppen auf dieser weithin sichtbaren Anlage von Steinkreisen, deren Aufstellung eine höchst arbeitsaufwändige und intensive Kooperation erforderte, zu bestimmten Zeiten getroffen hatten,

278 *Die Wurzeln des Ackerbaus*

um (be)rauschende Feste zu feiern. Ob dabei Fliegenpilze verwendet wurden, die in den damals in der Region viel weiter als gegenwärtig verbreiteten Wäldern mit Sicherheit vorkamen, oder Alkoholhaltiges hinterlässt archäologisch keine offensichtlichen Spuren. Gründe gab es sicher dafür, mit so viel Kraftaufwand so gewaltige Steinplatten zu transportieren und in der bezeichnenden Kreisform aufzustellen. Das ist hier nicht anders als bei den Steinkreisen von Stonehenge oder anderen Großstein-(Megalith)-Bauten. Aus welchen Gründen aber sollte eine »mystische Welt« auftauchen, wenn die Menschen noch eine Lebensweise fast wie in den Urzeiten ihrer Artenentstehung führten? Wird da nicht allzu bereitwillig hineininterpretiert in etwas, das wir einfach noch nicht »normal« erklären können?

Die Jagdtiere müssen nicht entsprechend ihrer Bedeutung für die Zusammensetzung der Jagdbeute auf Felsmalereien abgebildet sein, um einen Zusammenhang zu ergeben. Jede Art für sich hat Eigenarten und über größere Räume betrachtet kommt sie nicht gleichmäßig häufig vor. Wenn im Bereich von Göbekli Tepe zum Beispiel Gazellen zeitweise, nämlich während ihrer Wanderungen, die Hauptbeute darstellten, brauchen sie als jagdlich weniger problematische Tiere mittlerer Körpergröße nicht abgebildet zu werden wie die viel gefährlicheren Auerochsen. Die Tierbilder könnten, wie auch immer wieder betont wird, als Totemtiere bestimmten Jägergruppen zugeteilt gewesen sein. Oder man sollte sie einfach erkennen können, um darüber zu sprechen. Möglichkeiten gibt es viele, die sich an eine Darstellung anknüpfen lassen. Eine simple Eins-zu-Eins-Annahme traf vielleicht nur während der Erstellung eines bestimmten Bildes zu, bei der sich der Bearbeiter »etwas gedacht hat«. Die Erörterung braucht hier nicht vertieft zu werden, weil es im Kern um etwas anderes geht. Es sind Darstellungen, sehr zutreffende sogar, von Tieren vorhanden, die giftig sind oder mit Gift zu tun haben: Schlangengift, Spinnengift und Krötengift! Auch Abbildungen von giftigen Skorpionen sind auf den Steinen vorhanden. Die Darstellungen zeigen Vögel, die als Aasfresser gerade in dieser Region auftreten, die auch das bedeutendste Zwischenstück im großen interkontinentalen Vogelzug-System von Eurasien nach Afrika ist. Geier und Störche sind Totenvögel. Geier wurden ganz besonders markant auf den Steinreliefs abgebildet. Füchse, falls es sich um solche handelt, und vor allem Schakale beteiligen sich an der Kadaververwertung. Tierknochen wurden in beträchtlichen Mengen ausgegraben. All das verdichtet sich zu der Interpretation, dass es sich um einen kultischen Treffpunkt gehandelt hat, an dem gemeinsam in größerer Zahl gefeiert wurde. Ob dafür Mythologisches anzunehmen nötig ist, sei dahingestellt. Die allermeisten Menschen unserer Zeit brauchen keinen mythologischen Anstoß zum Feiern, machen dabei aber in beträchtlicher Zahl euphorische Stimmungen durch. Verblassen der Realität bis hin zur Trance sind Folgen, nicht Auslöser des gemeinsamen Feierns. Es geht um das Verhältnis zwischen Ursache und Wirkung. Die plausibelste Annahme hierzu ist, Mythisches gar nicht erst vorauszusetzen. Es stellt sich dann ganz von selbst ein, wenn der entsprechende »Stoff« dazu geliefert wird.

Die harten Fakten in Form der Großstein-Bauten und der eingeritzten Darstellungen von Tieren und Menschen, die Funde von Knochen und Pflanzenresten sowie die Lage des Ortes in Bezug auf die nähere und weitere Umgebung fordern natürlich Interpretationen heraus. Man kann sie nicht einfach so hinnehmen, wie sie sind, ohne die Frage zu stellen, wozu das alles so gemacht worden ist. Dass Göbekli Tepe als »mythischer Ort«, Heiligtum oder Bauwerk für Festmahle angesehen wird, beinhaltet kaum mehr als die Zuteilung von Bezeichnungen. Die Frage nach dem Warum wird davon allenfalls am Rande berührt. Warum sollten die Menschen

280 *Die Wurzeln des Ackerbaus*

dort oder irgendwo sonst das Bedürfnis entwickelt haben, mit kaum nachvollziehbarem Aufwand »heilige Orte« zu schaffen? Ich bin der Meinung, dass sie immer Gründe dafür hatten; »gute Gründe«, mit denen sie selbst etwas anfangen konnten. Ein solcher besteht darin, die Gemeinschaft zu stärken und immer wieder zu erneuern, um daraus Schutz und Sicherheit zu gewinnen. Befestigte Anlagen drücken dies aus. Das Transzendente kann ein solcher »guter Grund« werden, wenn die Erfahrung des »Hinübergehens«, wie die Übertragung des lateinischen Wortes sinngemäß lautet, mit Gefühlen verbunden ist, die Wiederholung erheischen. Drogen sind die Mittel dazu. Wo sich die Gruppe dem von Kundigen (Schamanen, Medizinmännern, Priestern, Weisen Frauen, Hexen etc.) wohl dosiertem Drogengenuss hingeben kann, entsteht ein »heiliger Ort«. Er wird zum »Festplatz« im Sinne eines festen Platzes, den alle kennen, die Zugang haben. Von der einfachen, aber beständigen Markierung (»Heiliger Hain« oder Hügelkuppe/Bergspitze) über Befestigung bis hin zum dauerhaften Ausbau führt der Weg mit allen möglichen Übergängen. Am Ende des langen Weges stehen die (auf diesen Raum des Vorderen Orients bezogen) Tempel und die Akropolis als »Spitze der Siedlung« und zentraler Versammlungsort.

Die »Sesshaften«

Der Ackerbau erfordert feste Wohnsitze. Die Vorstellung, dass es reichen könnte, zum Säen und dann wieder zum Ernten an einen bestimmten Ort zu kommen und in der Zwischenzeit ein freies, umherschweifendes Leben zu führen, mag reizvoll erscheinen, ist aber unrealistisch. Unkraut würde den Acker überwuchert haben, wilde Tiere die aufkommende Saat vernichtet oder auch Weidevieh, das auf die guten Weiden getrieben wird, die eine junge Saat darstellt. Das Brot als »Frucht des Ackers« muss nicht nur im Schweiße des »Angesichts« erworben werden, sondern unter harter körperlicher Arbeit insgesamt. Sie gleicht einer Strafe und nicht dem Wanderhirten- oder freien Jägertum als Lebensform. Und als solche ist sie auch oft, sehr oft, empfunden worden. Feldarbeit bedeutete bis in die Gegenwart Frondienst. Aufgehalst wurde sie den von ihren Herren Abhängigen. Als Knechte oder Pächter hatten sie die Feldarbeit zu verrichten, unterstützt von Frauen und den Kindern der Armen. Fröhlich, wie das Jagen, war der Ackerbau nie. Die Ackerbauern waren die Arbeitskräfte, die sklavengleich das zu erzeugen hatten, was die Herrscher- und die Priesterkaste beanspruchte. Schon in vorbiblischen Zeiten schätzte der Gott Jahwe die Früchte des Feldes weniger als die Leistung der Hirten. Die Parabel von Kain und Abel berichtet davon. Das Getreideopfer Kains gefiel dem Herrn nicht so wie das Fleisch, das der Hirte Abel zu bieten hatte. In blindem Zorn erschlug Kain den aus seiner Sicht

282 *Die Wurzeln des Ackerbaus*

Vorgezogenen, der doch weit weniger geschuftet hatte als er, der Ackerbauer. Kain und Abel vertreten »Stämme« der miteinander konkurrierenden Ackerbauern und Viehzüchter in Palästina. Bis dorthin erstreckte sich der südwestliche Ausläufer des »Fruchtbaren Halbmondes« spitz keilförmig hinein in typisches Weideland für Gazellen und Vieh. 7000 Jahre nach Göbekli Tepe war also immer noch nicht entschieden, wer die Vorherrschaft erlangt, der Ackerbau oder die Viehzucht, die Sesshaftigkeit oder das ungebundene Leben.

Die Neolithische Revolution war keine schnelle Umwälzung, sondern ein nachgerade träger Vorgang, der letztlich bis in die Gegenwart hineinreicht. Denn noch immer gibt es kleine Völker, die verhältnismäßig frei als Jäger- und Sammler oder als Hirtennomaden leben, die sich am liebsten nicht den Gesetzen von Besitz an Grund und Boden unterwerfen möchten. Sie haben keine Zukunft. Die Staaten, auf deren Territorien sie sich bewegen, wollen keine Zugeständnisse mehr an ein freies Leben machen, zumal wenn sich dieses über festgelegte Grenzen hinweg erstreckt. Doch nicht einmal mehr die Landbevölkerung ist bodenständig genug verwurzelt, um sich der Entwicklung entziehen zu können, die zu immer größeren, immer stärker verdichteten Städten führt. Was mit befestigten Orten wie Jericho vor mehr als 10 000 Jahren begann, entwickelte sich in unserer Gegenwart zur Megalopolis, in der mehr Menschen leben als »auf dem Land«. Dass gerade diese Stadt-Menschen ein besonders ausgeprägtes Bedürfnis nach Mobilität verspüren, steht in krassem Gegensatz zur Beständigkeit ihrer Gebäude aus Beton und Stahl, die sogar den meisten Erdbeben trotzen. Jahr für Jahr sind die Stadtmenschen zu Wasser, zu Lande und in der Luft in größeren Mengen unterwegs als in allen Völkerwanderungen der Geschichte. Urlaub nennt man dieses Phänomen von »Zugzeiten«, die Menschen anscheinend mit einer ähnlichen inneren Macht wie die Zugvögel erfassen. Der

Nomadismus steckt uns noch im Blut. Die Sesshaftigkeit ist eine Neuerung, die nicht einmal ein Zehntel der Zeitspanne unserer biologischen Existenz einnimmt. Sie erwies sich als die erfolgreichere Lebensweise. Der Hauptgrund ist einfach: Menschen, die sich von den Früchten des Feldes und ihrer eigenen Hände Arbeit ernähren, brauchen kaum ein Zehntel des Lebensraumes, den Wanderhirten benötigen. Menschengruppen, die sich von Jagen und Sammeln ernähren, nehmen etwa das Hundertfache von Ackerbauern pro Kopf an Fläche in Anspruch. Hieraus ergibt sich das Anwachsen der Weltbevölkerung ganz von selbst. Gesteigerte Produktion von Nahrung ermöglicht das Überleben von mehr Menschen.

Auch dieser Befund spricht gegen eine von Anfang an direkte Verbindung von Getreide und Ernährung. Zu viele Jahrtausende Verzögerungszeit liegen zwischen den Anfängen der Nutzung von Wildgetreide und dem Anstieg der Bevölkerungszahlen. Nicht einmal von Natur aus besonders ertragreiche Flussoasen-Kulturen, wie die am unteren Nil, an Euphrat und Tigris oder am Indus, erzeugten Bevölkerungsmassen, die von sich aus expansiv wurden. Im Gegenteil: Sie selbst wurden immer wieder das Ziel von Eindringlingen und Eroberern. Die großen Reiche errichteten Reitervölker aus Asien; das größte von allen die Mongolen unter Dschingis Khan. Ähnlich erfolgreich, wenngleich, wie das bei allen Großreichen der Fall war, nur für verhältnismäßig kurze Zeit, waren Seevölker im Aufbau von Imperien. Die Landwirtschaft diente. Sie lieferte Masse für die »Klasse«.

Ihre Wirkung entfaltete sich auf subtilere Weise als mit kriegerischen Eroberungen. Mit dem Übergang zur sesshaften Lebensweise waren die Menschen weit abhängiger vom Jahresgang der Witterung und ihrer Vorhersagbarkeit geworden als die mobilen Wanderhirten oder Jäger- und Sammler-Gruppen. Insbesondere in niederen geographischen Breiten ohne klaren Wechsel zwischen Winter und Frühling zwang

284   *Die Wurzeln des Ackerbaus*

die Dauer des Wachsens und Reifens des Getreides zu einer
kalenderartigen Erfassung des Jahreslaufes. Die Anfänge der
Astronomie gingen aus dieser Notwendigkeit hervor. In höheren Breiten wurden einfach die Tage länger oder kürzer,
gleichgültig wie die Witterung verlief. Für die küstennahe
Seefahrt reichte nachts (bei klarem Himmel) die Nordstern-
Orientierung. Es war nicht sonderlich wichtig, den Orion
zu (er)kennen, wenn die Mittsommertage ohnehin sehr lang
oder die sternklaren Winternächte bitterkalt waren. Der
Gang der Jahreszeiten verläuft umso verlässlicher, je näher
die Gegend zu den Polen liegt und umgekehrt. Die frühen as-
tronomischen Beobachtungsstellen befinden sich aus gutem
Grund vornehmlich in den sub- und randtropischen Zonen
– in Nordafrika und im Vorderen Orient über Indien und
Südostasien bis Mittel- und Südamerika. Die Position der
Sterne, die als Bilder gesehen wurden, war wichtiger geworden als die in der Entwicklungsgeschichte unserer Gattung so
mächtigen Mondzyklen. Denn nun ging es um Voraussicht;
um die Abschätzung, wann welche Witterung eintreten wird.
Die Nilflut ließ sich ebenso ungefähr vorhersagen wie die
Winterregen im östlichen Mittelmeerraum oder die Wasserfluten aus der Schneeschmelze von den vorder- und südwest-
asiatischen Hochgebirgen. So wurden die »Sesshaften« auch
Initiatoren von Naturforschung und Fortschritt, weil sie sich
in der Gegenwart immer intensiver mit dem Kommenden
befassen mussten.

Dass all dies nicht nur am Rande, sondern vielleicht ganz
wesentlich mit dem »Flüssigen Brot« zu tun gehabt haben
soll, mag aus der fernen Rückschau betrachtet reichlich
merkwürdig scheinen. Doch es geht nicht darum, dass allzu großer Biergenuss träge macht und einen Bierbauch verursacht, während die Anderen schlank und rank bleiben, die
unterwegs sind. Nicht Übermaß und Missbrauch geben das
Maß, sondern ihr Gegenstück, der maßvolle Umgang mit

den anregenden, euphorisch stimmenden Mitteln. Dieser ist in der jüdisch-christlichen Welt wohl verankert in der guten Sitte des gemeinsamen Festmahls mit Brot und Wein. Gerade bei feierlichen Anlässen oder wenn es darum geht, neue Bindungen zu knüpfen oder alte zu festigen, kommt die ursprünglichere Form zur Wirkung. Dann halten Speis und Trank mehr als nur Leib und Seele zusammen. Abmachungen und Verträge werden mit Festessen besiegelt, »zum Wohle« wird den Anderen zugetrunken und mit Aromastoffen wie Weihrauch oder Duftölen die richtige Atmosphäre dazu geschaffen. Der Spießbraten am Lagerfeuer spielt demgegenüber keine Rolle, mag er auch aus jugendlich-romantischer Sicht ungleich schöner sein als das inszenierte Festmahl mit seinen genauen Regeln. Wir bemerken in unserer deutschen Sprache vom so engen wortgeschichtlichen Zusammenhang von Bier und Brot nichts mehr. In den romanischen Sprachen kommt er deutlicher zum Ausdruck, wenn die (Körner)Feldfrüchte, die Cerealien, sich in »cervesa« und ähnlichen Formen für Bier wiederfinden.

Bier hängt zusammen mit dem lateinischen ›bibere‹ = trinken
Bier gilt als »flüssiges Brot«
Slawisch: »pivo« von pi – voda
Span./Port.: »cervesa« = lat. ›cerevisia‹ = die Kräfte (visia) der Ceres = Göttin der »Feldfrüchte« = Getreide!
Althochdeutscher Ursprung von »Brot« und »brauen« in der indogermanischen Wurzel »brauda«

Der Göttin Ceres waren beide geweiht, die Feldfrüchte und das Bier. Sie hat die griechische Göttin Persephone als Vorgängerin (Abb. 23).

286 *Die Wurzeln des Ackerbaus*

Abb. 23: *Persephone und Hades*

Ausblick

Nach einer ganzen Reihe guter Jahre, in denen die Produktion der Grundnahrungsmittel schneller anwuchs, als die Bevölkerung global zugenommen hat, ist die Menschheit gegen Ende des ersten Jahrzehnts im 21. Jahrhundert in eine massive Ernährungskrise geraten. Getreide wird rar und teuer. Die Weltbevölkerung wächst weiter. Sie wird um das Jahr 2010 die 7. Milliarde erreichen oder übersteigen. Doch die Ackerflächen nehmen nur noch unwesentlich zu. Zwei andere Konkurrenten sind mit Macht auf den Plan getreten, das Fleisch und die Energie für Mobilität. Dem Vieh, das Fleisch erzeugt, wird Getreide und Soja verfüttert. Von beidem können Menschen direkt leben. Aber Fleisch ist begehrt. Die sich rasch entwickelnden großen Volkswirtschaften der sogenannten Schwellenländer gieren nach Fleisch, das ihnen bisher in weitaus geringeren Mengen als den reichen Ländern des Westens zur Verfügung stand. Je mehr Menschen sich Fleisch leisten könnten, desto größer wird der Hunger bei den Armen. Denn pro Kilogramm Fleisch wird mehr als das Zehnfache an Nahrung und Energie verbraucht als pro Kilogramm Getreide. Vom gegenwärtigen Fleischkonsum der Erdbevölkerung könnten ohne weiteres nicht nur die heute Hungernden, sondern weitere Milliarden Menschen, die noch kommen, leben, wenn es in Form von Getreide erzeugt würde. Das Fleisch, das wir konsumieren, brauchte Weideland und Energie. Ein Teil davon wäre als Ackerland

nutzbar. Viel, sehr viel Energie ließe sich einsparen. Die zweite, noch gefährlichere Konkurrenz ist die Erzeugung von
Bio-Sprit. Ihr werden bereits große Flächen von landwirt-
schaftlich hochproduktivem Land gewidmet und Millionen
Hektar Wald fallen den Energie-Plantagen zum Opfer. Mit
Folgen, die nicht nur das Klima der Erde betreffen. Der alte
Konflikt zwischen Ackerbau und Sesshaftigkeit, Viehzucht
und Mobilität ist in neuer, global gewordener Dimension
ausgebrochen. Aus dem Anregungsmittel Alkohol ist ein Be-
triebsmittel geworden. Wohl dosiert und nur zu besonderen
Festen angewandt, die in der Gemeinschaft gefeiert wurden,
trug er dazu bei, neue Stufen von Kultur aufzubauen. Als
er praktisch frei für die Massen verfügbar wurde, geriet er
»über das Lot« des Maßes der Alten, wurde zum »ubiloz«,
zum Übel und zur Gefahr für viele. Mit seiner Erzeugung
in noch größeren Mengen soll er gewährleisten, dass die zu
sesshaft gewordenen Menschenmassen mobil genug bleiben
können. Pessimisten sehen darin das Ende der Kultur.

Aus neutralerer Position betrachtet, spiegeln diese Abläufe in der kulturellen Entwicklung Vorgänge, wie sie für die
biologische Evolution bezeichnend sind. Anfänglich zu ganz
Anderem genutzt, wechselt die Funktion in neue Bereiche. Sie
eröffnet damit Möglichkeiten, die anfänglich weder anzupei-
len, noch überhaupt vorherzusagen gewesen wären. Anfangsvorteile, Beständigkeit von Entwicklungen trotz schwanken-
der Außenbedingungen und Funktionswandel gehören zu
den Regelfällen evolutionärer Abläufe. Ihre Anwendung auf
kulturhistorische Prozesse mag manchen illegitim erscheinen.
Doch was erlaubt ist und was nicht, darüber entscheiden
Befunde und nicht Ansichten. Daher wird auch die hier vor-
gestellte Betrachtung von vielen Seiten kritisiert werden. Wo
die Kritik berechtigt ist, weil sie Fehler bloßlegt oder überzeugendere Interpretationen vorbringt, wirkt sie konstruktiv
und ist willkommen. Bloße Ablehnung, weil »man« so nicht

vorgehen kann oder weil der Verfasser nicht zur Gilde der Spezialisten zählt, die sich ihrer Profession gemäß mit dem Ursprung der (Agri)Kultur befassen, zählt (aus naturwissenschaftlicher Sicht) nicht dazu. Mein Ziel war es, plausible Gründe für die Entwicklung des Ackerbaus und der Sesshaftigkeit vorzubringen, an denen konkret geforscht werden kann. Niemand muss glauben, dass es so gewesen ist und nur so gewesen sein kann. Einfach so entstand wahrscheinlich nichts. So wie die Ereignisse der Geschichte Gründe hatten und in der Naturgeschichte Ursachen am Werk waren, so dürfte auch in der menschlichen Vorgeschichte, in diesem Zwischenbereich zwischen Naturgeschichte und Geschichte, nichts Wesentliches ohne Grund geschehen sein. Die Geschichte, die Historie, ist die Fortsetzung der Naturgeschichte. Das Zwischenstück der Vor- und Frühgeschichte, in dem der Mensch den Sonderweg in die Kultur einschlug, muss dazu passen. Davon bin ich überzeugt.

Die Rückschau in die Vergangenheit gleicht einer kriminalistischen Spurensuche. Hier gibt es ein Indiz, da einen Befund, dort einen anderen, der nicht dazu passt oder zu widersprechen scheint. Erst aus einer Vielzahl von Fakten und den unterschiedlichsten Erwägungen kommt ein Bild zustande. Verwaschen bleibt es allemal und anderen Deutungen offen, weil die Spuren umso spärlicher werden, je weiter zurück in die Geschichte man blickt. Bereits vorhandene, weitgehend akzeptierte Sichtweisen stellen sich in den Weg. Sie beanspruchen Gültigkeit mitunter einfach deswegen, weil man es bisher so gesehen oder angenommen hat. Wer eine andere Interpretation anbietet, kontrastiert nicht selten stärker, als es angebracht ist. Davon nehme ich mich nicht aus. Die zu erwartende Kritik wird die Schwachstellen schonungslos aufdecken. Erkenntnis geht aus diesem geistigen Wettstreit hervor, wenn die Kritik konstruktiv ausfällt. Darüber entscheidet ein Prozess, der wiederum dem Evolutionsprozess

gleicht und wahrscheinlich auch ein solcher ist. Nicht die un-
begründete Polemik setzt sich mittel- und langfristig durch,
sondern die bessere Interpretation, die sich auf mehr über-
einstimmende oder zusammenpassende Fakten stützt. Solche
fördert die Forschung schneller zutage, als es ein Einzelner
überblicken und verwerten kann. Der Versuch, in einem
Buch einen Überblick zu schaffen, hinkt daher dem Kenntnisstand immer hinterher. Und je schneller die Forschung vo-
rankommt, desto weiter fällt eine Zusammenfassung zurück.
Die noch größere Herausforderung ist aber die Art des He-
rangehens an eine Problematik wie die Erfindung des Ackerbaus. Die herkömmliche Sicht geht von den Notwendigkeiten aus; im wörtlichen Sinne also, um die Not zu wenden.
Ich habe die Gegenposition eingenommen und zu argumen-
tieren versucht, dass Neuerungen von so großer Bedeutung
weit eher zu verstehen sind, wenn am Anfang nicht die Not
gestanden hat, sondern gute Verhältnisse, die das Auspro-
bieren verschiedener Möglichkeiten erlaubten. Die noch viel
weiter in der Vergangenheit zurückliegende Evolution des
aufrechten Ganges diente als Vorbild. Doch dabei handelt
es sich natürlich auch um Rekonstruktionen, die von anderen anders gesehen und gewertet werden. Wie plausibel eine
Theorie ist, darüber lässt sich trefflich diskutieren. Beweisen
im strengsten Sinne kann man keine, weil sich das Rad der
Zeit nicht zurückdrehen lässt. Das ist das Kernproblem aller
Historischen Wissenschaften. Sie können die Gründe dessen,
was früher geschah, so plausibel wie nur möglich machen.
Aber das ist kein Beweis, wie ihn eine experimentelle Wiederholung liefern würde. Die Evolutionsforschung arbeitet
daher weitgehend historisch. Das gilt jedoch für viele andere
Wissenschaften auch; zum Beispiel für die derzeit so aktuelle
Klimaforschung. Auch sie ist darauf angewiesen, für die Vergangenheit plausible Modelle zu entwickeln, die sie nicht
beweisen kann. Ihre Plausibilität schöpft aus den Befunden

der Gegenwart. Doch das können wir auch, wenn wir solche kulturhistorischen Vorgänge wie die Neolithische Revolution betrachten. Die Gegenwart liefert nämlich Vergleichbares. So haben wir in den letzten Jahrzehnten eine andere »Revolution« erlebt, die gewiss zu den ganz großen historischen Ereignissen zu rechnen ist: die Erfindung und Entwicklung der Computer und das freie, weltweite Netzwerk von Informationsaustausch und -speicherung. Vermutlich darf man sagen, dass dies ein Fortschritt ist, der mindestens der Erfindung der Schrift gleichgesetzt werden kann. Auf die elektronische Datenverarbeitung gekommen sind bekanntlich nicht Menschen, die unter großem existenziellem Druck standen. Nicht aus dem Mangel ging die Neuerung hervor, sondern sie wurde in den wohlhabenden Gesellschaften entdeckt und ungemein schnell zur Entfaltung gebracht. Noch vor drei Jahrzehnten waren Computer teurer Luxus, den sich nur Institutionen der Forschung, speziell im militärischen Bereich, und wenige, begüterte Personen leisten konnten. Inzwischen stehen sie allgemein zur Verfügung, auch in wirtschaftlich schwachen Regionen. Ein anfänglich seltenes und teures Gut verbilligte sich rasch und wurde zum Massenprodukt, das der allgemeinen Anwendung zur Verfügung steht. Ähnlich liefen die Entwicklungen bei Telefon und Fernsehen, bei Automobilen und Flugzeugen und vielen anderen Techniken. In der Forschung finden wir die gleichen Grundmuster. Neues entsteht daher keineswegs nur unter dem Zwang der Verhältnisse. Eher ist es umgekehrt und die Not, die erfinderisch macht, die Ausnahme. Denn sobald sich die Verhältnisse bessern, verliert das meiste, was aus der Not geboren wurde, an Bedeutung. Und ist es nicht so mit der Kultur an sich? Entfalten kann sie sich nur dann, wenn sie einen entsprechenden Nährboden hat. Ein Leben von der Hand in den Mund reicht dazu nicht.

292   Ausblick

In diesem Buch gibt es nicht nur Schwachstellen, sondern
Teile, die echte Lücken enthalten. So bin ich im Haupttext
nicht auf den Reis und nur sehr kurz auf den Mais eingegangen. Zusammen mit dem Weizen bilden beide jedoch die drei
Hauptnahrungspflanzen der Menschheit. Merkwürdigerweise sind die Ursprünge von Reis und Mais als Kulturpflanzen
umstritten, obgleich mit beiden Pflanzen international mehr
gearbeitet wird als mit dem Weizen oder den drei anderen
»klassischen« Getreidepflanzen Europas, der Gerste, dem
Hafer und dem Roggen. Von all diesen kennen wir die Wildformen. Beim Reis gehen die Meinungen auseinander. Der
chinesischen Überlieferung zufolge waren vor den Xia-Herr-
schern, also vor gut 4000 Jahren, »Fünf Vergöttlichte« ins
Land gekommen und hatten die Landwirtschaft und das Re-
gieren gelehrt. Hierin kommt direkt zum Ausdruck, dass die
Kenntnis der zum Ackerbau geeigneten Pflanzen von außen
und der Geographie zufolge vom Bereich der Mongolen (Ural-
Altaier) her gekommen und die Landwirtschaft die Basis für
den Aufbau eines zentral organisierten Staates geworden war.
Franke (1976) stellte zum Reis fest: »Seine Heimat ist nicht
genau bekannt. Wildformen sind in Asien, Afrika und Amerika gefunden worden. Die in Indien existierende *Oryza fatua*
wird als mögliche Stammform des Kulturreises angesehen.
Jedenfalls wurde der Reis etwa um 3000 v. Chr. in Kultur
genommen, ob in Indien oder China ist noch ungeklärt. Von
Südostasien hat sich der Reisanbau einerseits nach Japan und
Indonesien und andererseits bis Persien ausgedehnt. Ins Mittelmeergebiet gelangte der Reis erst um 800 v. Chr.«
    Doch koreanische Forscher fanden fossile Reiskörner, die
auf ein Alter von 15 000 Jahren datiert wurden. Der *stern*
schrieb 2003 dazu (nach einer Meldung von BBC News On-
line vom 21. Oktober 2003):
    »Eine Gruppe südkoreanischer Archäologen hat nach ei-
genen Angaben die bisher ältesten Reiskörner der Welt ent-

deckt. Die Hand voll verkohlter Körner stamme aus der Zeit vor 14 000 bis 15 000 Jahren und unterscheide sich genetisch von den heute angebauten Sorten, sagte Lee Yung Jo von der Chungbuk National-Universität in Chongju. Bisher hatten Wissenschaftler den Beginn der Reis-Kultivierung vor etwa 12 000 Jahren in China angenommen. ›Bis jetzt waren die Wissenschaftler davon ausgegangen, dass der Ursprung des Reises der Jangtse-Fluss in China ist‹, sagte Lee. Der Fund der 59 Reiskörner in Südkorea zeige, dass sich das Getreide auch weiter nördlich von China, vielleicht auch in Japan, entwickelt habe.«

Der Unterschied in der zeitlichen Beurteilung sieht auf den ersten Blick zu groß aus, um glaubwürdig zu sein. Doch entspricht eine solche Datierung tatsächlich dem, was aus biologischer Sicht anzunehmen ist. Auch beim Reis dauerte es viele Jahrtausende, bis er den Zustand einer produktiven Kulturpflanze erreichte! Ein Massenanbau von Weizen als Nahrungsmittel lässt sich gleichfalls erst mit langer »Verzögerungszeit« nach den frühen Datierungen von Körnern der Wildform feststellen. Wildgetreidekörner, die vermutlich von Menschen genutzt worden sind, datieren aus der Zeit um 8000 v. Chr.

Historisch gesicherte Getreidekulturen in Mesopotamien und am Nil in Unterägypten entstanden 5000 Jahre später. Wildreis und Kulturreis liegen in China ähnlich weit auseinander. Der Reis rückt den neuen Funden in Südkorea zufolge jetzt sogar deutlich hinein in die Endphase der letzten Eiszeit. Damit wird die bislang noch so bruchstückhafte Geschichte spannend. Denn vor rund 15 000 Jahren, also zur selben Zeit in die die Wildreiskörner aus Südkorea zurückdatiert werden, fanden der Auszug von (Nord)Ostasiaten und ihre Einwanderung nach Amerika statt. Könnte es sein, dass die Kenntnisse solcher »Körnerpflanzen« vielleicht tat-

294 Ausblick

sächlich bis in jene Zeit zurückreichen, in der die ural-altaiischen Völker in Bewegung gekommen waren und neue
Regionen besiedelten? Dann wäre auch ein Zusammenhang
mit der »Erfindung« des Maises als Kulturpflanze vorstellbar. Sein Ursprung in Mittel- oder im nördlichen Südamerika gibt gleichfalls Rätsel auf. Wir sollten also nicht nur die
Datierungen zum Anbau dieser Kulturpflanzen als Grundnahrungsmittel den Forschungen zugrunde legen, wenn es
um ihren Ursprung geht, sondern auch einen Transfer von
Kenntnissen in bisher nicht einmal angedachtem Ausmaß
in Betracht ziehen. Es könnte durchaus sein, dass Getreide
nicht an drei weit auseinanderliegenden Gebieten dreimal
unabhängig voneinander »erfunden« wurde, sondern dass
es einen grundlegenden gemeinsamen Zusammenhang gibt.
Die Rätsel um die Entwicklung von Mais als Kulturpflanze
verstärken den Verdacht, dass die Annahme unabhängiger
Entstehung kaum mehr als unsere Unkenntnis ausdrückt.

So merkte Franke (1976) zum Mais an: »Seine Heimat
liegt vermutlich zwischen Mexiko und Peru, doch ist eine
Wildform nicht gefunden worden. Nur nahe Verwandte wie
Euchlaena mexicana, die Teosinte, und *Tripsacum*-Arten sind
bekannt. ... Reste eines primitiven Wildmaises sind in Höhlen Südmexikos gefunden und auf die Zeit von 5000–3400
v. Chr. datiert worden.«

Die Internet-Enzyklopädie »wikipedia« hilft aktuell auch
nicht sonderlich weiter: »Mais wurde in Zentralmexiko domestiziert. Er stammt von der Teosinte aus dem Gebiet des
Rio Balsas ab. Dem domestizierten Mais aus dem Tal von
Tehuacán wurde lange ein Alter von etwa 9000 Jahren zugeschrieben, nach neuen C14-Daten stammt er jedoch nur von
etwa 4700 v. Chr. Zwei Maiskolben aus Guila Naquitz, die
weniger als 5 cm lang sind, wurden auf 3300 v. Chr. datiert.

Insgesamt stammen die ersten voll-neolithischen Siedlungen in Mexiko aus der Zeit um 3500 v. Chr. (unkalibriert). Aus Trincheras am Rio Casas Grandes im nördlichen Chihuahua und Las Playas im nördlichen Sonora stammt domestizierter Mais, der auf etwa 1000 v. Chr. datiert ist. Aus Trincheras ist auch Amarant bekannt. Die ersten Ackerbausiedlungen im Südwesten liegen auf den Niederrassen von Flüssen, eventuell wurde Mais hier ausgesät, nachdem die Frühjahrsüberschwemmungen zurückgegangen waren.«

Vielleicht enthält seine jüngere Geschichte ein paar verwertbare Hinweise, als der Mais nach Europa kam und welche Folgen seine Nutzung als Hauptnahrung hatte. Eingeführt wurde er schon kurz nach der Entdeckung Amerikas durch Christoph Kolumbus, aber nur im Süden und Südosten erlangte er allmählich Bedeutung als Feldfrucht. Viel schneller breitete sich sein Anbau nach Süd- und Ostasien, also in die Domäne des Reises, aus. China erreichte der Mais schon um 1530. Im 17. Jahrhundert trat in Südeuropa eine rätselhafte Krankheit in der armen Bevölkerung auf. Sie fing mit Hautausschlägen an, führte zu Durchfall und Erbrechen, schließlich zu Störungen des Nervensystems und bei vielen zum Tod. Sie erhielt die Bezeichnung »Pellagra« und man machte Mangel an tierischem Eiweiß für das Leiden verantwortlich. Erst Anfang des 20. Jahrhunderts wurde erkannt, dass Pellagra direkt dem Mais zuzuschreiben ist, von dem sich die betroffenen Menschen fast ausschließlich ernährten. Dem Mais mangelt es an den für die menschliche Ernährung unentbehrlichen Aminosäuren Lysin und Tryptophan. Lysin braucht der Körper für das Knochenwachstum und aus Tryptophan wird Niacin gebildet, welches wiederum das lebenswichtige Vitamin B freisetzt. Mit Hilfe von Bierhefe (!), die genügend Vitamin B enthält, konnte Pellagra schließlich erfolgreich behandelt werden.

296 Ausblick

Diese Krankheit hatte es in der Heimat des Mais nie gegeben. Sie trat offenbar auch dann nicht auf, als sich die Indios praktisch ausschließlich von Mais ernähren mussten. Inzwischen ist bekannt, woran das lag: Die Indios weichten die ganzen Maiskörner ein, kochten sie und erst danach wurden sie zerrieben. Nun gaben sie Asche dazu. Dadurch wurden die Schalenreste der Körner weich und der Brei leichter verdaulich. Die Zugabe von Asche, also Kalk, schließt das im Mais enthaltene Niacin auf und so kann die Bildung von Vitamin B zustande kommen. Dieses Wissen um die Behandlung der Maiskörner war nicht über den Atlantik nach Europa gelangt und so kam es zur Mangelerkrankung. Ähnliche Probleme verursacht geschälter Reis. Die Methode, erst in Wasser aufzuweichen, mazerieren also, und dann mit Asche zu behandeln, erinnert an das Kauen von Khat im vorderen Orient. Khat ist eine Droge. Ihre Entsprechung in Südamerika ist Koka. Sind das Zufälligkeiten?

Mais eignet sich, wie angeführt, auch zur Herstellung von »Bier« mit Hilfe von Speichel (»Chicha«). Aus Reis kann gleichfalls Reisbier (Sake) gemacht werden. In beiden Fällen stellt sich die Frage, welche Art der Verwendung zuerst kam, die als Nahrungsmittel oder jene als Genussmittel. Bei Gerste und Weizen vermittelt der Brotteig zwischen den beiden Grundformen der Nutzung. Mais wird auch als Brei (»Polenta«) angerührt. Wie mag es sich mit den frühen Formen der Nutzung von Reis verhalten haben? Die vielen offenen Fragen, die sich um Reis und Mais ranken, sind weit weniger plausibel zu behandeln als jene, die mit Gerste und Weizen zu tun haben. Sollte die Ansicht von Franke (1976) und anderen Bestand haben, dass der Reis erst vor 5000 Jahren in Indien »richtig kultiviert« wurde, würde sich ein Zusammenhang mit der Kultivierung von Weizen und Gerste geradezu aufdrängen. Doch auch wenn in China der Reis ursprünglich kultiviert wurde, ist der Einfluss ural-altaiischer Völker nicht auszuschließen, denn solche sind etwa zur Zeit der indo-europäischen Expansion auch nach China vorgedrungen und die Koreaner gehören wie auch die Japaner ohnehin der nord(ost)asiatisch-mongolischen Gruppe an, die das östliche Gegenstück zu den Indoeuropäern bildet und den »Nostratischen Sprachen« angehört. So dämmert allmählich eine Vorgeschichte herauf, die weit vor unserer Vorgeschichte liegt. Noch ist davon viel zu wenig Konkretes fassbar, um sie deuten zu können. Sicher ist jedoch, dass »die Geschichte« nicht erst mit der vorderasiatisch-europäischen Geschichte beginnt. Den Hochkulturen im Großraum des »Fruchtbaren Halbmondes« ist eine weit ältere Kultur vorgelagert, über die wir so gut wie nichts wissen. Sie entstand in Asien und zwar aller Wahrscheinlichkeit nach im zentralen Bereich, nicht an den Rändern des Kontinents. In diese strahlte sie erst nachträglich aus, als sich in Zentralasien die Lebensbedingungen nachhaltig veränderten. Um eine Verschlechterung hatte es sich wohl gehandelt. Vielleicht war dieser aber eine so günstige Zeit vorausgegangen, dass die Bevölkerung wuchs und Abwanderungen nötig wurden: Nach wie vor ist nicht entschieden, aus welchem Anlass heraus Nordostasiaten nach Amerika wanderten. Sicher ist den Sprachforschungen wie den genetischen Übereinstimmungen zufolge, dass die Vorfahren aller Uramerikaner den Mongolen und Koreanern näher stehen als jeder anderen asiatischen Bevölkerung.

Alkohol »vertragen« die Menschen nicht einfach nach Alter und Körpermasse. Zwar sind die individuellen Toleranzen verschieden, aber bei weitem nicht so ausgeprägt wie Unterschiede zwischen etwa den Europäern und Ostasiaten. Ein Grundmuster ist unübersehbar: Die Völker, die Brot als Grundnahrungsmittel verwenden, vertragen Alkohol am besten. Viele Angehörige der südost- und ostasiatischen Reiskul-

turen reagieren erheblich empfindlicher. Am heftigsten traf
der Alkohol wahrscheinlich die Aborigines in Australien, die
in weitgehend steinzeitlichem Kulturzustand auf dem Inselkontinent lebten, als vor 200 Jahren die Europäer ankamen.
Der Alkohol, den diese nach Australien brachten, erfasste sie
mit verheerender Wucht. Als ich im Oktober 1979 bei drü-
ckender Hitze aus dem nordaustralischen Busch in die damals
noch recht kleine Stadt Darwin zurückkam und an der ersten
Tankstelle am Stadtrand ein kühles Bier gegen meinen Durst
haben wollte, wurde ich unter strafenden Blicken belehrt,
das dies erst ab 17 Uhr möglich sei. Drei Stunden Durstver-
schärfung hatte ich also vor mir, weil man in Australien nicht
wie in Bayern Bier als Nahrungsmittel betrachtete. Im Hinblick auf die Aborigines wäre noch mehr Prohibition sinnvoll gewesen. Doch bei allem spontanen Ärger, der mich über
diese Einschränkung, die ich hinzunehmen hatte, erfasste, er-
innerte ich mich an Erlebnisse ein knappes Jahrzehnt vorher
in Südamerika.

Dort, im Zentrum des Kontinents, lebten 1970 die Xavante-
Indios in Mato Grosso noch gesund und munter in sauberen Dörfern. Die benachbarten Bororó hingegen hausten in
Elendsquartieren, die nur noch unter größter Gutwilligkeit
als »Indiodörfer« zu erkennen waren. Als ich Schmuck aus
Ara-Federn kaufen wollte (was damals legal und noch nicht
durch den internationalen Artenschutz verboten war), war
der Bororó-Häupling bereit, statt einer Menge Geld auch
»eine Flasche Zuckerrohrschnaps (Cachaça)« zu akzeptie-
ren, die schon in der nächsten Goldgräbersiedlung fast nichts
kostete. Für Schnaps wäre alles von ihnen zu haben gewesen,
die Frauen eingeschlossen. Ein paar Generationen Kontakt
mit der brasilianischen Landbevölkerung ruinierte die meisten dieser Indios durch Alkohol physisch, allen Bemühungen
der Missionare zum Trotz. Die Xavante hingegen hatten

damals erst vor wenigen Jahren »Kontakt« mit der Außenwelt aufgenommen (aufnehmen müssen) und befanden sich noch weitgehend im Zustand ihrer traditionellen Kultur. Der Schnaps hatte sie noch nicht (erkennbar) erreicht. Zweitausend Kilometer östlich davon, in Rio, tanzte man drei Tage und drei Nächte lang durch den Karneval (weitgehend) ohne Alkohol, aber in überschäumender Lebensfreude. Der Tanz selbst, der Samba-Rhythmus, setzte offenbar genügend Endorphine frei, um die Gefühle der Euphorie zu erleben. Noch ein gutes Stück weiter, in den Hochtälern der Anden und auf ihrer in bis über 4000 Metern Höhe gelegenen Hochfläche der Puna kauten andere Indios unentwegt ihre Kokablätter, um mit dem Leben zurechtzukommen. Hatte es also erst nach dem Exodus aus Nordostasien eine starke Darwin'sche Selektion zugunsten von Alkoholtoleranz gegeben? Das globale Muster der Alkoholtoleranz lenkt die Deutung in diese Richtung. Wirksam kann sie erst geworden sein, als Alkohol in entsprechend großen Mengen und regelmäßig genug zur Verfügung stand. Solange es sich um besondere Ereignisse an wenigen Tagen/Nächten im Jahr gehandelt hatte, ist sogar das Gegenteil vorstellbar, nämlich eine erhöhte Fruchtbarkeit als Folge der Orgien, wie sie noch aus den Zeiten des Klassischen Altertums überliefert sind. Die dem Gott Bacchus geweihten Weinfeste hatten, wie auch die dem Dionysos geweihten (!) der Griechen, keineswegs nur den Alkoholgenuss zum Ziel, sondern das Orgiastische. So manches »Kuckuckskind« dürfte daraus hervorgegangen sein.

Vielleicht ist der Mensch besonders empfänglich für Spirituelles geworden, seit sein übergroßes Gehirn die Empfindung von »Transzendenz« ermöglicht. Sie bedeutet im Wortsinn das Hinüber- oder Hinausgehen aus dem bisherigen Bereich. Die Euphorie, wie sie Alkohol und andere Drogen verursachen, vermittelt diesen »Übergang«. Alle Riten und Religionen bedienen sich solch erhebender Einstimmungen, die direkte Umweltreize wirkungsvoll genug zurückdrängen oder ausschalten. Dann ist die Aufnahmebereitschaft gegeben.

Keine menschliche Kultur war und ist offenbar ganz frei von Anregungs- und Suchtmitteln. Am umfangreichsten bedient man sich ihrer gemeinsam in der Gruppe, insbesondere bei Festen. Zu manchen, wie etwa zum berühmtesten aller Feste, zum Münchner Oktoberfest, zieht es Menschen aus aller Welt hin. Im Zentrum steht die dort zu erreichende Bier- oder Weinseligkeit. Solche Feste gibt es in allen Größen und zu allen möglichen Anlässen. Je größer, desto attraktiver sind sie. Den meisten Besuchern geht es um die »Stimmung«. Musik, Tanz und Getränke sorgen dafür. Das Essen ist dabei Nebensache, auf die verzichtet werden kann. War es vielleicht von Anfang an so?

München, im Juni 2008   Josef H. Reichholf

Dank

Wesentliche Anregungen zu diesem Buch verdanke ich der Bayerischen Akademie der Wissenschaften, Kommission für Ökologie und den »Münchner Wissenschaftstagen«, organisiert von Prof. Dr. Karl Daumer, sowie Prof. Dr. Hans-Dieter Kalscheuer, die mich zu Vorträgen über Evolution und Ernährung des Menschen und zur Neolithischen Revolution eingeladen hatten. Prof. Dr. Klaus Hahlbrock nahm sich die Zeit zu einer ausführlichen kritischen Auseinandersetzung mit meiner Theorie, als diese dafür weit genug gediehen war. Die Zeit kann ich ihm nicht ersetzen.

Literaturhinweise

Diese Zusammenstellung enthält viele faszinierende Bücher, die ich mit Begeisterung gelesen habe. Dass ich sie hier aufführe, soll nicht nur Beleg sein für die verwendete Literatur, sondern Ausdruck der Dankbarkeit für die Fülle an Wissen und Gedanken, die darin frei zur Verfügung gestellt ist. In welchem Umfang die Literatur im Einzelfall zum Zustandekommen und Gedeihen der eigenen Überlegungen beigetragen hat, lässt sich rückblickend über die Jahrzehnte, in denen ich mich mit diesem Thema befasste, nicht mehr feststellen. Sicher ist jedoch, dass das Buch ohne die Anregungen aus der Literatur, natürlich auch aus den hier nicht aufgeführten Beiträgen zu wissenschaftlichen Zeitschriften, nicht hätte zustande kommen können. Missverständnisse oder Fehldeutungen daraus habe ich nur mir selbst anzulasten. Niemand, der im Text direkt zitiert worden ist oder sich mit seinem Werk in dieser Liste wiederfindet, braucht sich als »Zeuge« zu betrachten für meine Schlussfolgerungen. Vieles ist mir sicherlich entgangen, was wichtig gewesen wäre. Es wird sich nach den Prinzipien der Selbstorganisation zusammenfinden, sobald ein neuer Fokus entstanden ist. Das ist eine der großen Stärken der Wissenschaft.

Ahrens, W. & Sneyd, J. (2000): Mohn. Ulmer, Stuttgart.

Allmann, W. F. (1999): Mammutjäger in der Metro. Wie das Erbe der Evolution unser Denken und Verhalten prägt. Spektrum, Heidelberg.

Andrews, M. A. (1991): The Birth of Europe. BBC Books, London.

Attenborough, D. (1988): Das erste Eden. InterBook, Hamburg.

Auffermann, B. & Orchiedt, J. (2002): Die Neandertaler. Eine Spurensuche. Theiss, Stuttgart.

Badcock, C. (1999): Psycho-Darwinismus. C. Hanser, München.

Badisches Landesmuseum Hrsg. (2007): Die ältesten Monumente der Menschheit. Theiss, Stuttgart.

Bauer, W., Klapp, E. & Rosenbohm, A. (2000): Der Fliegenpilz. Traumkultur, Märchenzauber, Mythenrausch. AT Vlg., Aarau.

Baur, M. & Ziegler, G. (Hg.) (2001): Die Odyssee des Menschen. Ullstein, München.

Benecke, N. (1994): Der Mensch und seine Haustiere. Theiss, Stuttgart.

Binford, L. R. (1984): Die Vorzeit war ganz anders. Harnack, München.

Bischof, N. (1998): Das Kraftfeld der Mythen. Signale aus der Zeit, in der wir die Welt erschaffen haben. Piper, München.

Böckmann, W. (1979): Botschaft der Urzeit. Wurzeln menschlichen Verhaltens in unserer Zeit. Econ, Düsseldorf.

Boessneck, J. (1988): Die Tierwelt des alten Ägyptens. C.H. Beck, München.

Burenhult, G. (Hg.), (2000): Die ersten Menschen. Die Ursprünge des Menschen bis 10 000 vor Christus. Weltbild, Augsburg.

Burton, J. A. und B. Pearson (1987): The Collins Guide to the Rare Mammals of the World. Collins, London.

Campbell, B. (1985): Die Ökologie des Menschen. Harnack, München.

Cavalli-Sforza, L. L. (2001): Gene, Völker und Sprachen. Die biologischen Grundlagen unserer Zivilisation. dtv, München.

Cavendish, R. & Ling, T. O. (Hg.) (o. J.): Mythologie. Komet, Frechen.

Chatwin, B. (1990): Traumpfade. C. Hanser, München.

Clutton-Brock, J. (1981): Domesticated animals from early times. British Museum (Natural History), London.

Constable, G. (1973): Die Neandertaler. Time-Life, Amsterdam.

Crosby, A. W. (1986): Ecological Imperialism. Cambridge Univ. Press, Cambridge.

Crystal, D. (1995): Die Cambridge Enzyklopädie der Sprache. Campus, Frankfurt am Main.

Daniel, G. (1996): Enzyklopädie der Archäologie. Nikol, Lübbe, Hamburg.

Dawkins, R. (1978): Das egoistische Gen. Springer, Berlin.

Diamond, J. (1998): Arm und Reich. Die Schicksale menschlicher Gesellschaften. S. Fischer, Frankfurt am Main.

304 Literaturhinweise

Drößler, R. (1990): Brücken in die Vergangenheit. Urania, Leipzig.

Dunbar, R. (1998): Klatsch und Tratsch. C. Bertelsmann, München.

Eibl-Eibesfeldt, I. (1974): Krieg und Frieden. Piper, München.

Ders. (1984): Die Biologie des menschlichen Verhaltens. Grundriss der Humanetheologie. Piper, München.

Eitel, B. (2008): Wüstenränder. Brennpunkte der Kulturentwicklung. Spektrum der Wissenschaft 5/2008: S. 70–78.

Facchini, F. (1991): Der Mensch. Ursprung und Entwicklung. Natur Vlg., Augsburg.

Földes-Papp, K.(1987): Vom Felsbild zum Alphabet. Belser, Stuttgart.

Franke, W. (1976): Nutzpflanzenkunde. G. Thieme, Stuttgart.

Glaser, R. (2001): Klimageschichte Mitteleuropas. Wissenschaftliche Buchgesellschaft, Stuttgart.

Gleich, M., Maxeiner D., Miersch, M. & Nicolay, F. (2000): Life Counts. Eine globale Bilanz des Lebens. Berlin Vlg., Berlin.

Haarmann, H. (2005): Geschichte der Sintflut. C.H. Beck, München.

Hahlbrock, K. (2007): Kann die Erde die Menschheit ernähren? Bevölkerungsexplosion – Umwelt – Gentechnik. Fischer Taschenbuch Verlag, Frankfurt am Main.

Hahn, A., Ströhle, A. & Wolters, M. (2005): Ernährung. Wissenschaftliche Verlagsgesellschaft, Stuttgart.

Harris, M. (1974): Fauler Zauber. Unsere Sehnsucht nach der anderen Welt. Klett-Cotta, Stuttgart.

Ders. (1988): Wohlgeschmack und Widerwillen. Die Rätsel der Nahrungstabus. Klett-Cotta, Stuttgart.

Ders. (1990): Könige und Kannibalen. Die Wachstumsgrenzen der Hochkulturen. Klett-Cotta, Stuttgart.

Ders. (1991): Menschen. Wie wir wurden, was wir sind. Klett-Cotta, Stuttgart.

Hasel, K. (1985): Forstgeschichte. Parey, Hamburg.

Hemmer, H. (1983): Domestikation. Vieweg, Braunschweig.

Herbig, J. (1986): Am Anfang war das Wort. Die Evolution des Menschlichen. dtv, München.

Hiller, K.& Bickerich,G. (2002): Giftpflanzen & Arzneipflanzen. Tosa, Wien.

Hobhouse, H. (1988): Fünf Pflanzen verändern die Welt. Klett-Cotta, Stuttgart.

Horn-van Nispen, M.-L. (2005): 400 000 Jahre Technikgeschichte. Nikol, Hamburg.

Hsü, K. J. (2000): Klima macht Geschichte. Orell Füssli, Zürich.

Janson, T. (2002): Eine kurze Geschichte der Sprachen. Elsevier Spektrum, Heidelberg.

Kahlke, H. D. (1994): Die Eiszeit. Urania, Leipzig.

Kingdon, J. (1994): Und der Mensch schuf sich selbst. Birkhäuser, Basel.

Klatt, B. (1948): Haustier und Mensch. Hermes, Hamburg.

Körber-Grohne, U. (1987): Nutzpflanzen in Deutschland. Kultur-geschichte und Biologie.

Krause, E.-B. (Hg.) (1999): Die Neandertaler. Feuer im Eis. Edition Archaea, Gelsenkirchen.

Kromer, K. (1987): Die ersten Europäer. – Vom Frühmenschen bis zur Völkerwanderung. Pinguin, Innsbruck.

Kunsch, K. (1997): Der Mensch in Zahlen. G. Fischer, Stuttgart.

Küster, H. (1996): Geschichte der Landschaft in Mitteleuropa. C. H. Beck, München.

Ders. (1998): Geschichte des Waldes. C. H. Beck, München.

Leisinger, K. M. & Schmitt, K. (Hg.) (1992): Überleben im Sahel. Birkhäuser, Basel.

Lissner, I. (1958): So lebten die Völker der Urzeit. Walter, Olten.

Lorenz, K. (1983): So kam der Mensch auf den Hund. dtv, München.

Martin, P. S. und Klein, R. G. (1984): Quarternary extinctions. Univ. Arizona Press, Tucson.

McCrone, J. (1992): Als der Affe sprechen lernte. Die Entwicklung des menschlichen Bewusstseins. S. Fischer, Frankfurt am Main.

Ménatory, G. (1992): Das Leben der Wölfe. Mythos und Wirklichkeit. Bastei-Lübbe, Bergisch Gladbach.

Mensching, H. (1982): Physische Geographie der Trockengebiete. Wissenschaftliche Buchgesellschaft, Darmstadt.

Miedaner, T. (1997): Roggen. Vom Unkraut zur Volksnahrung. DLG, Frankfurt am Main.

Moore, I. (1966): Grass and Grasslands. Collins, London.

Morris, S. C. (2008): Jenseits des Zufalls. bup, Berlin.

Morsbach, P. (2001): Die Entstehung der Gesellschaft. Buch und Media, München.

Müller, H. M. (1987): Evolution, Kognition und Sprache. Parey, Hamburg.

Newberg, A., D'Aquili, E. & Rause, V. (2003): Der gedachte Gott. Wie der Glaube im Gehirn entsteht. Piper, München.

Niemitz, C. (2004): Das Geheimnis des aufrechten Gangs. C.H. Beck, München.

Nougier, L.-R. (1998): Die Welt der Höhlenmenschen. Artemis, Zürich/München.

Nussbau, S. & Darius, F. (2008): Die Wüste lebte. Spektrum der Wissenschaft 5/2008: S. 79–81.

Owen-Smith, R.N. (1988): Megaherbivores. Cambridge Univ. Press, Cambridge.

Piggott, S. (Hg.) (1979): Die Welt aus der wir kommen. Die Vorgeschichte der Menschheit. Droemer Knaur, München.

Pinker, S. (2000): Wörter und Regeln. Die Natur der Sprache. Elsevier Spektrum, Heidelberg.

Pollan, M. (2002): Die Botanik der Begierde. Claasen, München.

Quammen, D. (2003): Das Lächeln des Tigers. Claasen, München.

Reader, J. (1988): Man on earth. Collins, London.

Reichholf, J.H. (1990); Der Tropische Regenwald. Die Ökobiologie des artenreichsten Lebensraumes der Erde. dtv, München.

Ders. (1990/2004): Das Rätsel der Menschwerdung. Die Entstehung des Menschen im Wechselspiel mit der Natur. DVA/dtv, Stuttgart/München.

Ders. (2001): Warum wir siegen wollen. dtv, München.

Ders. (2004): Der Tanz um das goldene Kalb. Der Ökokolonialismus Europas. Wagenbach, Berlin.

Ders. (2005): Die Zukunft der Arten. C.H. Beck, München.

Ders. (2007): Eine kurze Naturgeschichte des letzten Jahrtausends. S. Fischer, Frankfurt am Main.

Ders. (2008): Ende der Artenvielfalt? Gefährdung und Vernichtung der Biodiversität. Fischer Taschenbuch Verlag, Frankfurt am Main.

Reinbothe, H. & Wasternack, C. (1986): Mensch und Pflanze. Kulturgeschichte einer Wechselbeziehung. Quelle & Meyer, Heidelberg.

Richard, A.F. (1985): Primates in Nature. Freeman, New York.

Ricklefs, R.E. (1976): The Economy of Nature. Chiron Press, New York.

Roberts, J.M. (1986): Der Triumph des Abendlandes. Eine Deutung der Weltgeschichte. Econ, Düsseldorf.

Roberts, N. (1989): The Holocene. An Environmental History. Basil Blackwell, Oxford.

Rudgley, R. (2001): Abenteuer Steinzeit. Kremayr & Scheriau, Wien.

Samorini, G. (2002): Liebestolle Katzen und berauschte Kühe. Vom Drogenkonsum der Tiere. AT Vlg., Aarau.

Schmich, O. K.(1999): Hünen. Eigendruck, Viöl/Nordfriesland.

Schmidt, K. (200): Göbekli Tepe. In: Badisches Landesmuseum (Die ältesten Monumente der Menschheit).

Schneider, W. (1988): Wir Neandertaler. stern, Hamburg.

Schroeder, F.-G. (1998): Lehrbuch der Planzengeographie. UTB Quelle & Meyer, Wiesbaden.

Shepard, P. (1997): The Others. How Animals Made Us Human. Island Press, Washington, D. C.

Sommer, V. (1992): Lob der Lüge. Piper, München.

Ders. (1989): Die Affen. Unsere wilde Verwandtschaft. GEO, Hamburg.

Surcliffe, A. J. (1985): On the track of Ice Age mammals. British Museum (Natural History), London.

Tomasello, M. (2002): Die kulturelle Entwicklung des menschlichen Denkens. Suhrkamp, Frankfurt am Main.

Tresidder, J. (2000): Symbole und ihre Bedeutung. Droemer Knaur, München.

Trinkaus, E. & Shipman, P. (1992): Die Neandertaler im Spiegel der Menschheit. C. Bertelsmann, München.

Waal, F. de & Lanting, F. (1998): Bonobos. Die zärtlichen Menschenaffen. Birkhäuser, Basel.

Ward. P. (1998): Ausgerottet oder ausgestorben? Birkhäuser, Basel.

Weber, P. F. (2005): Der domestizierte Affe. Die Evolution des menschlichen Gehirns. Patmos, Düsseldorf.

Wedgewood, V. (1989): Die ersten 5000 Jahre. Eine Weltgeschichte der Menschheit von den Anfängen bis ins 16. Jahrhundert. dtv, München.

Wenemer, H., Flachowsky, G. & Hoffmann, V. (Hg.) (2005): Protein, Population, Politik. Plexus, Miltenberg/Frankfurt am Main.

White, K. & Mattingly, D. J. (2006): Versunkene Seen in der Sahara. Spektrum der Wissenschaft 9/2006: S. 46–53.

Whitehouse, D. & R. (1990): Archäologischer Weltatlas. Corvus, Köln.

308 Literaturhinweise

Wieser, W. (1986): Bioenergetik. Thieme, Stuttgart.
Wolfheim, J.H. (1983): Primates of the World. Univ. Washington Press, Seattle.
Wyk, E.-E. van (2005): Handbuch der Nahrungspflanzen. Wissenschaftliche Verlagsgesellschaft, Stuttgart.
Zerbst, F. (1983): Steinzeit heute. Gelbe Buschmänner im Süden Afrikas und die europäische Vorzeit. Böhlau, Wien.
Zimen, E. (1990): Der Wolf. Knesebeck & Schuler, München.
Zirngiebel, H. (1902): Die Feinde des Hopfens. Parey, Berlin.
Zscheischler, J., Estler, M.C., Staudacher, W., Groß, F., Burgstaller, G., Streyl, H. & Rechmann, T. (1990): Handbuch Mais. DLG Verlag, Frankfurt am Main.
Zuckermann, L. (2004): Die Geschichte der Kartoffel. Claasen, Berlin.

Abbildungen:
S. 15, 17, 21, 23, 120, 156, 197, 216, 218 und 228: Josef H. Reichholf
S. 103: picture-alliance/akg-images/Erich Lessing

Register

10-Prozent-Regel (Ökologie)
69–72

Aborigines 16–24, 84, 90,
144, 155, 157, 298
– Felsmalerei 20 f., 23 f., 150,
155
– Jagd 19 f.
Ackerbau 9–11, 38–41,
88, 90–92, 95, 162,
167 f., 255, 271 f., 281 f.,
289
Ägypter 211, 217, 219,
221–223, 224, 266 f.
Allen'sche Regel 74
Alkohol 244–285, 288,
297–300
Alpaka (*Lama pacos*) 90, 91,
198, 199
Antilope, Milchweiße *s.* Oryx-
Antilopen
Antilopen 65, 121, 128, 183,
197, 211 f., 212–226
Artensterben 89–91
Astronomie 284
Auerochse (*Bos primigenius*)
85, 183
Australopithecus 100, 125,
133

Bären 58, 59, 62, 63, 68, 71,
77, 79, 84–88
Bärlauch (*Allium ursinum*) 54
Bartgeier (*Gypaetos barbatus*)
132, 134
Baumhasel (*Corlyus colurna*)
179
Beeren 57, 60, 177 f., 179,
180, 181–183, 186, 244,
253, 254, 260, 262
Beisa-Antilope *s.* Oryx-Anti-
lopen
Berberaffen (*Macaca sylvanus*)
139
Bergmann, Carl 74
Bergmann-Regel *s.* Größen-
Regel
Betelnuss 254
Bevölkerungswachstum 39
Bezoarziege (*Capra aegagrus*)
201
Biber 86
Bier 245, 247–250, 254, 258,
259–285, 300
Bilsenkraut (*Hyoscyamus*) 264
Bonobo (*Pan paniscus*) 100, 113
Bororó (Indios) 299
Braunbär (*Ursus arctos*) 58,
79, 81, 85, 178

310 Register

Brennnesseln (*Urticaceae*) 251
Brot 265–269, 272, 273, 281, 298

Cato, Marcus Porcius 227
Cavalli-Sforza, Luigi 154, 155, 156, 256
Chatwin, Bruce 22
Chicha (Spuckebier) 259, 268, 273, 297
Chomsky, Noam 161
Claudius, Aelianus 213
Clovis-Kultur 83
Cromagnons 144 f., 164

Dachs (*Meles meles*) 76
Darwin, Charles 18, 70, 110, 111, 150, 157, 169, 170, 299
Dawkins, Richard 156 f.
Diamond, Jared 37, 95, 200
Dickhornschaf (*Ovis canadensis*) 200
Dingo (*Canis lupus dingo*) 21 f., 84, 193, 196
Dioskurides 249
Domestizierung 35–37, 82–88, 191–206, 222–232, 255
Dorkasgazellen (*Gazella dorcas*) 221
Drogen 236 f., 239–242, 253 f., 257 f., 264, 278–280, 300
Dürer, Albrecht 220

Eier 54, 55 f., 60
Einhorn 213–226
Eisbär (*Thalarctos maritimus*) 77, 79
Eiskeller 50, 268

Eiszeit pass.
– Klimaschwankungen 27–31, 46 f., 48–52, 73, 93 f., 131, 140 f.
Eiszeitlöwe (*Panthera spelaeus*) 58, 89
Elefant 59, 63, 72, 200
Elefantenvögel 89 f.
Ellenberg, Hermann 73
Endorphine 243 f., 299
Enten 54, 197, 203
Erdbeere (*Fragaria vesca*) 57, 177, 181
Ernährung s. Fleischkost; Pflanzenkost
– Energieverbrauch 184 f.
Esel 197 f.
Eskimos s. Inuits
Evolution 110–136, 140, 150, 154–170, 174, 288
– Fortpflanzungserfolg 111–114
– der Sprache 154–166

Falbkatzen (*Felis silvestris lybica*) 185
Felle 86 f., 204
Feste 230–232, 278–280, 285, 288, 300
Fische 60 f.
Fleischkost pass.
– Umstellung auf 118–123, 128–136, 167 f.
Fliegenpilz (*Amanita muscaria*) 241 f., 243, 245, 253, 278
Franke, Wolfgang 293, 295, 296
Früchte 173–180, 181–183, 186, 187, 244 f.
Füchse 76, 77

Gänse 54, 55, 107, 197, 203, 221
Gazellen 65, 183, 211, 217, 221, 225, 228, 278, 282
Geier 122, 132, 134 f., 168
Geparden 71
Gesner, Konrad 213 f.
Getreide 182–188, 256, 257 f., 261–272, 277, 283, 292–296
– Buchweizen (*Fagopyrum esculentum*) 256
– Gerste (*Hordeum*) 45, 182, 257 f., 261 f., 268, 293
– Hafer (*Avena*) 293
– Roggen (*Secale cereale*) 269, 293
– Weizen (*Triticum*) 24, 45, 182, 27 f., 261, 262, 269, 277, 292, 293
– Wildgetreide 33 f., 37, 40 f., 182–188, 271
– Quinoa (*Chenopodium quinoa*) 256
Gift 239–242, 278 f.
Gilgamesch-Epos 261, 263
Glyptodonten 89
Göbekli Tepe 275–280, 282
Goldschakal (*Canis aureus*) 82, 191
Golfstrom 140 f.
Goodall, Jane 127
Gorillas 111, 112, 114
Größen-Regel 74
Grundumsatz 142 f.
Guanako (*Lama guanacoe*) 91, 198, 199

Habicht, weißer (*Accipiter novaehollandiae*) 12 f.

Hanf (*Cannabis sativa / indica*) 248, 253 f., 254
Hanfgewächse (*Cannabaceae*) 251
Hanuman-Languren (*Presbytis entellus*) 139
Haselnuss (*Corylus avellana*) 179, 181
Haustiere *s.* Domestizierung
Hauttuberkulose 247
Hefepilze 265, 267
Heidelbeeren (*Vaccinium myrtillus*) 57, 178
Himbeeren (*Rubus idaeus*) 57, 177
Hirsche 52, 56, 58, 77, 183
Hirschmensch 66–67
Hirtennomaden *s.* Wanderhirtentum
Höhlenmalereien (steinzeitliche) 150–153, 154, 155, 161, 164
Homo erectus 43, 90, 149
Homo florinensis 43
Homo neandertalensis s. Neandertaler
Homo sapiens 11, 42 f., 44, 90, 141–145, 163 f., 192
Hopfen (*Humulus lupulus*) 245, 246–254, 260
Hsü, Kenneth 145
Hund (*Canis familiaris*) 21, 82–88, 95, 126 f., 142, 191–196, 197, 198, 203, 205
Hyäne (*Crocuta crocuta*) 71, 119, 124 f., 132

Indianer 23, 90, 144, 255
Indios 144, 187, 255, 273, 296

312 Register

Indogermanen 256 f.
Inuits (Eskimos) 84, 172, 209, 271

Jagd 32 f., 53–68, 80 f., 151 f., 231, 237, 238, 281
– Jagdwaffen 59, 62–67, 83
– Tarnung 66 f.
Jagdgepard (*Acinonyx jubatus*) 200
Jäger- und Sammler-Kulturen 9 f., 22, 32–34, 46, 52, 53–68, 80 f., 83 f., 91, 152, 169, 276 f.
Jahreszeiten 53–61, 207 f., 283 f.

Kakadu-Nationalpark (Australien) 12–18
Kakadus 12 f.
Kain und Abel 38, 281 f.
Kakao 255
Kamele 197 f., 200, 204
Karibus 75
Karl der Große 249
Kartoffel 45, 46, 83, 95, 187, 199, 203, 255
Katzen 64, 197
Keramik 269, 272–274
Khat 254, 296
Kipling, Rudyard 87 f.
Klein, Richard G. 89, 133
Kohlenwasserstoffe 172–174
Koka 254, 296
Kolumbus, Christoph 295
Kommensalismus 193 f., 203
Kommunikation, non-verbale 154 f., 157, 160
Ktesias 213, 219
Küster, Hansjörg 184

Lama (*Lama glama*) 90, 91, 198, 199
Laubenvogel, Grauer (*Chlamydera nuchalis*) 13–16
Lee Yung Jo 293
Lemminge 56, 63 f., 76
Lennis, Johannes 214, 215
Leoparden 71, 78
Lorenz, Konrad 191
Löwen 58, 62, 63, 65, 71, 74, 79, 80, 85, 124, 205 f., 217, 224
Löwenzahn (*Taraxacum officinale*) 55

Mais 45, 46, 83, 91, 95, 199, 203, 255, 256, 257, 268, 292, 294–296
Malz 254
Mammuts 59, 69, 71, 73, 74, 182
Maori 89, 90
Marabu (*Leptoptilos crumeniferus*) 132
Maronenröhrling (*Xerocomus badius*) 240
Martin, Paul S. 89, 133
Massai 271
Mäuse 63, 64, 185, 271
Meerkatze, Grüne (*Cercopithecus aethiops*) 139
Meerschweinchen (*Cavia porcellus*) 199
Mehlkäfer (*Tenebrio molitor*) 270
Mehlmotte (*Ephestia kuehniella*) 270
Mensch (Gattung) 42 f., 99–136
– aufrechter Gang 101, 121 f.

- Erhöhung der Kinderzahl 114, 115–117, 122 f.
- großes Gehirn 101, 102, 108, 125, 126, 156
- Kinderbetreuung 114, 115–117
- als Läufer 106–109, 121 f., 133 f.
- Lebenserwartung 126
- Nacktheit 101, 105–109, 134, 135
- schwere Geburt 101, 103–105, 125, 135
- Stoffwechsel 208–210
Met (Honigwein) 249
Milane 132
Milch 204
Moas 89
Mohn 254
Moosbeere (*Vaccinium oxycoccus*) 177 f., 182
Mufflon (*Ovis orientalis*) 201
Murmeltier (*Marmota sp.*) 56
Muscheln 64 f., 129–131, 135
Mutterkornpilze (*Claviceps purpurea*) 263 f.

Narwal (*Monodon monoceros*) 220
Neandertaler 20, 41, 42 f., 44, 141, 144 f., 153, 162, 163 f., 166, 235, 238
Neolithische Revolution 10, 30 f., 41, 45, 162, 166, 276, 282
Neumann, Carl W. 110
Niemitz, Carsten 129
Nüsse 178 f., 180, 187, 277

Ohrengeier (*Torgos tracheliotus*) 132
Öl 187, 274
Oliven 187
Oryx-Antilopen 211 f., 213–226, 228
- Arabische Oryx (*Oryx leucoryx*) 211 f., 215–219, 217, 218, 219
- Beisa-Antilope (*Oryx beisa*) 215 f., 219, 222
- Milchweiße Antilope s. Arabische Oryx
- Säbelantilope (*Oryx dammah*) 219, 222
- Spießbock (*Oryx gazella*) 215
Ostern 54, 55

Pääbo, Svante 163
Panzernashorn, Indisches 220
Papua 19, 22, 231
Paracelsus 249
Pekari 200
Pellagra 295 f.
Peyote-Kaktus (*Lophophora williamsii*) 254
Pferde 69, 72, 126 f., 197 f., 202, 203, 204
Pfirsich (*Prunus persica*) 183
Pilze 57, 240–242, 253, 254
Pilzfäden (Hyphen) 240
Pflanzenkost 171 f.
- als Ergänzung 60
- Umstellung auf 32–34
Pleistozäner Overkill 89 f.
Polarfuchs (*Alopex lagopus*) 74
Prägung 35, 194

314 Register

Preiselbeere (*Vaccinium vitis-idaea*) 57, 60, 177, 181, 182
Proteine 118–121, 128–130, 135 f., 168, 172 f., 174, 179 f., 202, 208

Ratten 185, 271
Raubtiere 62 f., 69–81, 119 f., 124 f., 133
Rauschbeere (*Vaccinium uliginosus*) 57
Regenwürmer 76, 77
Reh (*Capreolus capreolus*) 52, 72, 73
Reis 45, 46, 95, 255, 257, 269, 292 f., 296, 297 f.
Religion 158 f., 232, 236–238, 241 f., 253, 279 f.
Rentier (*Rangifer tarandus*) 56, 69
Ricklefs, Robert E. 13
Riesenfaultier 89, 139
Riesengürteltier 139
Riesenhirsch (*Megalocerus giganteus*) 56, 59, 69, 71, 72, 74, 183
Rilke, Rainer Maria 215
Rinder 36, 95, 183, 191, 197, 200–206, 222, 224
Robbe 77
Rotfuchs (*Vulpes vulpes*) 74
Rot-Grün-Blindheit 175, 236
Rothirsch (*Cervus elaphus*) 52, 59

Säbelantilope *s.* Oryx-Antilopen
Säbelzahnkatzen 71

Saiga (*Saiga tatarica*) 69, 183
Sake 297
Salz 209 f.
Sauerteigbakterien 265, 267
Savanne (als Lebensraum) 99, 111–113, 120, 121 f., 124 f., 135 f., 173
Schafe 34–36, 95, 183, 191, 197 f., 200–206, 222, 229 f.
Schamanen 67, 236–238, 241 f., 253, 280
Schimpansen 102–105, 108, 111, 112 f., 114, 121, 124, 125, 126, 128, 129, 142, 235
Schmidt, Klaus 275 f.
Schmutzgeier (*Neophron percnopterus*) 132
Schneeaffen, Japanische (*Macaca fuscata*) 139
Schrift 155, 161
Schweine 36, 197, 203 f., 231
Schwitzen 106–109, 134, 208 f.
Selektion 18, 110–114, 150, 164, 170, 177, 299
Sesshaftigkeit 31, 38–41, 88, 95, 166, 232, 271 f., 275–285
Signaturlehre 247, 248 f.
Sommer, Volker 164
Sperbergeier (*Gyps rueppellii*) 132
Spießbock *s.* Oryx-Antilopen
Sprache 153, 154–166, 167, 237 f., 253
– und Konkurrenz 164–166, 167
Steppenpavian (*Papio cynocephalus*) 99 f.

Steppenschimpanse (*Pan troglodytes*) 100
Stonehenge 275, 278
Störche 132, 134
Symbiose 193 f.

Tabak 254
Tiger (*Panthera tigris*) 62, 71, 78, 80
Tollkirsche (*Atropa belladonna*) 264
Trinkaus, Erich 163

Urrind *s.* Auerochse

Venus von Willendorf 102, 103
Viehzucht 35, 38, 39 f., 90–92, 162, 197–232, 255
Vielfraß (*Gulo gulo*) 59, 79
Vögel 34, 36, 40, 53 f., 55 f., 107, 198, 203
– Vogelzug 75, 207
Vulkanismus 137 f.

Wald (als Lebensraum) 99, 111–113, 118–121, 135 f., 173
Waldschimpanse *s.* Bonobo
Wallace, Alfred R. 110
Wanderhirtentum 35, 38, 39 f., 198, 204 f., 211, 223–226, 271, 281–283
Wapiti (*Cervus canadensis*) 52, 59
Wasser 209, 211 f., 224, 225, 228

Wassertiere 129–131
Wein 253, 254, 260, 268, 270, 273, 285, 300
Weißrückengeier (*Gyps africanus*) 132
Wildapfel (*Malus sylvestris*) 183
Wildhund (*Lycaon pictus*) 119, 124
Wildschaf (*Ovis ammon*) 200, 201
Wildschwein 63, 183, 203 f.
Wildtruthuhn (*Meleagris gallopavo*) 91, 199
Wisent (*Bison bonasus*) 32, 85
Wolf (*Canis lupus*) 21, 58, 59, 71, 74, 76, 77, 79, 81, 82–88, 142, 183, 191–196, 198, 205, 246 f.
Wollnashorn 69, 71, 72, 182
Wühlmäuse 63
Wurzelpilze (Mykorrhiza) 241
Wüstenfuchs (*Fennecus zerda*) 74

Xavante (Indios) 299

Zebras 65
Ziegen 34–36, 95, 183, 191, 197 f., 200–206, 211, 222, 229 f.
Zirngiebl, Hermann 251
Züchtung 192, 205, 222
Zwergschimpanse *s.* Bonobo

Josef H. Reichholf
**Eine kurze Naturgeschichte
des letzten Jahrtausends**
Band 17439

Bei unserem sorgenvollen Blick in die Zukunft sollten wir
gründlicher als bisher die Vergangenheit betrachten. Die Natur und mit ihr das Klima waren nie stabil, wie es Natur-
schützer gerne behaupten. Reichholf liest in den Archiven
der Natur und erläutert die Zusammenhänge zwischen der
Lebensweise der Menschen und dem Klimaverlauf. Fern von
apokalyptischen Szenarien nimmt er Stellung zu der gegenwärtigen Klimadiskussion und zieht Lehren aus der Vergangenheit für die Zukunft.

»Eine Jahrtausendbilanz des globalen Klimas.«
Die Welt

Fischer Taschenbuch Verlag

fi 17439 / 1

Forum für Verantwortung

Josef H. Reichholf
Ende der Artenvielfalt?
Gefährdung und Vernichtung von Biodiversität
Herausgegeben von Klaus Wiegandt
Band 17665

Immer stärker greift der Mensch in die Natur ein und hinterlässt seinen »ökologischen Fußabdruck«. Megastädte entstehen, Böden werden durch Umweltgifte belastet, die Welt wird zunehmend technisiert. Bedeuten diese Entwicklungen das Ende der Artenvielfalt?

Der bekannte Evolutionsbiologe Reichholf zeigt, dass die Lage nicht ganz so hoffnungslos ist: Die Bedingungen, die Zukunft besser zu gestalten und die Möglichkeiten, die Fehler der jüngsten Vergangenheit zu vermeiden, waren noch nie so gut wie heute.

Fischer Taschenbuch Verlag

fi 17665 / 1

Forum für Verantwortung

Rainer Münz / Albert F. Reiterer
Wie schnell wächst die Zahl der Menschen?
Weltbevölkerung und weltweite Migration
Herausgegeben von Klaus Wiegandt
Band 17271

Bis zum Jahr 2050 wächst die Weltbevölkerung mit hoher Wahrscheinlichkeit um weitere drei Milliarden auf neun Milliarden Menschen, vor allem in den Schwellen- und Entwicklungsländern. Wie wird die Erde diesen Zuwachs verkraften?

Der Bevölkerungswissenschaftler Rainer Münz und der Politikwissenschaftler Albert F. Reiterer skizzieren das bisherige Anwachsen der Menschheit und geben einen Ausblick auf die Folgen des weiteren Wachstums. Zudem setzen sie sich mit der ungelösten Frage auseinander, wie weltweit menschenwürdige Lebensverhältnisse geschaffen werden können, die mit nachhaltiger Entwicklung vereinbar sind.

Fischer Taschenbuch Verlag

fi 17271 / 1

Forum für Verantwortung

Klaus Hahlbrock
Kann unsere Erde die Menschen
noch ernähren?
Bevölkerungsexplosion – Umwelt – Gentechnik
Herausgegeben von Klaus Wiegandt

Band 17272

Fast eine Milliarde Menschen leiden weltweit an Hunger und Unterernährung. Die Weltbevölkerung wächst weiterhin dramatisch an, Umwelt und Klima sind massiven Bedrohungen ausgesetzt und die landwirtschaftliche Produktion stagniert.

Klaus Hahlbrock, Professor für Biochemie, stellt sich der zentralen Frage, wie der Hunger in der Welt besiegt und gleichzeitig die Vielfalt der Natur erhalten werden kann. Er wirbt für einen bewussteren, schonenderen und verantwortungsvolleren Umgang mit der Natur und uns selbst.

Fischer Taschenbuch Verlag

fi 17272 / 1

Jared Diamond
Kollaps
Warum Gesellschaften überleben
oder untergehen
Aus dem Amerikanischen von Sebastian Vogel

Band 16730

»Ein atemberaubendes Buch.«
Süddeutsche Zeitung

Die überwucherten Tempelruinen von Angkor Wat, die
zerfallenden Pyramiden der Maya in Yucatan und die rätsel-
haften Moai-Statuen der Osterinsel – sie alle sind stille Zeugen von einstmals blühenden Kulturen, die irgendwann
verschwanden. Doch was waren die Ursachen dafür? Jared
Diamond zeichnet in seiner ebenso faszinierenden wie hoch-
aktuellen Studie die Muster nach, die dem Untergang von
Gesellschaften (oder ihrem Überleben) zugrunde liegen,
und zeigt, was wir für unsere Zukunft daraus lernen können.

»Neues Meisterwerk
des amerikanischen Geographen.«
Welt am Sonntag

»Es ist ein mächtiges, breitgefächertes Buch –
und es ist fesselnd.«
Der Spiegel

Fischer Taschenbuch Verlag

fi 16730 / 1